滕阁读书
TENGGE READING

让教改真实发生

三重语文课堂教学

陈小荣 著

江西教育出版社
JIANGXI EDUCATION PUBLISHING HOUSE
·南昌·

赣版权登字-02-2022-599
版权所有 侵权必究

图书在版编目（CIP）数据

让教改真实发生：三重语文课堂教学 / 陈小荣著
. ─ 南昌：江西教育出版社，2024.3
　ISBN 978-7-5705-3402-9

Ⅰ.①让… Ⅱ.①陈… Ⅲ.①中学语文课－课堂教学－教学研究－高中 Ⅳ.①G633.302

中国版本图书馆CIP数据核字（2022）第232416号

让教改真实发生——三重语文课堂教学
RANG JIAOGAI ZHENSHI FASHENG——SANCHONG YUWEN KETANG JIAOXUE
陈小荣　著

江西教育出版社出版
（南昌市学府大道299号　邮编：330038）

出 品 人：熊　炽
责任编辑：曾　琴

各地新华书店经销
江西赣版印务有限公司印刷
720毫米×1000毫米　　16开本　　19.75印张　　309千字
2024年3月第1版　　2024年3月第1次印刷

ISBN 978-7-5705-3402-9
定价：68.00元

赣教版图书如有印装质量问题，请向我社调换　电话：0791-86710427
总编室电话：0791-86705643　　编辑部电话：0791-86708350
投稿邮箱：JXJYCBS@163.com　　网址：http://www.jxeph.com

序言
自我解缚，向光而行

在中小学校走动，我不止一次听到语文教师自我调侃："上辈子杀猪，这辈子教书；上辈子杀人，这辈子教语文！"这句调侃背后蕴含着语文难教的无限感慨。我自己也曾做过十年的中学语文教师，说句实话，语文教师确实不好当。面对一篇篇具体的课文，教什么内容往往难以确定；仅在改进教学方法上折腾，学生学业成绩很难提升；认真备课、上课、研讨，花的时间多，但收效甚微……捧读小荣老师的《让教改真实发生——三重语文课堂教学》一书，我看到了一位语文教师在教学实践中积极探索的改革者形象，不觉有些汗颜的同时，敬佩之情也油然而生。

江西素有"吴头楚尾，粤户闽庭"之称，王勃的《滕王阁序》赞叹这里为"物华天宝""人杰地灵"之地，唐宋以降，名家辈出。小荣老师是土生土长的江西人，模范兴国这片红色土地带给他踏实、勤奋、勇于进取的精神底色；走出程红兵、严凌君等一大批语文名师的江西师范大学文学院给了他专业陶冶，以及持续探索高中语文教学改革的底气和勇气。在 21 世纪新课程改革的大变革中，小荣老师在语文教坛崭露头角，又受李传梅、王运遂等名师教学改革流风余韵的影响，立志在语文读写教学改革上有所作为。更为难能可贵的是，他这一坚持就是二十年。

小荣老师二十年的高中语文教改历程，可以分为三个阶段。第一阶段（2005 年到 2008 年），阅读写作整体教学的探索与实践。研读小荣老师这一时期的课题研究报告和课例，可以发现他对读写整体教学的探索是理性的、自觉的。首先，他梳理、总结了国内语文名师丁有宽、王运遂读写整体教学改革的经验，从读写结合点、教材分析、思维训练等方面获得启示；其次，他整理理论研究成果，寻找读写结合教学的学理依据，建构了阅读写作整体结构模型；最后，他以教材为依托，建构以读促写教学模式。这一时期，特别值得关注的事件是，小荣老师借鉴美国教材主题式教学编写体例和教学设计，作为以教材为依托建构读写整体教学的参照，体现了他宽广的学术视野。他建构的以读促写三阶段教学课例（高一以现当代诗歌的读写为主，高二以古典诗词的读写为主，高三以诗词评论的读写为主）与当前高中语文专题教学、大单元教学的一些基本特征非常接近。第二阶段（2009年到2012年），探索高效课堂，提出"自主·互助·互教"课堂学习模式。这一阶段，小荣老师从语文课堂教学这一有限的时空中抽出身来，开始构建班级文化，并把班级文化建设作为语文课堂教学的情境，进一步拓展语文课堂教学改革的空间。在语文教学方面，则借鉴洋思中学、杜郎口中学、宁津县的教改经验，建构高中语文"自主·互助·互教"教学模式，把语文学习的权利还给学生，是符合学习科学的规律的。他在"互教"活动中秉持的"不教不结"做法，强调了教师的主导作用，克服了当时教改过程中过分强调学生学习主体作用的弊端，起到了矫枉纠偏的作用。第三阶段（2013年到2021年），构建三重课堂教学模式并展开实践探索。这一阶段，小荣老师在读写整体教学、"自主·互助·互教"教学改革的基础上，基于整体教学理论，进一步探索指向培养学生语文核心素养的高效课堂、建构课堂、发展课堂联动的教学模型，实现读写整合教学、项目化学习和跨学科学习的优势互补，在高中语文教学改革中有典型的示范意义。

《让教改真实发生——三重语文课堂教学》一书最大的特点就是真实地呈现了一位高中语文教师二十年的教改历程，这种真实体现在接近日记体的连续两个学期的教学实录、十余则教学课例、学生作品摘录和课题的研究报告。阅读这本书，读者犹如走进小荣老师的语文教改现场，与他面对面地畅谈。在书中，小荣老师为学生留下丰富的表达空间，让学生走到语文教改的前沿，畅谈他们对语文、对语文老师、对生活的思考和感悟，旗帜鲜明地表达了学生是语文教学改革的重要参与者的观点。这种真实的背后透露着小荣老师的真诚与自信。真诚体现在三个方面：第一，几乎原生态地把课堂实录连续地呈现在读者面前，让读者自己去评判；第二，把教改过程中的具体做法和思考，在研究报告和附录的材料里全面呈现出来，毫无保留；第三，把学生推到教学改革的前沿，让学生在展示自己的语文学习成果的同时，分享自己眼中的语文课堂、语文教师以及幸福日记，不遮遮掩掩。这种真诚本身就是一种自信，相信自己对语文教学改革的探索是有价值的，并解决了高中语文教学中长期以来存在的低效甚至无效的教学难题。

21世纪的语文新课程改革，是在20世纪末语文教育思潮和世界课程改革风起云涌的大背景下展开的。语文自单独设科以来，有许多问题存在重大争议，如学科性质问题、课程问题、教学问题、评价问题等。也正是在诸多问题的缠绕下，对语文教学低效问题的批评此起彼伏，语文教学才更需要走一条科学化的道路。21世纪初的语文课程教学改革，无论在深度还是广度方面，在语文教育史上都是令人瞩目的。从语文课程的三维目标到语文核心素养的培养，从单篇阅读、文章写作转向专题教学、大单元教学，从以应试为主的技能训练转向语言、思维、审美和文化四个维度的素养提升，从脱离生活读书做题到回归生活解决问题，等等，语文教学在21世纪的头二十年发生了由被动学习到探究学习的范式转型。在这一时期，语文教师被赋予了研究者的专业身份，需要在教学实践学习、反思和研究中应对语文课程、教材、教学和考试评价的系统挑战。然而，大部分语文教师一时难以适应这种挑战，语文课堂教学没有根本实现"以教为主"向"以学为主"、由"教课文"到"教语文"、由教"应试能力"到培养"核心素养"的根本转变。在这种背景下，语文教师主动根据课程改革的需要，自觉开展教学改革就显得弥足珍贵。小荣老师作为一线高中语文教师，基于专业的自觉而开展的连续的语文教学改革也抓住了语文教学中的一些根本问题，如"读写结合，以读促写""语文教学内容""学习任务情境创设""语文学习方式变革"，与这一时期语文教育研究的核心议题是一致的。他的由"读写整体教学"到"基于整体教学的三重课堂构建与实践"教改历程就先后围绕这些问题展开了探索和实践，并提出自己的教学主张。也正是在这个过程中，小荣老师实现了自己的专业成长。

自20世纪80年代以来，许多一线语文名师如于漪、魏书生、钱梦龙、蔡澄清走在教学改革的潮头，掀起了我国基础教育阶段语文教学改革一个又一个浪潮。张富、潘凤湘、王运遂等老一辈语文名师扎根江西这块热土，积极开展语文教学改革的探索，在全国产生了较大影响。我相信，在新一轮课程教学改革背景下，在以小荣老师为代表的一大批江西中青年骨干教师的努力下，江西语文教学改革一定也会勇立时代潮头，贡献出江西的智慧。

忽然记起柏拉图在《理想国》中提到的洞穴隐喻，那个因偶然的机会解开绳索，转身离开，走出山洞，看到世界真实样子的囚徒，虽然经历了走出山洞的跋涉之苦和看到阳光的刺痛，但他一定不会再走进山洞，被绑住手脚看洞壁上的倒影，并认为这是世界最为真实的样子。经历二十年教改探索的小荣老师，敢于自我解缚，面向语文教学真实世界持续探索的精神，值得每一位语文教师学习和借鉴。我真诚地希望，更多的语文教师能携起手，加入小荣老师语文教学改革的团队，共同学习、共同实践、共同研究，一同沐浴语文教育带来的美好阳光！

赣南师范大学　王从华
2022 年 7 月 30 日

前言
教改是一种担当

回望二十年的教育教学，有两个人是我先要感念的：一个是我就读的高中兴国平川中学的李传梅老师——我高中补习班的班主任，他改变了我的命运；另一个是我刚参加工作时遇见的前辈王运遂老师，他督促我在教改的路上孜孜以求、义无反顾。李老师是我的政治老师，曾经是江西高中政治学科教改的一面旗帜。受其影响，当年我复习政治学科时就自行编了一本书，并且政治学科是我考得最好的学科。我一心想考政法系，奈何命运调侃了我一把，录取到江西师范大学的我被调剂到了中文系。我想我去进行教改，是因为心中曾有那么一座丰碑。王老师是我在南昌市第十九中学任教时的语文教研组组长，他的"读写一条龙"教改已盛名在外。得益于一些难得的机遇，我有幸整理他的教改经验，从中学到了很多，在教学的起始阶段给自己立了一个宏大的愿景——在读写教学上要有所作为，甚至有所超越！

时间回溯到2001年，大学毕业的我，就业第一站选择的原本是南昌市第二中学，却又阴差阳错地签约到了福建省长乐第一中学。毕业离校带着几大包书到了福建后不久，我突生背井离乡的忧伤，竟又义无反顾地毁约回到南昌。我付出的代价自然是巨大的，不仅错过了最佳的就业机会，而且交了一大笔违约金。那时从我一个同学那里得知南昌市第十九中学正招聘教师，便直接把简历递交给了当时的校长许建成先生。试讲、签约出乎意料之快。犹记得当年试讲的课文是一篇科技文《细胞克隆》。为了上好这节陌生的课，我在省图书馆查阅了一天的资料，并手绘了一张完整的细胞克隆图。多年后，当我在语文教学上略有成绩，许建成校长还总爱会心地提起我当年有点儿莽撞到他办公室自我推荐的一幕。他说，看见我的第一眼就觉得我会是一个好老师，看了我的材料后更觉得我会是一个有思想的老师。

2003年，我在南昌市第十九中学发起成立"新洲"文学社，2004年创办《新洲》校刊。在那年冬天的晨会暨创刊发布会上，我做了题为"从最小的可能性开始"的演讲，并表达了我的期望：我所执教的学校是一所有浓郁文化气息的学校。经过三年的努力，《新洲》被评为全国优秀校园刊物，一批学生在这个富有文化气息的平台上展现着自己的个性、才华。

2005年，我开始了阅读写作整体教学的探索与实践，在2008年的南昌市科研开放日上，我的课题作为样板课题，需要接受现场多位专家学者的结题评价。犹记得当时的江西省教育科学研究所武杰教授的评价：实事求是地说，《"高中语文阅读写作教学"研究报告》是我近期看到过的中学教师撰写的最好的课题研究报告。从报告中我感到南昌市第十九中学陈小荣老师非常用心地对高中语文教学做了切中肯綮的深入思考……陈小荣老师的上述研究与成效给人启发，值得赞赏。

2009年，我开始探索高效课堂，提出"自主·互助·互教"课堂学习模式，通过一轮实验取得了一定的成绩，由此完成了从教学内容到教学形式上的相对完整的探索与实践。

2010年春天，我又站在了晨会的舞台上，向全校师生描述我的梦想：我梦想我的语文课堂不仅仅是工具与人文的结合，我要将更多的审美的元素传递给我的学生，让他们感受到语文的幸福与温暖……我梦想我的学生能够珍爱生命，崇尚责任；敢于拼搏，永不言败；拒绝平庸，追求卓越。这是我题为"在春天放飞梦想"的演讲。一位优秀的教师应该学会顺势而为，去发展自己。在2008年的班主任研讨会上，我就做了《用心经营班级》的报告，提出：用智慧唤醒和激励自我教育，真诚协调和指导家庭教育，用责任躬行和鞭策学校教育。在任何岗位上我都必须尽百分百的努力去践行自己的思想，只有先有思想然后行动才能改变命运。我把"思想 行动 命运"作为我的教育座右铭。那年《新洲》以专栏的形式刊发了许建成校长的《打造有特色的校园文化》一文，那时我就在想：如果我是班主任，我就要把我的班级当作一个学校来践行"文化立校"的理念。于是从2009年的第二轮带班起，我开始明确地构建我的班级文化，提出"一训三风"的班级文化核心，即"班训""班风""学风""教风"（班训：珍爱生命，崇尚责任；敢于拼搏，永不言败；拒绝平庸，追求卓越。班风：正气，意气，和气。学风：夫才须学也，学须静也；非学无以广才，非静无以成学。教风：求真，向善，共美）。希望通过"一训三风"的建设，形成有特色的班级文化，让学生在三年的学习中，既能学真知，更能做真人，做一个具有健全人格的好学生、好公民。提出这一班级文化理念后，我开始通过一系列活动来实践。我做的第一件事就是在高一阶段在班上推广太极拳。开展这一活动有两个目的，一是想让学生养成锻炼身体的习惯，把身体练好，落实班训第一条；二是通过打太极拳，让学生更能够守静，去除浮躁，从而落实学风中"学须静"的宗旨。这一活动得到了许校长的高度重视，并在高中部学生中推广。第二件事是普及艺术，让每个学生都会一点儿乐器，提高艺术修养。由此，我先在学生中推广葫芦丝，与他们编排了一个节目《月光下的凤尾竹》，把太极拳、葫芦丝、绘画融合在一起进行展示。这个节目在学校的元旦文艺会演中得了第一名。这两件事均由我亲自主持，所以开展得较为顺利。这样做的目的很简单，就是让学生感受到老师也是班级的一分子，合作是取得成功的关键因素。第三件事是推进提升学生综合素养的活动，组织学生学习罗恩·克拉克的著作《优秀是教出来的——创造教育奇迹的55个细节》，并将这55个细节做成条幅挂在班上，让学生接受熏陶，潜移默化地受到好的影响。第四件事是在高二（3）班推行高效课堂的教改，通过教改来促进学生学习观念的转变，提高课堂学习效率；通过做省级课题的形式确保教改的有效和顺利推进。一年下来，班上的学风有明显的改善，班级的整体风貌在全校独特鲜明。

在大多数人都在怀疑或观望的时候我做了，而且做出了成效——我成就了班级、成就了学生，也就成就了自己！

2012年，我来到了江西师范大学附属中学（以下简称"附中"）。在这个更高、更大的教育平台中，我并没有躺在过去的荣誉上，而是重新定位自己的教学，开始酝酿"三重语文课堂"模式。

经过两年的探索，我在2014年春天的一次全校晨会上做了《生命因语文而多姿》的演讲，向全校师生提出了我的"三重语文课堂"模式，这在附中是一个创举——我理想中的语文课堂有三重境界：高效课堂、建构课堂、发展课堂。第一重境界——高效课堂。对于我们全体附中人而言，高效学习应该是我们必须拥有的一种优秀素养，高效的核心是学会学习。学会解读不同样式的文本，学会写不同体裁的作文，学会在书本上做旁批，学会整理自己的笔记，学会提问，学会管理自己的语文学习全过程，等等。语文的高效学习就是在教师的指导下自主、互助、互教地学习。要常问自己通过今天的语文学习学会了什么，而不是学习了什么。语文学习的成就感正是在高效学习的过程中激发出来的。第二重境界——建构课堂。有了高效的语文学习做保障，我们能够确保国家课程意义上的语文内容学习的有效化，在此基础上腾出时间为我们的未来做点规划。在这里，我们要去领略中国传统文化的魅力，东西方文学经典……从这里走向思想者、文学家、各类与语文相关的专家，向文化巨人求生存的智慧。通过构建课本知识以外的知识，开阔我们的视野，提升我们的品质，做一个有文化、有内涵的附中人。在这里，有效阅读是我们的常态，读一百首诗词、读一百篇文质兼美的现代散文、读一百篇古文。带着三百篇出发，想做一个平庸的人都难！第三重境界——发展课堂。语文是一门综合性、实践性很强的学科，而我们目前落实实践性的行动基本上体现在无休止地做题上了。语文学习不仅是对静态知识的学习，更应该是将静态知识转化为动态的实践。在这里你将成为演讲家、辩论家、戏剧表演家……"说出你的魅力，演出你的精彩"，语文从来不缺激情，附中滨江校区的舞台随时向你开放，足够让你出彩！在这里语文实践活动无处不在：课前5分钟的演讲；给全班同学分享一首影响你一生的诗；每周一场公民讲坛，以公民的名义，在滨江读中国、看世界；在幸福园里写作；举办一场"唱响诗经"的活动；搞一次美丽的家乡话调查；做一回先秦诸子批判的课题研究……在这些实践性的语文学习中，我们的宗旨就是发现一个全新的你，成就一个卓越的你！

在2013年12月的最后一节"公民课堂"上，我向我的学生描述：这是我们的第十次相见，也是2013年的最后一次。过去、现在以及将来，我们将守护这个公民讲坛。让我们彼此祝福，愿你我都能够在新的一年离梦想更近一步。梦想是我们对自己的期许，而这期许长新。我们唱响《诗经》，走进对联，走进幸福园，走进演讲，走进"公民课堂"，走进诗歌，走进一个陌生却真实的语文世界，一个逃避应试、放慢节奏却是回归本真的世界！我们期望语文的生命肇始于此。我们对自己的期许从来不能脱离时代的进程；"苟日新，日日新"，唯有发展性的语文，期许才不会退化为桎梏。梦想是我们对应然之事的承诺，而我们必须对自己一诺千金。农民从种子里收获一个好年景是应然之事，我们从这样的语文课堂里收获未来人生的璀璨也是应然之事。2015年我们的梦有归属也将是应然之事，因为我们看到了未来的高考在今天的课堂里的痕迹。我们比任何时候都更接近这个梦想，是因为我们走过的每一步都充满了智慧、洒满了汗水。我们不是应试的机器，我们已经让机器感到了恐慌。我们在高枝上浅唱低吟，点亮滨江的天空。在前行的路上我们有爱、有义！有成绩上的奔跑，更有心灵上的闲庭信步！

"公民课堂"主持人黄雨欣在《一个培优班的下午两点》中这样说："公民课堂是一个窥见社会百态的窗口，是一个同学展现自我、交流观点的平台。我们坚持'在滨江，读中国，看世界'的思想，于每一个下午，跟随主讲人的思路，用独特的视角审视光怪陆离的世界，用犀利的语言碰撞出夺目的火花。五十八个事件，五十八次讲演，无疑是一场场饕餮盛宴。我常常想，作为学生，我们应该关心什么，胸怀什么，心系什么。难道一个分数足以填塞我们的视野，令我们对社会，对芸芸众生熟视无睹，麻木不仁吗？我们读书，不是为了成为饱读诗书却冷酷自私的人。关注成绩，无可厚非，但更应该关心时事，胸怀社会，心系那些身处新闻中看似与我们毫不相干的人。我们需要一个契机、一种力量，去打破禁锢思想的藩篱，从充满标签化、模式化的蒙昧中睁开双眼，穿过过于霸道的观点，探寻鲜有人问津的真相。而这，正是公民课堂希望给予我们的。在这里，我们从事件的现象出发，循蛛丝马迹找出事件的因果；我们不断设问，不断推翻，不断重建，力求能鞭辟入里地剖析事件的始末。怀着这样的态度，我们从应试的深井中一点点爬上来，在更广阔的天空下，看一滴水如何汇入大海。短短一期公民课堂，锻炼了同学的演讲能力和应变能力，亦是教会我们在理所当然地目睹世事飞驰而过时停下来，想一想，释放我们锁在盒中的光。或许这并不能依靠一次活动而完全做到，但只要我们向这个方向走，就好过无动于衷。"

在 2018 年的高考中，我所带的高三（17）班创造了一个小小的奇迹：8 位同学被清华、北大录取，4 位同学获得清华、北大自主招生加分。其中程琦航同学更是获得北大 30 分的加分，并且以裸分 692 分被北大录取；叶瑞麟同学获北大 20 分的加分，被北大录取；张哲昕同学获清华 10 分加分，被清华录取；古俊龙同学获清华 10 分、复旦 20 分加分，被复旦录取。这些在公民课堂中历练出来的同学最终在高考中实现"双赢"，为他们更广阔的世界增添了亮色！

2018 年 9 月，附中的同事在微信朋友圈里说道："昨天开了一个下午的会，我听得最认真的就是这位（陈小荣）老师的工作总结。我和他几乎是零接触，平时碰面连点头都不会。他的报告开篇并未吸引我，吸引我的是后来 PPT 里呈现出来的东西——那是一个班主任和这个班的学生三年走过的路所留下的印迹。短短的几十分钟，他讲得很朴实，甚至有的地方讲得并不流畅，但是仍然难掩他的才情……这样的同事才值得敬佩（补充一下：我也是在会场才知晓，我们学校今年有 20 名学生被清华、北大录取，他班上占了 8 名）……"

2018 届（17）班周芸璐家长写道："2016 年初夏的一个周末，旁听了女儿的语文老师兼班主任陈小荣老师的一堂课，至今记忆犹新。课桌上没有课本和作业本，陈老师宣布：继续我们每周固定的一堂课——公民课堂。然后我自行在教室门口旁听起来，整个课堂就这样交给了同学们。主持的同学亮出了当天的主题，介绍了双方团队的成员，主持的同学还没有落座，一方同学就上台抛出了己方观点，刚完毕，团队的另一位成员马上接着补充，话音刚落，对方的观点也立即被表达出来，你来我往，互不相让。几个回合之后，话题越说越清晰，道理越辩越明朗，宛如风靡 20 世纪 90 年代的'国际大专辩论赛'，而这群高中生正在完美展现着。家长们引颈听着，激烈之处掌声不断，互动环节也争先发言。看着他们表达观点，陈述理由，描绘未来，畅谈抱负，我倍感欣慰。思想和信念就在这课堂上逐渐形成，附中校门口那块大石头上的一行字正是他们的目标：做有责任的中国人！2018 年的国庆，我和女儿漫步在未名湖畔的小路上，听她讲述着自己在这里一个月的学习生活感受，讲述那些曾经在燕园学习生活过的人，和他们在 20 世纪中国历史上留下的华彩乐章，以及在他们家国情怀中的独立之精神、自由之思想。我想，当开放包容的思想在他们青少年时期留下深深的烙印后，他们的人生征程将会走得更远，更久。这就是我和女儿都喜欢公民课堂之所在。"

2018年10月，新一届的学生杜智欣在她的作文里这样写道：

"'草木荣'是我的语文老师。很庆幸，又遇到一位有情怀的老师。他的'川'字眉，他的眼神，他的声音，给了我学好语文的信心。如果说，已过去的两个星期是'高中'这首诗的首联，那这一联是陌生又熟悉；而那尾联，应是满满的回忆吧！草木荣，是捻着粉笔的诗人，也是吟着诗歌的老师。"

2019年6月1日，就读于北大的叶瑞麟在他的微信朋友圈里说："看到北大附小的课堂，才明白陈老师的教育理念是多么先进。"

我愿意在这些声音中汲取力量，为美好的教育前行！

2020年，课题项目"高中语文整体教学模型的构建与实践"被列为南昌市基础教学成果重点培育项目；2021年，课题项目"整体教学视域下高中语文三重课堂模式的构建与实践研究"（编号：21ZXZD001）被列为江西省教育科学"十四五"规划学科带头人专项重点课题。

2021年，是我从事高中语文教学的二十周年。二十之后再出发，我期望再用二十年，从小的可能开始，为有生命的语文教学积极奔走！

从某个层面上说，一个教育改革者是孤独的，但教育能够有一个值得期待的明天，孤独就不足惧！因为教育除了智慧更需要勇气，因为我爱教育爱得太深沉，因为教育是一种担当！

鲍鹏山先生评价孟子为一个自视甚高的人，是一个自大、自负、自尊、无所畏惧的人。回顾二十年的教育生涯，感觉自己也是一个像孟子般的人，因为心中始终有教育、有学生。

目录

上编　从课堂出发 / 001

　　第一章　课堂实录 / 002

　　　　　　开学第一课 / 002

　　　　　　《林教头风雪山神庙》 / 004

　　　　　　《装在套子里的人》 / 014

　　　　　　《边城》 / 018

　　　　　　《归去来兮辞　并序》 / 025

　　　　　　《逍遥游》 / 036

　　　　　　《陈情表》 / 042

　　　　　　《咬文嚼字》 / 045

　　　　　　《说"木叶"》 / 048

　　　　　　作文 / 050

　　　　　　选修课总纲讲解 / 070

　　　　　　李贺专题 / 071

　　　　　　《促织》 / 073

　　　　　　《鸿门宴》 / 078

　　　　　　"义"与"不义"议论文写作 / 084

第二章　教学课例 / 087

《米洛斯的维纳斯》 / 087

《杜十娘怒沉百宝箱》 / 090

《〈宽容〉序言》 / 092

《长亭送别》第二课时 / 098

《囚绿记》 / 103

《故都的秋》 / 109

基于高考评价体系的深度学习探索 / 113

《雷雨》主题多元解读 / 117

潜台词中的密妙 / 123

"义"言难尽 / 127

《先秦诸子选读》之孟子 / 132

《先秦诸子选读》之庄子 / 139

《先秦诸子选读》之墨子 / 144

写作专题一：如何立论 / 146

写作专题二：作文的修改 / 156

写作专题三：破题与立论的操作训练 / 160

写作专题四：情境化命题作文导写 / 165

下编　基于课堂的理论探究 / *173*

第三章　高中语文阅读写作整体教学的路径 / 174

一、高中语文阅读写作教学的困境 / 174

二、阅读写作整体教学的探究 / 182

三、整体读写的可能性 / 195

四、高中语文阅读写作整体教学的途径与实践 / 198

第四章　高中语文"自主·互助·互教"课堂学习模式的探究 / 241

一、"自主·互助·互教"课堂学习模式的要义 / 241

二、"自主·互助·互教"课堂学习模式的核心 / 243

三、"自主·互助·互教"课堂学习模式的理论依据 / 244

四、"自主·互助·互教"课堂学习模式学案案例 / 249

第五章　整体教学视域下高中语文三重课堂模式的构建与实践 / 264

一、高中语文课堂教学的问题、问题根源与出路 / 264

二、高中语文三重课堂模式的理论基础 / 268

三、三重语文课堂成果主要内容 / 271

四、成果效应与反思 / 295

上编
从课堂出发

　　所有的教学变革都始于课堂。同样,新课程、新教材最终的落脚点也都在课堂。课堂不变,所有的理念终将只是理念。在"从课堂出发"这一部分,从两个维度呈现了整体教学视域下高中语文三重课堂模式的构建与实践。第一章是最为原生态的课堂实录,呈现的是日常课堂样态,也是最能体现"让教改真实发生"理念的教学;第二章侧重教学的设计,这些课例时间跨度二十年,笔者从 2001 年 9 月开始教授高中语文,《米洛斯的维纳斯》是 2002 年 4 月上的一堂新教师汇报课,这也是笔者从教生涯中的第一堂公开课。二十年后,为了更真实地呈现自己的教改,找出了当年这堂课的手稿,在微信朋友圈里说道:"教研组评课意见——'怎么可以讲这么深?你不适合教中学。'谁知道:为了这节课,我研究了维纳斯的审美史,书名其实叫《裸体艺术论》,背了一首英文诗,围绕审美和雕塑写了一周读书笔记。"这堂课开启了笔者研究思辨型课堂以及注重阅读与写作整体教学的理念。"'义'言难尽——《鸿门宴》微专题读写整体教学"是 2022 年 3 月底的常态教学课,因为疫情防控改在线上教学,这堂课是以"义"为主题的读写整体教学融合课,较完整地呈现了笔者近二十年的读写整体教学课改内容。有些内容是参加教学比赛的课例,比如《〈宽容〉序言》教学课例是 2007 年笔者参加南昌市第五届园丁杯教学比赛时的课例,当年笔者凭这堂课有幸获得了"教学一等奖",并荣获"教学能手"的称号;有些是公开课,比如"《雷雨》主题多元解读",是 2013 年 4 月到德安县二中送课,笔者从引导学生对周朴园的爱情思辨出发，探讨《雷雨》主题的多元性。时隔九年，受王从华教授的邀请，在"高中语文新课标、新教材、新课堂观摩研讨暨'三坊五维一体四段梯级递进'语文课例研究模型构建与协同实践成果研讨会"上再上《雷雨》，九年的时间，笔者对课堂有了新的认识与思考，也恰好对之前的《雷雨》教学形成了呼应与补充，这也正体现了"让教改真实发生"的理念；有些是对新课程、新教材理念的践行，比如深度学习、大单元教学等。课堂教学既要有自己的坚守，以成风格，也要和时代同行，以成格局。教改真实发生，就在于课堂真实呈现。

第一章 课堂实录

本章主要根据江西师范大学附属中学（以下简称"江西师大附中"）2018级高二（17）班上学期的课堂教学实录整理而成，其中有人教版高中语文必修5和《中国古代诗歌散文欣赏选修》中课文的教学实录。《促织》《鸿门宴》《"义"与"不义"议论文写作》三篇实录则根据江西师大附中2021级高一（16）班下学期的课堂教学整理而成。这样就相对完整地呈现了新旧教材、新旧高考，以及必修与选修（现在为必修、选修性必修、选修）教材的不同形态。

开学第一课

（一）开学第一课安排

与学生交流，相互熟悉，提出要求。

从这节课开始，每堂课上，教师会为学生读一首诗或词，并做好记录，同时学生需提前3分钟读背课文，我们的课堂是从琅琅书声中开始的。前期读本册教材文言文，后期朗读和背诵高考古诗文名篇。

（二）本学期学习安排

本学期学习内容为人教版高中语文必修5。

第一单元：《林教头风雪山神庙》《装在套子里的人》《边城》三篇课文均对接高考，教学时需将教材与高考进行有效衔接。

2015年高考语文文学类文本阅读《马兰花》考查双线结构，属于较难的一道题。这一题与教材的联系就在于第1课的这篇《林教头风雪山神庙》，它是一篇双线结构的课文。课文"巧"的一个方面，便在于它的结构。

第2课《装在套子里的人》的重点在于赏析别里科夫的人物形象（人物形象赏析是高考的一大考点）。如高考文学类文本阅读《峡谷》曾考查了骑手的人物形象。（文本中有大量的环境描写，而骑手与环境描写其实是一体的）叙事是文本最大的特点，由此便涉及文本的结构，而结构通过情节表现出来，由情节又可以联想到明线、暗线。

第3课《边城》，一方面需要考虑其在文学史上的意义；另一方面文中的环境描写也是文章最大的特征，环境是小说传统的三要素之一。

这个单元的三篇课文——《林教头风雪山神庙》《装在套子里的人》《边城》，都涉及环境描写，那么环境描写在小说中究竟有什么样的特征？阅读小说，可以从小说的三要素入手，比如人物，学生需要明确小说写了什么样的人、哪些人？环境分为自然环境和社会环境，比如《祝福》中对于"雪"的六处描写，"雪"和祥林嫂的磨难有密切关联。"雪"的作用的第一点是推动情节的发展。这一点在《林教头风雪山神庙》中体现得更加明显。比如"那雪正下得紧"及后面对"雪"的描写，都在推动情节的发展。第二点是渲染氛围，为下文做铺垫。另外，环境描写如果超过三次，就要注意它的位置。若仅仅在开头，便是渲染氛围、为下文做铺垫或埋下伏笔。比如《祝福》开头描写的雪则渲染了沉闷的氛围。

第二单元：文言文单元，借其中第4课《归去来兮辞　并序》，帮助大家更加深入地理解陶渊明。

对比《归园田居》和《归去来兮辞　并序》，如何读懂陶渊明的归去？阅读文学作品的终极意义是什么？如苏轼晚年因效仿陶体而影响了后世对陶渊明的文学评价，但陶渊明又成就了苏轼。我们在阅读文学作品的过程中要读到些什么？

至于《陈情表》和《逍遥游》，《陈情表》在文言文阅读方面的价值较高，高考"出镜率"也高，其中实词、虚词的学习运用对接高考文言阅读考题。《逍遥游》

则应放入先秦诸子"老庄专题"讲。学习《滕王阁序》时应建议大家先背诵，有机会应该去实地感受。

第三单元：文艺评论和随笔，侧重如何赏析，有助于我们在诗歌鉴赏中找准角度；读写融合，提升写作能力。

2019年高考考查过铁凝的一篇文艺评论，这一单元需要引起重视。比如《说"木叶"》可以对接高考中曾经考到的诗句"雨中黄叶树，灯下白头人"。这个单元的价值更多地在于教会学生怎样来鉴赏文学作品，比如杜甫的诗句"无边落木萧萧下"中为何用"落木"，这里涉及的"木"和"叶"的区别在《说"木叶"》中有详细的阐述，学生可以从中学习如何来理解和阐述诗歌阅读中涉及的这类问题。目前语文高考在渐渐回归语文知识的本位：语文不是用来故弄玄虚、用来卖弄的，而是实实在在地用来解决问题的，我们也不排除高考作文考查较为浅显的文艺评论写作的可能。

第四单元：自然科学小论文以自主学习为主。

以上是这一册教材大概要把握的东西。课外主要让学生进行预习，通读课文。此外，本学期还有一个写作专题，要让学生学习写得深刻、充实、有文采和新颖。这对应了高考写作发展等级的"深刻"的要求，要达到这一要求需要建立在大量阅读的基础上。

（三）预习第1课

问题：《林教头风雪山神庙》中的"巧"，巧合在何处？

《林教头风雪山神庙》
一

（一）课前朗读

开始上课前，由课代表带领全班同学读书。第一周读教材第二单元需背诵的《归去来兮辞　并序》。

（二）为你读诗（词）

浣溪沙·游蕲水清泉寺

[宋] 苏轼

山下兰芽短浸溪，松间沙路净无泥。萧萧暮雨子规啼。

谁道人生无再少？门前流水尚能西！休将白发唱黄鸡。

① "萧萧暮雨子规啼"中的"子规"：子规意象曾经出现在高考题中，如2010年江西卷南宋陈与义《送人归京师》中的"门外子规啼未休"，考查"子规"意象的内涵。而在苏轼的这首《浣溪沙·游蕲水清泉寺》中，"子规"所代表的心境发生了一些微妙的变化。变化的原因是需要我们思考的问题。

② "休将白发唱黄鸡"中的"白发""黄鸡"：与时间流逝有关。不要总是说时间如流水，要振作起来，就算是门前的流水也可以向西流，即使没有办法回转，它也不是就此消逝。所以不要总是唱时光如流水，一去不复返，流水还代表一种活力。

苏轼有一组《浣溪沙》作品，意境都很清新。这首词意思非常简单，意象也特别清楚。

词中"兰芽"一词，结合这首词写作的季节春天，让人感受到一种生命的勃发。"松间沙路净无泥"中的"泥"，从抽象意义上可以理解为世间的污秽，而在春天这一特定的季节，苏轼的眼里非常纯净，没有那些污浊不堪的东西。但是实际上，这首词写于元丰五年（1082），与《定风波·莫听穿林打叶声》的写作时间差不多，也是苏轼被贬黄州时的作品。苏轼虽经历了风风雨雨，但到这一刻，他内心宁静，同时充满了对生命的向往，这就是人生的境界。当你也遇上这样的事情时，应该用什么样的力量让自己做到如苏轼一般，即使是潇潇暮雨和啼叫的子规也改变不了内心的宁静，还能够说出"谁道人生无再少"般的话语？

要求：学生抄完后写下自己的心得，慢慢养成习惯，学会评价和鉴赏诗词。

(三)课文教学

无巧不成书:巧却又不巧,都是缘分,带有天注定的感觉。

说书:一环扣一环的巧合。

巧的角度:人物设置的巧合(从李小二的角度:报恩)。

试问人情冷暖几时有,却道几人命运不由他:冷暖(李小二的报恩、林冲对李小二、李小二内心的小九九)、命运(林冲的命运不由他,你的命运由你还是由他)。

(四)本周作业

学生自读教材。

二

(一)课前朗读

开始上课前,由课代表带领全班同学朗读《滕王阁序》。

(二)为你读诗(词)

浣溪沙·万顷风涛不记苏

[宋]苏轼

万顷风涛不记苏。雪晴江上麦千车。但令人饱我愁无。

翠袖倚风萦柳絮,绛唇得酒烂樱珠。樽前呵手镊霜须。

①"万顷风涛不记苏"中的"苏":这首词是苏轼拜访他的朋友,醉酒醒后写下的作品。"苏"有两种解释,一说指苏州。苏轼在苏州有一块公田,遭遇了风涛导致颗粒无收。这里"不记苏"是说不记得苏州那里遭遇的事情了,这样可以和后面的"麦千车"联系起来理解,将自己与老百姓对比,只要老百姓吃得饱,自己就没有什么可愁的。从这里我们可以照见苏轼的人格。这一点上苏轼和他的弟弟苏辙有相似之处,两兄弟都有对普通老百姓的关心。二说指苏轼。

②"翠袖倚风萦柳絮"的"翠袖":歌伎。这首词写于十二月二日,这里的柳絮指的是飞舞的雪花。这句词的意思是歌伎倚着风在跳舞,就好像漫天飞舞的雪花。

③"绛唇得酒烂樱珠"中的"绛唇"指红色的嘴唇,"烂"是灿烂。红色的嘴唇喝酒以后变得更加鲜艳,就像成熟的樱珠。

④"樽前呵手镊霜须"的"呵手""镊霜须":苏轼在寒冷的冬天喝了酒,看着歌伎的舞蹈,联想到了老百姓的疾苦。

苏轼这首词反映了他对生活的态度:在苦难面前,要找到往上走的方式。

(三)课文教学(接上一课)

人物的巧合:李小二(官司、给钱谋生、恰逢林冲)。

环境的巧合:雪(自然环境、大雪压塌房子);石头(山神庙前不大不小的石头使得林冲可以用来堵门,又使得陆虞候几个人没法进门,假如没有这块石头则逻辑不通)。

所有巧合都有其内在的逻辑关联,如果没有逻辑关联,行文则显僵硬。

逻辑:全文看上去是无厘头的,实际是有逻辑的。这里的庙是一个没有人的庙,如果是一座有人的庙,就不会出现石头,这就是逻辑。此处情节的铺垫就在于这是一个无人看管的庙,所以一切都有可能。另外,林冲去寻陆虞候几人的时间也非常有意思:他寻了五日,到第六日,好事来了。在最开始的时候,林冲去买了一把刀,"刀"这一细节在文中出现了几次,比如"身边取出那口刀来",这里的语言是非常严谨的,"那"字使得前后的刀有了关联:林冲听了李小二的话,怒上心头买了那把刀,这刀在他身上晃晃荡荡挂了五天,到最后,在林冲杀陆虞候几人时派上了用场。以上都体现了小说语言细节的严谨性。再回到石头,因庙中无人,使得石头的出现变得顺理成章,就如其他的巧合一样,在意料之外,又在情理之中,"雪"也是如此。小说中前五日都没有提到天气如何,但大概是晴朗的,忽到第六日,无缘无故地下了一场恰到好处的雪,好到能够把草厅压塌。这场雪非常神奇,它救了林冲,也把林冲往梁山泊上逼。假如没有这场雪,林冲可能就不会出来,他可能就被烧死了,抑或是吃官司。另外,草料场的老头的话也很有意思，他把酒壶送给林冲并告诉林冲何处可以沽酒，这就为后面林冲去沽酒做了铺垫。

小说中第一次出现雪"正是严冬天气，彤云密布，朔风渐起，却早纷纷扬扬卷下一天大雪来"。这里雪下得很突兀，没有一点儿铺垫，但又可以成立。因为是严冬天气，到了这个节点，随时都有可能下雪。后面再次出现是"那雪正下得紧"，前面是纷纷扬扬地下，后面变成了"紧"，节奏变得紧张，有一种把林冲往死路上逼的感觉。再到后面的形容是"越下得紧"，进一步推动了情节的发展。

下节课学习内容：结构的巧合——双线结构。

三

（一）课前朗读

开始上课前，由课代表带领全班同学朗读《逍遥游》。

（二）为你读诗（词）

浣溪沙·元丰七年十二月二十四日，从泗州刘倩叔游南山

[宋]苏轼

细雨斜风作晓寒，淡烟疏柳媚晴滩。入淮清洛渐漫漫。

雪沫乳花浮午盏，蓼茸蒿笋试春盘。人间有味是清欢。

① "细雨斜风作晓寒"的"晓寒"：这首词写于十二月，严冬之时，寒冷是能够接受的。联系苏轼人生的波折，这里更像是在表达苏轼的内心。晓寒指的是清晨的那种微冷。

② "淡烟疏柳媚晴滩"的"媚"：从字形去理解，即女子的眉，这是全诗情感最丰富的地方。雨后初晴，整个世界变得非常明美，这里的"媚"化静态为动态，使得全句变得灵动。

③ "入淮清洛渐漫漫"：作者虚设了这样一个场景，清澈的洛水慢慢汇入浑浊的洛水，"漫漫"在这里可以再深入研究。"入淮"是往淮州，"清洛"指的

是苏轼自己。从最终的命运来讲，苏轼最终也要汇入淮中，他要保持自己，同时又要融入其中。

④"雪沫乳花浮午盏"这一句写喝茶。宋人喝茶非常讲究，用什么温度的水、用什么样的杯子都有讲究，最高的境界就是当茶水冲出来的时候会有像雪花一样的泡沫。"雪沫乳花"是指泡茶时的白色泡沫。

⑤"蓼茸蒿笋试春盘"这一句写吃菜。作者选取了非常典型的季节性食材。诗词最忌讳将实物堆积在一起。这两句是物质上的东西，假如没有最后一句话，全词会变得俗套。

分析与提问：这首词中暗含着苏轼想要归隐田园的情怀。"人间有味是清欢"非常具有品质与味道。这一句画龙点睛，把全诗的描写对象从物质的层面提升到精神的层面。如果没有这句，这首词会怎么样？

这首词是苏轼在离开黄州四年后的十二月写的。联系苏轼在写这首词之前拜访过当时已经辞官归隐的王安石，我们能否从词中读出苏轼的一些情怀？

（三）课文教学

本节课主要细读"雪"与学习结构的巧合：双线结构。

1.细读"雪"。

从两个角度细读，一是对雪的整体的描写，作用在于渲染气氛；二是对雪的局部的描写。作用在于推动情节的发展。

2.《林教头风雪山神庙》中的双线结构。

（1）明线：林冲忍辱负重，反抗复仇。

林冲如何忍辱负重：自李小二处得知消息后，林冲在街上走了五天。假如第一天林冲发现了陆虞候，可能直接把他杀了，但到了第二天林冲内心慢慢发生了变化，到第三天他已经开始希望不要遇见陆虞候了，第四天、第五天他的气慢慢消了。给我们的启示是，如果我们遇上特别生气的事情，就出去走一走。这是文学作品对我们的启示。愤怒的时候不要和人说话，否则伤人伤己。

（2）暗线：陆虞候设法陷害林冲。

双线结构最麻烦的地方在于，从艺术上来讲，双线结构两条线平行，一旦处理不好，就不会有交叉，就没有办法产生矛盾冲突。最佳的艺术作品，是在不断地制造矛盾冲突并化解矛盾冲突。所以明线暗线必须有交叉的过程，第一次交叉过后分开，之后再交叉。小说中的第一次交叉是在李小二的店里，第二次交叉是在草场，第三次交叉是在山神庙里。在山神庙，明线暗线浮出水面，矛盾加剧，林冲和陆虞候有一方必死无疑，他们不可能握手言和。这里是作为悲剧处理的，陆虞候自食其果，林冲被迫走上不归路。

下节课学习内容：双线结构的意义。

预习任务：文言文。

四

（一）课前朗读

开始上课前，由课代表带领全班同学朗读《陈情表》。

（二）为你读诗（词）

被酒独行，遍至子云、威、徽、先觉四黎之舍三首（其一）

[宋] 苏轼

半醒半醉问诸黎，竹刺藤梢步步迷。

但寻牛矢觅归路，家在牛栏西复西。

提问与分析：你在这首诗中读到了什么？

苏轼这组诗一共写了三首，这是其中的第一首。2014年高考江西卷曾考过其中第二首——"总角黎家三小童，口吹葱叶送迎翁。莫作天涯万里意，溪边自有舞雩风"，主要考查诗中体现的苏轼的人生态度。

关于苏轼的人生态度，不能简单地用"豁达"来概括。苏轼的人生态度受两种思想的影响，一是佛道思想，随遇而安、旷达；二是儒家思想，积极的、乐观、入世。苏轼其实是非常特殊的，他是文学史上很难超越的一座高峰。佛道儒影响了他的思想体系，他却将三者的关系处理得非常好，这对我们理解苏轼有一定的启发：佛道思想能够帮助苏轼走出困境，儒家思想又能推动他积极入世，践行他的政治理念。

这首诗写于苏轼被贬海南儋州时，当时他六十四岁，两年之后去世。苏轼在诗中确实是一个酒鬼的形象，但是这个酒鬼和其他酒鬼又有不一样的地方。我们应该看到诗中蕴藏的苏轼的人生态度，比如半醉半醒访问四黎，"独行"访问他在海南的四位好友。"步步迷"是指他不认识路。"归路"可以理解为回家的路，回家的路也可以是抽象的路，特别是到了暮年时，他已经做好了老死儋州的准备——或许他再也回不到故乡。不过有意思的是，苏轼并没有凭借佛教的思想使得这时候的自己获得解脱。"家在牛栏西复西"，家在何处？在牛栏边上。苏轼在海南经历了许多，曾被逐出官舍，幸得当地的读书人帮助获得房舍。最后一句也暗含佛教的思想。在整首诗中，我们看不出他历经磨难、屡遭打击的人的痛苦，只看到了他面对生活的淡定从容。可见一个人的伟大在于即使他遇上了如此多的在他人看来是毁灭性的东西之后，仍旧可以好好生活，甚至还可以影响自己周围的人更好地生活。我们读诗要学会观照自己。

（三）课文教学

本节课主要学习双线结构的意义。

暗线的作用在于推动明线情节的发展。刀的出现，一是在本文中，二是在林冲上梁山泊时。他到了梁山泊之后，大寨主王伦不太愿意接纳他，又碍于柴进的面子不好拒绝，因此给他设了障碍，要求他提一个人头来，用投名状表忠心。其实这在逻辑上很荒谬，毕竟林冲已经杀过人了，这不过是王伦故意为之。后面随着情节发展，王伦本想逃，却最终被林冲用刀杀了，这里的刀和前面的刀或许有些关联。

暗线的作用也可以围绕人物来说，想表达什么样的主题，就要写什么样的人物。有时候暗线具有塑造人物形象的作用，比如本文的暗线就是对林冲人物形象的衬托，通过陆虞候等人的活动来衬托林冲更加丰富的形象。如林冲沽酒回去后，发现草厅被雪压塌，便伸手进去摸了一摸，这表现了林冲谨慎、细腻的形象，说明林冲不是一个五大三粗、四肢发达、头脑简单的武夫形象。暗线的人物要制造冲突，制造冲突就会呈现人物性格不同的一面，由此丰富人物形象。

另外，从情节角度来说，上面这一情节还传达出一个信息：林冲伸手进去一摸，发现余温没有了，证明火已经灭了。这就为下文做了铺垫，说明草料场的大火不是林冲为之，林冲受了他人陷害。再举一个例子，山神庙的石头。其实陆虞候等人出现在山神庙也非常巧合，他们为什么要到山神庙去等大火烧完？庙的设置的神奇之处就在这里：它距离草料场半里，地势比较高，可以看到草料场又与草料场保持了适当的距离，半里的距离设置非常巧妙。万一这几人不在山神庙，庙门也没有被石头挡住，林冲看到大火时或许就不能立刻明白原因，这样陆虞候等三人就有可能逃脱。

（四）思考

我们"读"林冲，究竟有什么意义？可以从以下两个角度进行思考：一是文学作品的文学史意义，二是文学个体对我们的意义。

思考林冲的人物形象问题（联系文艺评论写作）。

五

（一）课前朗读

开始上课前，由课代表带领全班同学朗读《滕王阁序》。

（二）为你读诗（词）

渔家傲·近日门前溪水涨

[宋]欧阳修

近日门前溪水涨。郎船几度偷相访。船小难开红斗帐。无计向。合欢影里空惆怅。

愿妾身为红菡萏。年年生在秋江上。重愿郎为花底浪。无隔障。随风逐雨长来往。

①"近日门前溪水涨"的"涨"：可以是具体的溪水的涨，也可以是抽象的

情感的涨，表达男主人公内心对女主人公思念的情感。

②"郎船几度偷相访"的"偷"：是男主人公的行为，这里点出对象。

③"合欢影里空惆怅"：从"难"到"无计"再到"空惆怅"，作者把男主人公细腻的心理逐层地呈现出来。"合欢"，指并蒂莲，男主人公在莲花盛开的地方空惆怅。

④"愿妾身为红菡萏"：这里转入女主人公，使人联想到《孔雀东南飞》的"君当作磐石"。

⑤"重愿郎为花底浪"的"重"：又。

⑥"无隔障"：和前面的"无计向"形成对比。

这首词的作者是宋代的欧阳修。正所谓词的气质暗合词人气质，词的境界和词人的境界也有关联。倒过来讲，从词的背后可以看到作者是一个怎样的人。

这首词是从女性心理和女性视角来写的，这种手法在宋代很流行。那么为何欧阳修这样一个伟岸的人会写出这样一首细腻，表现爱而不得的词呢？

读这首词时，如果去掉作者等信息，我们可以从中读出什么？反之，如果知道这些信息，我们还可以思考，一个人的内心深处是否应该藏有一些柔软的地方，一些隐秘的心思，一些辗转反侧无法消解的情思。这首词体现了一个伟岸的人内心深处的柔软。

（三）课文教学

本节课主要探讨对林冲这个人物的看法。

试问人情冷暖几时有？却道几人命运不由他。第一单元的每篇课文都有其特别之处，我们可以从人情的冷暖和命运的角度去分析小说。

《鲍鹏山新说〈水浒〉》评价林冲是"英雄末路"。在《水浒传》中，林冲杀了王伦，推举晁盖为主、吴用为军师，自己坐稳了第四把交椅，达到了自己人生价值的巅峰。转折点在于，林冲安定下来后，派人去京城打听消息，知道自己的妻子拒绝高衙内后上吊自杀了。但实际上，恰恰是林冲的一纸休书将他的妻子推向了高衙内，这里女性的命运和男性的选择有关系。可以说林冲妻子的死是林冲一手造成的，而林冲妻子的死给林冲带来了极大的冲击。自此以后，林冲心死。

他的结局：在宋江被招安之后，林冲是活下来但没有得到封赏的人。最后，作者设计他得了风瘫，寂寞死去。这就是"英雄末路"。

小说人物性格上的缺陷照见人物自己的灾难。林冲的身上也有冷暖，但他的命运并不由自己掌控。

《装在套子里的人》
一

（一）课前朗读

课前背诵《归去来兮辞　并序》。

（二）概括小说情节

从整体的角度来看，作者采用的是倒叙的手法。在开头，作者用一句话干脆地说别里科夫死了。

小说情节：第一，别里科夫死了；第二，别里科夫的套子（双重，外在的和内在的）；第三，别里科夫恋爱事件和漫画（故事变事故）；第四，骑车事件；第五，去柯瓦连科家讨说法；第六，死了；第七，尾声（旧样子）。

由此我们可以得出一些结论：从人情冷暖角度来说，恋爱应该是暖的东西，但从套子的角度来讲，恋爱却是冷的。后者是别里科夫自己给自己的束缚。他还在心理上辖制了全城，一个非常弱的人，辖制了全城，这里运用了夸张的艺术手法。

（三）课文教学

从人情冷暖的角度来看，套子是冷的，它既有具象的鞋子、雨伞等，也有抽象的含义，这源于别里科夫内心的恐惧，而他的恐惧搅得全城人惶恐不安。另外，小说中提到过的华连卡的"笑"，在别里科夫看来或许这是在嘲笑。但实际上，笑是正常人的反应，而别里科夫的反应才是不正常的。此处冷和暖形成了鲜明的对比，冷暖交汇，下了一场死亡的雨。

关于恋爱事件，我们可以做一些思考：爱，到底能不能拯救别里科夫？原文曾说"可是，这个装在套子里的人，差点结了婚"，这里"可是"暗含了一种惊讶，像是按道理来讲不可能发生的事情，带有转折；"差点"表现出作者想要人物发生变化。假如别里科夫结婚了，会发生什么样的变化？可能别里科夫原本的结婚对象华连卡改变不了什么，事情还是会像原来一样发展，也可能别里科夫会发生一些改变。但是，可怕的是别里科夫的死是必然的，我们没有办法让他好好活着。

那么，别里科夫有没有试图去挣脱套子呢？他试图接受感化，与他拒绝所有的帮助是有区别的。我们可以从中观照自己。别里科夫没有拒绝华连卡，说明他内心还是想要去尝试的。那么为什么他又没有成功呢？这是值得我们思考的问题。第一，别里科夫想不想去恋爱？第二，他为什么没有成功？我们应对此仔细思考并得到启发。

所以，恋爱本来应该是暖的，但是温暖的爱却要了别里科夫的命。这里便由暖变冷。它是怎么变化的，值得我们去思考。

再来说骑车。这似乎与别里科夫没有什么关联，暖的，但后面又和他有了关系，变成了冷。后面他去找柯瓦连科讨说法时，发生争论，从楼梯上滚了下来，被华连卡看到了。这个情节直接要了别里科夫的命，可以说是不亚于《祝福》中"我"被祥林嫂问及灵魂的有无、四婶对祥林嫂祭祀的态度。他变成了华连卡的笑资，使得两人本来脆弱的恋爱关系直接结束。这个情节传达了很多细微的情感，使得冷暖发生变化，别里科夫的命运也变得由不得他了。

（四）思考

如果放在今天的社会，别里科夫的文学意义是什么？今天有没有"别里科夫"？如果放在特定的社会中，别里科夫的文学意义是什么？他这一人物形象究竟说明了什么问题？

二

（一）课前朗读

开始上课前，由课代表带领全班同学朗读《逍遥游》。

（二）为你读诗（词）

蝶恋花·庭院深深深几许

[宋] 欧阳修

庭院深深深几许？杨柳堆烟，帘幕无重数。玉勒雕鞍游冶处，楼高不见章台路。

雨横风狂三月暮，门掩黄昏，无计留春住。泪眼问花花不语，乱红飞过秋千去。

欧阳修有大量的从女性视角写闺怨的作品，这一首便是。从格调上来说，这首词格调甚高，其中一些句子也常被引用，比如"庭院深深深几许""泪眼问花花不语，乱红飞过秋千去"等。而词中其他句子也独具韵味。比如"雨横风狂三月暮"，特别是到了暮春之时，风雨一来，人们能够联想到这句词和它背后的意蕴。

首句三个"深"连用，具有深层含义：一是景深。杨柳堆烟——烟雾堆积，雾蒙蒙，杨柳并不是稀稀疏疏的，而是一排一排的。帘幕无重数——帘幕也堆积在一起。后面再写女子想象男子也就是自己的爱人，"章台"是词中具有特定意义的地点。二是情深。情深体现在，"无计留春住"——内心深处其实想把春留下来，不仅仅是春，还想把章台处的那个人留下来。作者是在借留春写留人。"无计"——她已经想尽了各种办法，却无法留住。因而"泪眼问花"——女性的内心深处充满了悲伤。她想问花能不能留住那个男子，花似在应答点头，但不语，此处又暗含失望。她其实期望花说话，纵使说的可能是假的。这里没有直接说出情深之感，而是借花表达，只问不答，愈显情深。

实际上，这首词不一定是站在女性的视角写的。看起来，它似乎是欧阳修写的女性在特定的季节产生的情感，但这种情感并不为女性所专享。这是在特定的时间、特定的地点、特定的事件中，所有有情人都会表现出来的内心的情愫。

（三）课文教学

本节课主要探讨别里科夫的形象与小说的主题。

我们希望，爱能拯救一切，可是别里科夫却得不到拯救。那么大家对别里科夫的态度是什么？可怜？可恨？我们可以联系《雷雨》中周朴园这个复杂的人物来理解。对于周朴园，我们所持的情感态度分为两个方面，同样地，对繁漪也是。一方面，我们批判他；另一方面，我们又觉得他可怜。当我们今天重新去审视《雷雨》时，我们可以看到结局。《雷雨》确实存在恨与批判。但是，作者写这部作品的目的不是让观众产生恨意。在《雷雨》的结局中，我们也可以看到作者曹禺内心的一种怜悯、同情。当所有的不幸都由周朴园独自承受时，观众的怜悯之心油然而生。

　　回到别里科夫。按照这一思路，可能两者有质的不同，也可能有相似之处。作者对别里科夫的态度或许是矛盾的，或许是无奈的，既抵制又可怜。这种无奈的背后，暗含的是小说的主题。联系当时俄国的背景，我们可以有更深的理解：作者借助别里科夫，运用夸张的手法来达到讽刺的效果。别里科夫是一个小小的教员，却使得全城的人战战兢兢，这里传达出的是对普通民众的迫害。正因为写的是别里科夫这样一个小人物，不同于那些能够掌控人生死的当权者之类，才更能凸显效果。我们可以思考一下，是谁让别里科夫变成了这样一个文学上的形象？作者在设计别里科夫这个形象时，为什么要把他写成这样一个不正常的人？这种不正常是他自己的因素还是社会因素导致的？无疑是社会因素。作者在这里借别里科夫这样一个人物的遭遇来表达沙皇专制对言论思想的限制，也正是在这样的环境下，别里科夫甚至全城人才会如此。在小说的结尾，作者写道"我们高高兴兴"，这里"高兴"传达出作者的情感倾向。但后面接着用了一个"可是"，对恢复原样表现出讽刺。

　　别里科夫与祥林嫂和周朴园是有区别的。我们同情他是站在沙皇专制的角度，他本身是一个受迫害者。当然我们自己也应该有旗帜鲜明的态度——不能成为下一个别里科夫。

《边城》
一

（一）课前朗读

开始上课前，由课代表带领全班同学背诵《陈情表》。

（二）为你读诗（词）

临江仙·记得金銮同唱第

[宋] 欧阳修

　　记得金銮同唱第，春风上国繁华。如今薄宦老天涯。十年岐路，空负曲江花。

　　闻说阆山通阆苑，楼高不见君家。孤城寒日等闲斜。离愁难尽，红树远连霞。

① "记得金銮同唱第"："金銮"代指皇帝，"唱第"是进士及第后唱名。
② "春风上国繁华"：讲的是进士及第，春风得意。
③ "如今薄宦老天涯"：这首词写于欧阳修被贬之后。我们也可以将欧阳修这首词与前面所讲的苏轼被贬之后的作品进行对比，进一步理解作者此处表现出来的情感。
④ "空负曲江花"的"曲江花"：进士及第后皇帝赐宴。用唐玄宗于曲江皇家园林为新科进士举行宴会之典故。
⑤ "闻说阆山通阆苑，楼高不见君家"："闻说"是虚写，这里由实转虚。

前面两节课所学的两首词更多的是让我们看到情怀背后的东西，这一首则不同。

2013年湖北省高考语文试题曾经考查过对这首词的赏析。概括起来，这首词的风格应该是飘逸。比如"阆山"和"阆苑"是虚写，与前面的实写放在一起，虚实结合，使得词富有变化。其次，作者在写的时候还有角度的变化：先写时间，再写空间。时间上,"记得"是过去,"如今"是现在,"闻说"是想象的未来——从过去到现在再到未来,时间上有转换;空间上,地点由远到近,再由近及远,既写了虚,也写了实。虚实的结合、时空的转换使得词呈现出飘逸的风格。

(三)课文教学

提问与分析:大家读完作品的第一印象是什么?

我们读《边城》时,会感觉到它的结尾颇有几分戛然而止的意味。从艺术效果上来说,这可以引发读者的联想,汪曾祺的《受戒》也给人这样一种感觉。《边城》的结尾,二老下青浪滩,读完整个作品我们知道之前大老下青浪滩是死了的。而结尾说"这个人也许永远不回来了,也许'明天'回来"。那么,二老也许会重复大老的命运,翠翠也许再也等不到他了。所以翠翠命运的悲剧就在这里,你看不到她的未来。作品给人的感觉就是淡淡的悲凉,你看不到一个美好的结局,我们的期望不一定能够实现。

从小说的角度来看,文中有非常多的环境描写,从某种程度上说,这实际上冲淡了人物和情节,使得《边城》不像其他的小说那样鲜明。这种做法不一定是失败的,反而可能是独特的,是艺术的体现。当然,沈从文这样写是有一定意图的。

为什么《边城》的环境要这样写呢?

《边城》在创作的时候有一定的背景,我们在阅读的过程中要结合背景来读。沈从文在创作的时候也担心读者会看不懂,但是他的读者不是十五六岁的中学生。他在《边城》前写了一篇长序,表明了他写作的良苦用心。他出身乡村,在西南联大时,他的日子其实不好过,与环境格格不入。在那种情况下,沈从文想要找到自己在湘西文化的根。当他回到湘西后,他有非常多的感触,湘西在他的内心有很深的纯洁的文化痕迹。由此他创作了《边城》。所谓"边城",就是指边缘的、远离了城市喧嚣的、留下了我们最原始、最朴素情怀的地方。我们可以从中看到纯粹的、原生态的东西。沈从文的内心有这样一块净土,他想借《边城》留住自己内心那具有美好自然风光和淳朴民风的地方。

在《边城》中,翠翠的人物形象有一定的原型。而在文中,爷爷因为她妈妈的原因,对翠翠的感情也非常微妙。因为母亲的悲惨遭遇,爷爷不知道该如何处理翠翠的问题，他在大老和二老间摇摆。他本来可以做一个选择，不把难题交给兄弟两个抉择，但他没有，这就为后面的情节埋下了伏笔，也注定了《边城》的结局要那样写。

（四）思考

这种环境描写究竟传达了作者怎样的信念？

二

（一）课前朗读

开始上课前，由课代表带领全班同学背诵《陈情表》。

（二）为你读诗（词）

舟行送王琴所之澈州

[宋]黄庚

晨星寥落曙光浮，柳岸风轻送客舟。
万点远山重叠恨，一江流水浅深愁。
淡烟茅店家家晓，白露枫林处处秋。
独倚篷窗还自笑，此身漂泊愧沙鸥。

黄庚并不出名，但他的诗词作品非常多。我们可以从这首诗中看见作者的人生状态。

首联，"晨星"是早晨的星星，"寥落"是稀少，也偶尔带有写人才稀少的意思。首句写早晨，读来让人感觉作者是坐等到天亮送别友人。曙光慢慢浮上来，"浮"字表明作者可能正在江边，或者是作者想象太阳慢慢升起，给人一种轻的感觉。这里意象的选择流露了作者的心理状态。颔联，前半句由远景写到近景，再写"一江流水"，流水浅，而愁深，联系起来，恨也是重重叠叠的，愁也是深的，这里是偏指一方，偏指愁，一江流水映照出的是深沉的愁绪。颈联，写每家每户在晨光中开始一天的新生活，再加上红色的枫林，暗含秋悲，处处皆秋，处处皆悲。尾联，我们通过作者情感的变化，可以看出作者的形象。作者把送客放在一个具体的环境中，悲喜情感就在这里面慢慢呈现出来。而实际上，我们还可以从尾联中体会作者的形象：独倚，独自倚靠着篷窗还笑。为什么笑？后一句解释了原因，笑自己一生都处在漂泊当中。沙鸥的意象，带有一定的隐逸的情感。

这首诗中，作者从时光的推进、空间的转换再到内心情感的流露，将自己的心理状态展露无遗。作者早年科举不第，开始变得自暴自弃。他非常有才华，后面以教书为生。

（三）课文教学

《边城》的散文笔法使得故事情节变得散乱。而在这篇小说中，人与人之间到底是什么样的状态？我们需要做一些思考。

小说中的人物是有关联的。以爷爷的视角，我们可以认识一系列人物，比如给爷爷守渡船的那个人、上街时打交道的人等。如果确定爷爷为主要人物，以爷爷为交会点，围绕着爷爷来看，所有人物会形成一个主题。而换一个视角，又会有不一样的主题。比如，以翠翠为交会点，和她形成了一定关联的有爷爷，有大老、二老。

在文本的开篇，我们可以找到一些细节。边城是边陲小城，也是沈从文心灵的净土，保留着淳朴的乡俗和民风。既然作者想要表达这样的主题，我们就要回到文本找到这些体现乡俗和民风的东西，观察作者是如何通过描写来表达这一主题的。开篇的乡俗有端午，人与人之间的关系状态以及个体生活的状况、情态则体现民风。第一段可以提炼出来的是边城并没有什么特别的地方，外界对它的入侵相对是少的。大家安于在这里生活，安于这里的贫穷，人与人之间不会有太多金钱利益上的纠葛。这样再做下一步推断，文中也有证据。以爷爷为例，他摆渡有时不收钱，会采取物物交换这样一种非常原始的方式。又如爷爷进城买肉，卖肉的念及爷爷和翠翠的艰辛，会给好肉，不要钱，而爷爷则不愿意。从店家的角度来讲，他有怜悯之心，而爷爷则并没有因为自己的贫穷选择接受别人的施舍，依旧依靠自己，这就是他纯朴的地方。此外，这一段还写道，"中国其他地方正在如何不幸挣扎中的情形,似乎就还不曾为这边城人民所感到"。当时,外界战火纷飞,而边城则带有一定的世外桃源的感觉。事实上,经典小说在情节设计上一定有作者的考虑,我们在解读的过程中不能忽略,否则容易出现理解偏差。继续往后看,作者写端午赛龙舟的情形,"船一划动便即刻蓬蓬铛铛把锣鼓很单纯的敲打起来",单纯直指义是大家只想着敲鼓的事情,言外之意则是指这是一个非常单纯的地方,这是一些非常单纯的人,这是一些非常单纯的人在做一些单纯的事。到后面,作者写船老大:"凡帮助人远离患难,便是入火,人到八十岁,也还是成为这个人一种不可逃避的责任!"这句话如果作为中心论点,我们可以借助船老大来证明这里的人有这样的一种精神气质。比如爷爷,因为要带翠翠去看赛龙舟,便找人帮忙看管渡船,爷爷不会因为孙女的喜好和念想推脱自己的责任。后面他把翠翠送到城里之后,又自己偷偷溜回去了。这里我们可以看出爷爷的纯朴,一种责任感。后文写道:"在这个节日里,必然有许多船只可以赶回,也有许多船只只合在半路过节,这之间,便有些眼目所难见的人事哀乐,在这小山城河街间,让一些人开心,也让一些人皱眉!"世外桃源里也有人最基本的悲观,也有遗憾的事情。端午是快乐的,但是后面大老端午下青浪滩却死了,端午变得悲了。在这边城,幸与不幸在随时转换发生着,而作者沈从文想要让我们看到的是这里的人对待幸与不幸的态度。

(四)思考

文中的人们对待幸与不幸的态度究竟是怎样的?

三

(一)课前朗读

开始上课前,由课代表带领全班同学朗读《滕王阁序》。

（二）为你读诗（词）

江城子·西城杨柳弄春柔

[宋]秦观

西城杨柳弄春柔。动离忧，泪难收。犹记多情，曾为系归舟。碧野朱桥当日事，人不见，水空流。

韶华不为少年留。恨悠悠，几时休？飞絮落花时候、一登楼。便做春江都是泪，流不尽，许多愁。

词的主题：一是离愁，二是春愁。

杨柳和飞絮是特定的意象内涵。比如子规意象的内涵一是亡国之痛、故国之思，二是惜春、愁春。杨柳和飞絮意象的内涵之一是伤春、惜春，之二则是依依惜别之情。

李煜曾写：问君能有几多愁？恰似一江春水向东流。秦观化用此句，写出新句。二者相同点是都有愁，描写愁与水的关系，都采用了比喻、夸张的修辞手法。不同点则是李煜的词使用的是明喻，秦观则使用了暗喻，且两者抒写情感也有差异，李煜有亡国之思，秦观却是离别之思。且秦观的词表现了两种情感，一是离愁，二是春愁，情感有差异。另外，李煜的词用了问答的写法，情感上带一点儿生气，而秦观表达的角度不一样，从情感气势上，李煜的词问属于亡国之音，因而情感更加强烈，而秦观的词更加缠绵悱恻，他表达的愁更像是《边城》中的那种愁。

（三）课文教学

曹文轩：回到"婴儿状态"的艺术——读沈从文小说《边城》。

什么是婴儿状态的边城？婴儿的世界比较纯粹，没有那么深沉的东西。有的评论家认为沈从文是大人写小人，写的是不成熟的世界。但换一个角度来看，这恰恰是沈从文的风格特点，他可以把这些写得很自然。

婴儿的世界是单纯的，不知善恶，对世界所有的恶都报以善意。沈从文是一个经历丰富、饱受磨难的人，却能够很好地对待这些苦难。这样一个执着单纯的人可能想要在文学作品中留下一个单纯的世界。从沈从文个人的经历来看，我们很难想象这样一个受过大学同行排斥与歧视、文艺界小说界不认同的人能够做到如此地步。

潜在的写作：不跟时代那么紧密地发生关系。《边城》呈现的风格便是如此。沈从文的作品有两种，一种是与世界紧密关联的，另一种则是不问世事，只问人的。在《边城》中，如果不做特别介绍，我们未必能够想象当时的社会正处在水深火热之中。作品没有很鲜明的时代烙印，从沈从文的角度来讲，他看世界就是单纯的。

但是，婴儿的世界也是不清晰、不透明的，具有很多不确定性。在《边城》中，人物关系是不确定的，比如翠翠与爷爷，翠翠与大老、二老等。"祖父不说什么，还是唱着。两人都记起顺顺家二老的船正在青浪滩过节，但谁也不明白另外一个人的记忆所止处。祖孙二人便沉默地一直走还家中。"翠翠不明白爷爷，爷爷也不明白翠翠，所以从某个角度来讲，二人的关系是不清晰的。另外，船老大和两个儿子的关系也是不清晰的。但是正是不确定、不清晰的关系，以及那种顺从自然的做法使得最后发生悲剧。

（四）《边城》中的美学

从沈从文的角度做一些思考，沈从文遭遇了那么多不平的事情，但他所描述的《边城》的世界却那么单纯。《边城》中有一种"冲淡的美学"，这是一种创作的艺术方式。在《边城》的世界里，有许多诗意的东西，连爱情也是诗意的，而其中也带有一些淡淡的忧伤。沈从文笔下的湘西世界慢慢消解、冲淡了人世的冲突，这也是我们解读《边城》的方式之一。从美学的角度，我们可以看到边城的许多美，比如《边城》的人物是美的，翠翠、爷爷、大老、二老都是美的。借这篇文章，我们可以了解哪些因素是需要去评价的。又如其中的环境、民风，我们应该对此形成自己的审美、自己的价值观。阅读《边城》中的人物时，我们应该要照见自己。通过读翠翠，你读到了自己的什么东西？你如何去评价其中的人物？每个人都应该从中读到自己对这件事、对这个人的判断，这个判断没有对错，但一定要有。这个判断可以帮助我们自己在未来更好地处理一些问题。

《归去来兮辞　并序》

一

（一）课前朗读

开始上课前，由课代表带领全班同学朗读《归去来兮辞　并序》。

（二）为你读诗（词）

次韵黄斌老所画横竹

[宋]黄庭坚

酒浇胸次不能平，吐出苍竹岁峥嵘。
卧龙偃蹇雷不惊，公与此君俱忘形。
晴窗影落石泓处，松煤浅染饱霜兔。
中安三石使屈蟠，亦恐形全便飞去。

①"酒浇胸次不能平"的"胸次"：胸中。这句话是说借酒浇愁但胸中愁闷难平，也就是说黄斌老在画竹的时候心中有不平。从文化常识角度来说，古人喜则画兰，郁则画竹，两者具有一定意象的特质。比如，竹代表高洁气质、清高。这句话既是写黄斌老画竹子的情景，也暗含了黄庭坚当时被贬内心所产生的不平，对读者理解全诗作用很大。

②"吐出苍竹岁峥嵘"的"吐出"：一吐为快，言下之意是内心有不平、怨愤。在这样的状态下画出来的竹子自然是卓越、不平凡的。

③"卧龙偃蹇雷不惊"的"卧龙"：侧卧的竹子，这里把竹子比作龙，打雷也惊动不了它。言下之意竹子有一定的气度，不为世俗所惊扰。

④"公与此君俱忘形"的"此君"：晋代的王徽之，同样是爱竹之人，但生活穷困。曾言及竹曰："唯有此君尔""俱忘形"，都忘记了自己内心愤懑、备受冷落、落魄的形态，外界的东西对自己没有任何干扰。

⑤"晴窗影落石泓处，松煤浅染饱霜兔"：天晴的时候光透过窗户使得影子

落在石头上,"松煤"是松烟墨,"霜兔"指秋天的兔毛,即指白色笔毫的毛笔。

⑥"中安三石使屈蟠,亦恐形全便飞去":画好了竹子以后,中间再画三块石头,使它盘曲,怕画好最后一片叶子后就飞走了。这里又有一个典故,也就是"画龙点睛"。

这首诗中有三种形象,竹的形象、画竹的人的形象和诗人的形象。三个形象合在一起,有竹的气质,有画竹人的气质,有大家的气质。所以竹其实在于人,在于画者,也在于与画者气质相同的作者。黄庭坚借黄斌老画出的竹的气质表现自己的气质,与此同时也反映出黄斌老绘画技艺的高超。

这首诗在用字上比较新奇,化用典故也比较有新意,这是江西诗派的独特意味。

(三)课文教学

1.关于陶渊明。

上面的诗中,黄庭坚在遭遇人生的风雨时,会有怎样的情感?此时的黄庭坚内心确实是充满了风雨、悲伤与愤懑。所以他喝酒,但酒并不能浇灭他心中的痛苦,反而使他更加悲愤。陶渊明也经历了自己人生的波折,不同于黄庭坚的被贬,陶渊明是自己主动辞官的,辞官的原因是"不为五斗米折腰"。试想,假如物质利益够大,陶渊明会"折腰"吗?可能会,就好像他会拿官田的粟米酿酒给自己喝一般。显然当官并未解决陶渊明生计的困境,那么辞官就是早晚的事了。

2.关于序言。

在《归去来兮辞 并序》的序言中,陶渊明究竟呈现了一种怎样的人生姿态?从他的这种人生姿态中,我们可以看到一个怎样的陶渊明?

第二单元对学生学习文言知识的要求:借助辅导书第二单元的内容,完成其中基础的字音字形、通假字、文言知识等内容的学习。第二单元作为抒情文言散文,不同于前面的议论性文言文,其不需要逐字逐句分析,更侧重理解文章思想,作品的语言风格和意蕴。

回到《归去来兮辞 并序》。读完这篇文章的序之后谈谈感受。

关键词:第一个是"家贫",原因是"幼稚盈室",孩子太多,再加上"瓶无储粟，生生所资，未见其术"，不知道如何去养活孩子。第二个是"做官的原因"，为了养活自己的孩子。第三个是"'风波'几句"，"风波"存在于外在环境和内在环境，内在环境是孩子太多，外在环境则是当时的战乱。

（四）思考

《归去来兮辞 并序》表达出一种怎样的情感？这种情感给我们怎样的思考？为什么陶渊明对知识分子的影响会那么深刻？

二

（一）课前朗读

开始上课前，由课代表带领全班同学朗读《劝学》。

（二）为你读诗（词）

临江仙·信州作

[宋]晁补之

谪宦江城无屋买，残僧野寺相依。松间药白竹间衣。水穷行到处，云起坐看时。

一个幽禽缘底事，苦来醉耳边啼。月斜西院愈声悲。青山无限好，犹道不如归。

①"谪宦江城无屋买"的"江城"：信州。

②"残僧野寺相依"：化用杜甫诗句"野寺残僧少"。这里的"野"和"残"表现诗人的心境。

③"青山无限好，犹道不如归"：化用范仲淹诗句"春山无限好，犹道不如归"。"归"在这里暗含意象"子规"，与陶渊明的"归去来兮"相比，这里或许也有归家之意，是找到自己精神家园的意思。

晁补之是"苏门四学士"之一。这首词中有一些我们比较熟悉的句子。比如"水穷行到处,云起坐看时"源自王维的诗句"行到水穷处,坐看云起时"。

(三)课文教学

1. "归去来"的含义。

"归去"与"去归"(去官归家)。

延伸阅读:小说《陶渊明写〈挽歌〉》(陈翔鹤)。

2. 入世与出世。

"入世"对应的是儒家思想,"出世"对应的是佛道思想。最终两者统一于"去官归家"。

入世的原因:家贫;可有酒;养活一屋的孩子。

出世的原因:质性自然。

3. 序言再解读。

序言中说自己质性自然,而他之所以做官,是因为做官有利,可以养活家人。

入世的原因:家庭(因孩子多,家穷);公田之利(酒)。

出世的原因:质性自然(最不成立的理由,又是最好的理由,陶渊明不愿意违背本心);愧平生之志(陶渊明是历代知识分子向往的标杆。俗话说"学而优则仕",但是陶渊明或许都不明白自己一生的志向。所以这一点原因其实也不是原因,不过是托词);程氏妹丧(吊丧的心情急切,但实际上这与做官并不冲突)。

序言中的其他细节:犹望一稔(陶渊明其实也是俗人)。

关于陶渊明作为知识分子的志向,可以联系提出"学而优则仕"的孔子来理解,也可以联系其他著名文人,比如屈原、李白、杜甫的志向与他们的文学成就来理解。

三

(一)课前朗读

开始上课前,由课代表带领全班同学朗读《师说》。

(二)为你读诗(词)

渔家傲 其一 般涉

[宋]周邦彦

灰暖香融销永昼。蒲萄架上春藤秀。曲角栏干群雀斗。清明后。风梳万缕亭前柳。

日照钗梁光欲溜。循阶竹粉沾衣袖。拂拂面红如著酒。沉吟久。昨宵正是来时候。

上阕开头落在一个"暖"字上,奠定了全词的感情基调。"永昼",漫长的夜晚。在香烟缭绕中和人一起度过了一个夜晚。第二句"蒲萄架上春藤秀"指向春季,结合后面"清明"更加确定,所以这首词季节性非常强,我们也可以通过"清明"联想到一些东西。"曲角"是栏杆的转角。这句中一个"斗"字,使我们联想到"红杏枝头春意闹"的"闹"字,这里是争斗、打闹的意思,呈现出一种热闹氛围。"风梳万缕亭前柳",柳树使人联想到伤春,而"亭前柳"在这里也具有特定的内涵,柳树是春季有代表性且与情感有特定关联的特定意象,这便是作者选择这一意象的原因。从意象的内涵来看,"柳"指向离别,与后文相呼应。

下阕开头写"光欲溜"使人联想到李清照的诗句"袜刬金钗溜"。这里呈现出了一个青春靓丽的女子形象,她循着台阶,竹粉沾到了她的衣袖上。她脸色红润就如同喝了酒一般。"沉吟久",她在沉吟什么呢?"昨宵"和开头"永昼"相关联。虽然词中没有写昨天晚上的快乐幸福,但我们也可以感受到这种幸福、热闹和温暖。

这首词呈现的情感有喜悦,也有哀伤。"沉吟久"说明那人可能已经离开了"我",而内心仍留有温暖。这首词依旧是以女子口吻写的闺怨词,但是主人公的性别意识其实并不强。在男性作家的内心世界,其实也留有这样一种情愫,这种情愫是可以超越性别的。

（三）课文教学

1.关于陶渊明入世与出世的原因。

陶渊明的平生之志到底是什么？

联系第二单元其他课文：《滕王阁序》中王勃的志向与《陈情表》中李密不愿为官的原因。

2.归去的情态。

正文中归去的情态和序言中表达的弃官的喜悦：鱼得水、鸟归林的情态。

第一段：

"归去来兮，田园将芜胡不归？"写归去的理由：归去吧，我的田园都荒废了。但实际上，陶渊明回不回去也没有什么区别，"种豆南山下，草盛豆苗稀"。这里开篇和序言对接起来，但是交代的原因又不一样。陶渊明找了一个更好的理由，似乎自己是一个种田的好手一般，当官耽误了他种田。另外，他用了疑问语气也表达一种急切心情。

"既自以心为形役，奚惆怅而独悲？"为什么独自悲伤？因为心被人事、俗事，被一个小小的芝麻官奴役。"悟已往之不谏，知来者之可追。"此处陶渊明忽然醒悟，发觉以前做官是不值得的，寻到了一条自认为可以平复自己内心的道路。"追"在这里可以加一个问号，很多事情不到最后都是不确定的。但实际上，陶渊明在任时并没有承担他的责任。你可以想象他这八十多天的做官生活是什么样子：公事放一放，明天再说，去漫步走一走，饿了喝泉水吃野果。这或许就是他的状态。所以，这种状态的陶渊明未必能够期待自己的明天会更好。后面写回家了，"舟遥遥以轻飏，风飘飘而吹衣"。"舟"在这里表现出一种归心似箭、内心愉悦的情感，于是"问征夫以前路，恨晨光之熹微"，"问路"联想到楚狂接舆向孔子问路，这里"问路"还是有选择的，是打道回官府还是一往直前地回家去。"问"字表现出陶渊明内心是有疑问的，他有挣扎、迷茫的过程，需要有明确的回答。"恨"是遗憾的意思，遗憾天才蒙蒙亮。为什么遗憾？是因为晨光熹微，看不清回去的路。

四

（一）课前朗读

开始上课前，由课代表带领全班同学朗读《阿房宫赋》。

（二）为你读诗（词）

青玉案·凌波不过横塘路

［宋］贺铸

凌波不过横塘路，但目送、芳尘去。锦瑟华年谁与度？月桥花院，琐窗朱户，只有春知处。

飞云冉冉蘅皋暮。彩笔新题断肠句。若问闲愁都几许？一川烟草，满城风絮？梅子黄时雨。

"凌波"形容女子走路轻盈的样子，由此猜测这首词写的是一个女子。"不过"是不到的意思。从"锦瑟"开始，全诗由实写转入虚写，使我们联想到李商隐的"锦瑟无端五十弦"，"月桥"是像弯弯的月亮的小拱桥，"花院"是有花木的院子，"琐窗"是有琐形状窗雕的窗户，"朱户"是朱红色的大门。"只有春知处"：只有春天知道你住的地方，其实我也想知道。

"飞云"，有的版本也作"碧云"，"飞云"形容云彩飘飘。"蘅皋"，指长满蘅草的高地。

"若问"，有的版本作"试问"。"若问"的主体是他人，而试问的主体则变成了自己。作者后面用"一川烟草""满城风絮""梅子黄时雨"来形容自己的闲愁，柳絮的意象内涵是思念。春夏之际，看到一川草如烟，风絮满城，梅雨连绵，作者的闲愁之多可以想象。

这首词写来带有一点儿细腻愁思，但写得又很好。写一位男子暗恋一个陌生的女子。这首词中的情思很美，值得我们玩味思索。

（三）课文教学

学习第一段。

"归隐"在第一段逻辑上是不通的，但从另一个角度来看，我们可以有一些思考：这里的田园究竟指的是真实的田园还是虚构的内心的田园？往更深一层看，田园指的是作者自己精神的家园，精神的家园都要荒芜了，还不回去吗？作者开篇非常迫切地写这样一句话：赶紧回去，回到自己精神的小屋里去，去耕作。

还有一点，作者写"悟已往之不谏"，是对自己过去的否定。但从我们的角度来讲，不能轻易地否定自己的过去，过去的很多东西或许都是未来的财富。"来者可追"，所谓"未来可期"，我们应该对未来有一点儿向往。倒过去看，陶渊明过去经历的那些俗事，才使得他能够描写出那样宁静的内心的田园，从而获得了古往今来许多知识分子的敬佩。

学习第二段。

"乃瞻衡宇，载欣载奔。"这句中暗含时间的推移。从天蒙蒙亮出发，到可以看见屋子的横梁，一边高兴，一边奔跑。是谁高兴得奔跑呢？是作者还是孩子？"僮仆欢迎，稚子候门。"孩子在门口等候他，所以高兴得奔跑的人是陶渊明。这里"欣"和"奔"让人感受到他对于八十多天为官生涯的抵触——就仿佛是坐牢一样。再往下，作者写自己的孩子，"稚子候门"似乎有一点儿奇怪，父亲八十多天没有回来，小孩子却是站在门口等候，并没有高兴地去迎接父亲。前面陶渊明说自己"幼稚盈室"，但是此段并没有写到孩子对自己的回来感到欣喜。从这里我们可以看到陶渊明与其孩子的关系是有隔阂的，是带一点儿冷漠的。

"三径就荒，松菊犹存。""松菊"意象的选择有其意义，八十多天过后，三条路变得荒芜，这说明八十多天里没有家人去路上走过。家人不在乎这三条陶渊明常常走的路，没有人期待着陶渊明随时会回来，似乎想着他走了就一去不复返了，这里有一点儿凄凉，与前面"候"和"迎"的区别是相似的，而这些东西也许陶渊明没有去理解。

"携幼入室，有酒盈樽。"酒是事先准备好的。"引壶觞以自酌，眄庭柯以怡颜。"陶渊明作为父亲的形象其实不太好，他八十多天没有回来，回来第一件事是喝酒。"倚南窗以寄傲"，喝完酒靠在南面的窗户上寄托傲然自得的情怀。"审容膝之易安",他深知住在小屋里反而更加闲适。在陶渊明的世界里,他渴望的是小天地且他不愿意走出自己的小天地,这反映了陶渊明逃避世俗的心理。

五

(一) 课前朗读

开始上课前,由课代表带领全班同学朗读《赤壁赋》。

(二) 为你读诗(词)

责子

[晋] 陶渊明

白发被两鬓,肌肤不复实。
虽有五男儿,总不好纸笔。
阿舒已二八,懒惰故无匹。
阿宣行志学,而不爱文术。
雍端年十三,不识六与七。
通子垂九龄,但觅梨与栗。
天运苟如此,且进杯中物。

① "二八"指十六岁。
② "志学",代指十五岁,出自孔子"吾十有五而志于学"。
③ "雍端",雍、端是两个孩子的名字,他们都十三岁,可能为孪生兄弟或异母所出。
④ "垂",将近的意思。这里用了"孔融让梨"的典故。孔融四岁就知让梨,而阿通九岁了却只知寻梨,可见蠢笨。

陶渊明在培育子女方面是没有什么作为的,他也不擅长种庄稼——"种豆南山下,草盛豆苗稀"。不重视子女教育的历代文人也不在少数,比如李白、杜甫,他们的作品中也鲜有对子女的教育的描述。陶渊明这种戏谑之笔当然也饱含了慈祥和爱怜,但显然对子女的有效教育不能停留在发牢骚上。父亲角色的缺失在中国现今的教育中仍然是较为普遍的现象,陶渊明的"天运苟如此,且进杯中物"是对中国式父亲的警示。

(三)课文教学

归去后看到的东西:从陶渊明的视角,我们看到了房子轮廓、看到孩子在等待,然后看到了三径接近荒芜,松菊犹存,树木仍在。再往下看到了桌上的酒,陶渊明斟酒自酌。"引壶觞以自酌"中"引"的主体是陶渊明自己,这里似乎又与正常的现实逻辑相悖,是不合常理的,我们从中看到了人情的"冷"。换句话说,陶渊明只看到了自我,没有看到子女。而从孩子的视角来看,家庭本来应该是温暖的,作为父亲,如果只是一味地窝在自己的小屋里躲避外界的风风雨雨,只追求安宁,对子女的未来是不利的。以上对于我们和父母的相处也有启发意义。

后文"园日涉以成趣,门虽设而常关"写园子。"成趣"的"趣"可能是热闹,也可能是自然的趣味。"常关"耐人寻味,究竟是陶渊明关上了门,还是世界关住了他呢?

"策扶老以流憩,时矫首而遐观。"拄着拐杖到处游荡,我们却没有看到他的邻居,没有看到邻里的人情,这里也没有暖,没有人关心陶渊明的归来。"流憩"后面看到的是"云无心以出岫,鸟倦飞而知还"。这里的"云"是没有受到外界任何的压迫的,是自由自在的。这里"鸟"具有隐喻意义,指的就是陶渊明。"景翳翳以将入,抚孤松而盘桓。"陶渊明在这里用了一个"盘桓",对于外面的世界,他还是带有热情的,与前面他对家庭的态度形成对比。"孤松"是第二次出现。在目前流露出来的陶渊明的世界里,只有松,只有酒,看不到家人,感受不到人情,我们只能看到陶渊明回归自然的自我世界。陶渊明与自然的关系确实似鱼与水一般,但是在他身上我们看不到世俗的东西。在陶渊明归去的世界里,我们只看到了自然。

所以后面"归去来兮,请息交以绝游"。从此以后,陶渊明就与外界彻底地一刀两断。"世与我而相违,复驾言兮焉求"意为:世界与我是相背离的,不要再去求。求的问题就是入世的问题,这对陶渊明来说是一道难题。如果"求",就得违背自己的内心;"不求"虽然能实现精神的自由,但现实生活却难以回避,毕竟"幼稚盈室",关键还穷得"耕植不足以自给"。"悦亲戚之情话,乐琴书以消忧。"陶渊明仍旧选择待在自己的小屋中,"乐琴书"以消除自己的忧愁,没有去想家人的问题,借琴书消忧就是借琴书来逃避世界,陶渊明回到家做的事情就是弹琴、喝酒、作诗、散步。"农人告余以春及,将有事于西畴。或命巾车,或棹孤舟"意为:农人告知他春及后,他写了两个"或"字,驾车坐船,享受春光,没有想到要开始耕作了。"既窈窕以寻壑,亦崎岖而经丘。"陶渊明寻山经丘去了。前面他说自己的初心是回来种地,却又去游山玩水,与前面所说的"绝游"也是不符的。他游玩时看到的是"木欣欣以向荣,泉涓涓而始流"。于是"善万物之得时,感吾生之行休",得出的结论是万物得时,感叹自己一辈子俗事上的行结束了。

后面一段,陶渊明发表感叹:"已矣乎!寓形宇内复几时?曷不委心任去留?胡为乎遑遑欲何之?"有一点儿发牢骚的意味。"富贵非吾愿,帝乡不可期。""非吾愿"这里带着一丝酸意。

当然,在那个特殊的社会中,学一学陶渊明也未尝不可。

六

(一)课前朗读

开始上课前,由课代表带领全班同学朗读《氓》。

(二)为你读诗(词)

鹧鸪天·西都作

[宋]朱敦儒

我是清都山水郎,天教分付与疏狂。曾批给雨支风券,累上留云借月章。诗万首,酒千觞。几曾着眼看侯王?玉楼金阙慵归去,且插梅花醉洛阳。

① "我是清都山水郎"的"山水郎":作者想象中的游山玩水的人。
② "天教分付与疏狂":天让我疏狂。

③"曾批给雨支风券，累上留云借月章"：可以呼风唤雨。

④"几曾着眼看侯王"：朱敦儒曾经两次拒绝朝廷授予的官职，后来再次被授官，经亲朋好友游说才勉强答应。他在朝廷中属于主战派，主和派上台后，他便被罢去官职。

⑤"且插梅花醉洛阳"：这里作者特意选择了梅花这个意象，借梅花的品质写自己。后世文人对此颇有异议，因为后来朱敦儒还是做了官，原因在于他儿子先被授予了官职，朱敦儒可以说是被拿住了软肋，不得已而为之。

（三）课文教学

在读陶渊明作品的时候，去感受各种对待生活的态度，同时反问：哪一种态度最适合我们自己？我们在读《归去来兮辞》的时候看到的是什么？这提醒我们什么？

思考：性格决定命运？

《逍遥游》

一

（一）课前朗读

开始上课前，由课代表带领全班同学朗读《逍遥游》。

（二）为你读诗（词）

鹊踏枝·梅落繁枝千万片

[五代十国]冯延巳

梅落繁枝千万片，犹自多情，学雪随风转。昨夜笙歌容易散，酒醒添得愁无限。

楼上春山寒四面，过尽征鸿，暮景烟深浅。一晌凭栏人不见，鲛绡掩泪思量遍。

①"梅落繁枝千万片，犹自多情，学雪随风转"：开篇词人写梅花，梅花坠落像雪花，写梅花多情，赋予了梅花人的性情。

②"昨夜笙歌容易散，酒醒添得愁无限"：热闹的东西容易逝去。酒醒得愁是诗词中的常态。

③"楼上春山寒四面，过尽征鸿，暮景烟深浅"："楼上春山"本就寒冷，登楼使寒冷更甚，尤其是四面春山的寒冷都向作者扑过来。"征鸿"的意象有其意义，这里的"征鸿"可以是实写，因为符合冬末春初的特点；也可以是虚写，是作者的想象，实和虚在这里不需要分得那么清楚。后面写"烟"的"深浅"对应的是"近远"。

④"一晌凭栏人不见，鲛绡掩泪思量遍"："一晌"指的是长久地凭靠在栏杆上。这里的人可以是实写也可以是虚写。后面的"鲛绡"意象具有哀怨的意思。"泪"是相思之泪，也是悲伤之泪。

揣摩这首词背后的作者：他是一个怎样的人？他的性情、品格等如何？

中国诗歌最大的特点是抒情。这首词体现了文人的闲情逸致，词中有些东西不必深入挖掘。这是冯延巳的独特风格。而以景结情也是他开创的独特手法。作为曾经官至宰相的文人，冯延巳的作品中有其特质与风格。另外，冯延巳也曾卷入党争，人生起伏。从这个人物的身上，我们可以挖掘出很多东西。

（三）课文教学

《逍遥游》开篇。

思考：庄子的境界是高还是低？

老庄哲学：相生（和谐的、统一的、共存的）、春秋战国时期的混乱社会背景（寻求世外桃源，庄子奇特的想象）。

庄子的《逍遥游》：回归现实舍弃逍遥，在精神世界寻找逍遥。

学习第一段。

"北冥有鱼，其名为鲲。鲲之大，不知其几千里也。"在庄子的世界里，有许多很大的东西。"化而为鸟，其名为鹏。鹏之背，不知其几千里也。""鹏"也是大的。

（四）思考

庄子的境界是怎样的？

问题：境界有高低。庄子的高境界是什么样的？为什么要有高境界？《逍遥游》中的"大"，比如鲲鹏，庄子想象中能够吞下九头牛的诱饵的鱼等，都值得我们去想象和思考。

二

（一）课前朗读

开始上课前，由课代表带领全班同学朗读《逍遥游》。

（二）为你读诗（词）

西江月·宝髻松松挽就

[宋]司马光

宝髻松松挽就，铅华淡淡妆成。青烟翠雾罩轻盈，飞絮游丝无定。

相见争如不见，有情何似无情。笙歌散后酒初醒，深院月斜人静。

① "宝髻松松挽就"：日常、慵懒。

② "铅华淡淡妆成"："淡淡"对应"松松"，也照应后面的"轻盈"。

③ "飞絮游丝无定"："飞絮"表思念。"游丝无定"写飞絮，也暗示作者心理。

④ "相见争如不见，有情何似无情"：这句写主人公内心的挣扎，既渴望又担心。"有情""无情"之别，反映老子"天地不仁，以万物为刍狗"的寡情。

⑤ "笙歌散后酒初醒，深院月斜人静"：酒后初醒，笙歌散尽，女主人公的心情也在发生变化。

（三）课文教学

"鹏之徙于南冥也，水击三千里，抟扶摇而上者九万里，去以六月息者也。""鹏"能够到南海去，凭借的是自身的条件（鹏之背）、外物的支持（击水三千里、扶摇而上）。

想象：六月的气息究竟是什么样的？

"野马也，尘埃也，生物之以息相吹也。天之苍苍，其正色邪？其远而无所至极邪？"讨论气息、生物。天色究竟是本就如此，还是因为天空高远而看不到尽头呢？

"其视下也，亦若是则已矣。"在九万里高空上看大鹏和大鹏看九万里之下的大地是一样的。我见青山，青山见我。大鹏看到大，小者看到小。诚如汪曾祺在《泰山很大》一文中所说"泰山是一面镜子"，庄子也是希望照见自我。

"且夫水之积也不厚，则其负大舟也无力。覆杯水于坳堂之上，则芥为之舟，置杯焉则胶，水浅而舟大也。"水之积不厚，要积大水方能负大舟。

"风之积也不厚，则其负大翼也无力。故九万里，则风斯在下矣，而后乃今培风；背负青天，而莫之夭阏者，而后乃今将图南。""九万里"需要有足够的动力支持。

"蜩与学鸠笑之曰：'我决起而飞，抢榆枋而止，时则不至，而控于地而已矣，奚以之九万里而南为？'"这里运用了对比。"鸟"与"鹏"是相对的。

"适莽苍者，三餐而反，腹犹果然；适百里者，宿舂粮；适千里者，三月聚粮。之二虫又何知！"人生的道路上，准备得越多，就走得越远。当然，我们也要学会轻装上阵。庄子的高境界告诉我们，想走更远就要准备得更充足。这也带给我们思考。

三

（一）课前朗读

开始上课前，由课代表带领全班同学朗读《离骚》。

（二）为你读诗（词）

江神子·题黄州杏花村馆驿壁
[宋]谢逸

杏花村馆酒旗风，水溶溶，扬残红。野渡舟横，杨柳绿阴浓。望断江南山色远，人不见，草连空。

夕阳楼外晚烟笼，粉香融，淡眉峰。记得年时，相见画屏中。只有关山今夜月，千里外，素光同。

这首词的情感并不鲜明。"素光"指月光，"千里外"表现异地的思念之情。"人不见"和"相见画屏中"，这里的"见"与"不见"指曾经的"相见"与现在的"不见"，颇具意味。

这首词说中了很多客居他乡的人的心理，激发了他们内心柔软的思乡情愫。

（三）课文教学

提问：读了《逍遥游》后，你发现什么东西对我们的人生有作用？

引导学生思考什么是有效阅读：使诗词变成自己的积累，而且可以学以致用。

思考：什么是脚下的路和远方的路？

鲲鹏要飞到九万里高空去，首先依靠的是自己（内因），其次是环境（外因）。

引导学生理解文中的辩证思维，理解矛盾的对立统一。

鲲鹏要飞到九万里高空去，首先自己要足够强大，而外在的东西也起到辅助作用。内因和外因是相互交织的。

"且夫水之积也不厚，则其负大舟也无力。"水不厚则无法承载大舟。"适莽苍者，三餐而反，腹犹果然；适百里者，宿舂粮；适千里者，三月聚粮。"要逍遥，便要做好准备工作。

《逍遥游》涉及：内在与外在的问题。要具备高境界，一要靠自身，二要借助外物，同时要做好充分的准备。

四

（一）课前朗读
开始上课前，由课代表带领全班同学朗读《蜀道难》。

（二）为你读诗（词）

临江仙·都城元夕
［宋］毛滂

闻道长安灯夜好，雕轮宝马如云。蓬莱清浅对觚棱。玉皇开碧落，银界失黄昏。

谁见江南憔悴客，端忧懒步芳尘。小屏风畔冷香凝。酒浓春入梦，窗破月寻人。

① "闻道长安灯夜好"："闻道"是闻说的意思。
② "蓬莱清浅对觚棱"："蓬莱"指神仙居住的地方。"觚棱"，瓦的形状，代指宫殿。
③ "玉皇开碧落，银界失黄昏"："碧落"是九重天的第一重天，白居易《长恨歌》有"上穷碧落下黄泉"语。"银界失黄昏"，因为碧落一开，银界没有了黄昏。
④ "谁见江南憔悴客，端忧懒步芳尘"：作者转而写自己。
⑤ "酒浓春入梦"："酒浓"指只有在喝醉后入梦时，才能排除孤寂。"窗破月寻人"，窗户纸破了，月光越窗寻人。这一句话传递的是作者的孤独——这样一个夜晚，有谁和我一起呢？

（三）课文教学
本节课主要探讨如何来阐释"逍遥"。

1.认识自我：借《逍遥游》照见自我，认识自我，找寻到自我合理的位置。认识到人与人之间应该是怎样的状态，以及如何在这种（共生的）状态中成为最好的自己。

2. 借助外物：外物与自我是匹配的。你想多强大，就要借助多强大的外物。

3. 准备工作：为自己的人生做好铺垫。

4. 定力、辨识：

"定乎内外之分，辩乎荣辱之境"，这句话是真正有价值的。别人的表扬批评不足以影响你，只要你有定力，有辨识，你就能不受外在的干扰，真正做到精神层面的逍遥。

《陈情表》

一

（一）课前朗读

开始上课前，由课代表带领全班同学朗读李白诗两首：《闻王昌龄左迁龙标遥有此寄》《行路难》。

（二）为你读诗（词）

东岗晚步

[宋]李弥逊

饭饱东岗晚杖藜，石梁横渡绿秧畦。

深行径险从牛后，小立台高出鸟栖。

问舍谁人村远近，唤船别浦水东西。

自怜头白江山里，回首中原正鼓鼙。

① "饭饱东岗晚杖藜"：这一句写作者拄着拐杖漫步东岗。

② "石梁横渡绿秧畦"："石梁"指石桥。后面写绿秧地、菜地。

③ "深行径险从牛后"：描绘"晚步东岗"时"深行"的情景——作者在山间险峻小路上行走，谷深道狭，只能跟在牛的后面，小心翼翼，缓缓前行。"牛后"

一词出自战国谚语"宁为鸡口,无为牛后",本是比喻之词,这里做实词用。

④"问舍谁人村远近":这句话可以有两种解释——问你是哪个村的,近村的还是远村的?也有另一种可能,作者当时罢官闲游,对当地不熟悉,所以问路。这使我们联想到杜牧的诗句"牧童遥指杏花村",两句具有相似的意境。

⑤"唤船别浦水东西":"唤船"是动作,作者问到了路,于是去往渡口。"水东西",为何要这样说?这里的意思是水由东往西流,东西是两个相反的方向,船是顺着水流走,作者也是去往西边。其中也可能暗含其他意义,西是相反的,东西是矛盾的,是对立的,表现作者内心的矛盾。

⑥"自怜头白江山里":作者想到自己头发白了,在这如画的江山里徜徉;后面用了一个"回首",这里是虚写中原的战场,其实看不到。他想亲临中原的战场,内心的情绪发生了巨大变化。

整首诗写乐景哀情。

诗有有内容的标题和没有内容的标题。有内容的标题可以作为解读诗歌的切入点,同时也是鉴赏诗歌的重要切入点。我们对诗歌要有敏感度,比如对其标题的敏感。

在这首诗中,诗人围绕着"晚步",描绘了石梁秧畦、谷深道狭、栖鸟归林、行人问路、渡者唤船等情形,画面清新淡雅,别具田园情调。从情与景关系的角度,这首诗突出的艺术手法是以乐景衬哀情,运用了反衬的修辞手法。前三联所写的优美的田园景象与尾联两句所写的回首的景象形成鲜明对比,突出表现了诗人对中原特殊的情感。

(三)课文教学

本节课主要分析《陈情表》。

从备考的角度来看,我们要理解文中的文化常识,要理解该文翻译的得分点、实词与虚词的用法。

文化常识:

1. 表:古代臣下呈给帝王的一种文书。

2. 期功:古代以亲属关系的远近确定丧服的轻重。期,穿一周年孝服的人。

功，穿大功服（九个月）、小功服（五个月）的亲族。

实词、虚词：

第一段：以、衅、夙、凶（河内凶，则移其民于河东）、见背、夺（强行改变）、不行、零丁、鲜、祚（福分）、儿息、茕茕孑立、婴（一个一个的贝壳绕在一起挂在脖子上）。

二

（一）课前朗读

开始上课前，由课代表带领全班同学朗读《琵琶行》。

（二）为你读诗（词）

观雨

[宋]陈与义

山客龙钟不解耕，开轩危坐看阴晴。
前江后岭通云气，万壑千林送雨声。
海压竹枝低复举，风吹山角晦还明。
不嫌屋漏无乾处，正要群龙洗甲兵。

①"山客龙钟不解耕，开轩危坐看阴晴"："山客"指自己，"龙钟"，作者形容自己老态龙钟。"耕"是耕田。这一联有一点矛盾对立的意味，作者写自己不懂耕田却又去看"阴晴"。这里为下文的观"雨"埋下了伏笔。

②"前江后岭通云气，万壑千林送雨声"：前面的"江"和后面的"岭"的云气是通的，使人想到山岭江上云气的形态。这里由云气的形成写起，再写雨形成的过程再到慢慢下雨。

③"海压竹枝低复举，风吹山角晦还明"：运用夸张的手法，写雨像海水，数量大、气势宏。竹子的"低复举"在这里具有一定的暗示意味，有特定的精神气质。后一句写雨后天晴。风来了以后把云吹散，雨停。"明"在这里或许是说

只要等待，就会迎来光明。从知人论世的角度解读，我们能更好地理解作品。

④"不嫌屋漏无乾处，正要群龙洗甲兵"：这两句都化用了杜甫的诗句，前一句化用"床头屋漏无干处"，杜甫当时处在贫困中，这里带有一点儿对困顿的牢骚。而陈与义不一样，"不嫌"表现作者崇高的理想。化用诗句或典故，一种是正用，还有一种是反用。后一句同样出自杜诗，杜甫想表达的是希望平定战乱，这里则希望洗净甲兵前去抗金，是为反用。所以前面作者看阴晴的目的是希望有一场雨来"洗甲兵"。

（三）课堂教学

1. 文化常识。

太守、秀才（汉代）、孝廉、察举拜除（古代官职的任免）、古代科举考试（列图表）、郎中、东宫、二州牧伯。

2. 实词虚词。

寻（退避三舍，三十里，计量单位八尺为一寻）、具以表闻（翻译）、逋、星火、笃、特、拔擢、盘桓、薄（高考常考）、区区、辛苦、庶、卒、陨、胜。

一词多义：进退、狼狈。

文言实词：语法分析定词性，代入还原通语境。

《咬文嚼字》
一

（一）课前朗读。

开始上课前，由课代表带领全班同学朗读《登高》《锦瑟》。

（二）为你读诗（词）

渔家傲·福建道中

[宋] 陈与义

今日山头云欲举。青蛟素凤移时舞。行到石桥闻细雨。听还住。风吹却过溪西去。

我欲寻诗宽久旅。桃花落尽春无所。渺渺篮舆穿翠楚。悠然处。高林忽送黄鹂语。

① "今日山头云欲举。青蛟素凤移时舞"：第一句写天空正酝酿一场雨，第二句写天上的云就像"青蛟""素凤"一般变幻。

② "行到石桥闻细雨。听还住。风吹却过溪西去"："行到石桥"，作者注意其中的变化，边走边看。从感觉的角度来讲，作者用了一个"闻"字，还原词的情境，"闻"可能是听闻，为虚写，说明出发的时候还没有下雨，只是天空在酝酿，验证前文；也可能是实写，作者亲身经历了雨，诗中的"篮舆"可为论证，作者坐在轿子里，正当他想要停下来观赏雨的时候，风吹散了云，雨停了。这是从雨的酝酿到下雨再到雨停的一个过程。

③ "我欲寻诗宽久旅"：写作者出来的原因。"宽"暗含了作者客居异乡内心的苦闷，"久旅"说明他远离家乡已久。

④ "桃花落尽春无所"：与前面的情感有分别。前面是乐景悲情，到这里"桃花落尽"为暮春，有伤春的情绪。

⑤ "渺渺篮舆穿翠楚"：作者坐着轿子穿行在天地之间，符合春夏之交的季节，这里也是对前文的呼应。

⑥ "悠然处。高林忽送黄鹂语"：作者的心情是悠然的。高高的树林中忽然传来了黄鹂的叫声。作者用了"送"而不是"听"，写的是他瞬间的感受。这句可以连接杜甫《蜀相》中的诗句"隔叶黄鹂空好音"。这里的"空"和王维带有佛教色彩的"空"不同，写的是黄鹂美好的音乐，作者在悠然之时的感受。

陈与义写雨非常有名，这首也是写雨的词，与《观雨》有异曲同工之妙。

（三）文艺评论

文艺评论强调"评"和"论"。"评"是要对文艺文学作品中的某个现象进行评述，更多的是用列举、概述，即议论文中的例证；"论"强调的是论证。

教学完毕后要求学生课后试着学写文艺评论。

（四）《咬文嚼字》文章整体把握

要求学生用红笔标出文中所有的例子。并提问：例子的观点是什么？作者是如何论证的？

教师板书如图1-1所示：

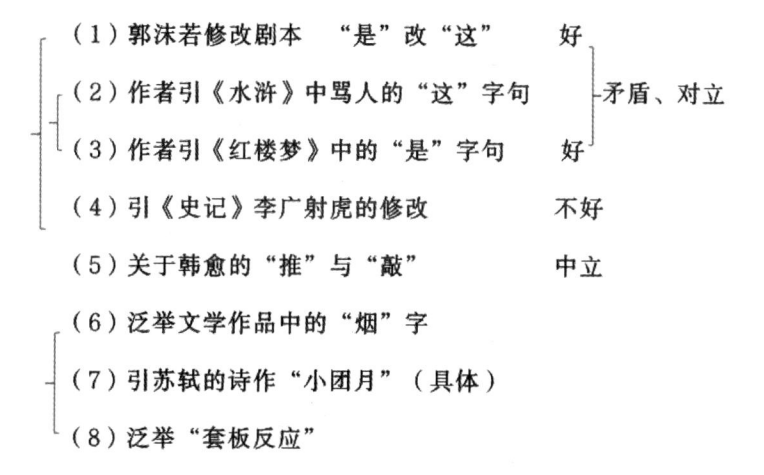

```
┌ （1）郭沫若修改剧本 "是"改"这"    好    ┐
│ （2）作者引《水浒》中骂人的"这"字句      ├ 矛盾、对立
└ （3）作者引《红楼梦》中的"是"字句   好   ┘
  （4）引《史记》李广射虎的修改            不好
  （5）关于韩愈的"推"与"敲"               中立
┌ （6）泛举文学作品中的"烟"字
│ （7）引苏轼的诗作"小团月"（具体）
└ （8）泛举"套板反应"
```

图 1-1

思考：每一个例子想要说明的是什么？作者是如何用这些例子来证明其观点的？

二

（一）课前朗读

开始上课前，由课代表带领全班同学朗读《念奴娇·赤壁怀古》。

（二）例证

将所有的例子列出来可以帮助学生明白作者选材的角度，明晰文章结构：前五个是一个整体，后三个是一个整体。例证的选择以正反对比为主。

（三）具体论证

论证方法：第一，正反对比；第二，举例；第三，引用。

问题：标题是否能够改动？文字与思想情感的关系是不是文章的中心论点？后一个问题的答案是肯定的。

标题："咬文嚼字""论文字与思想情感的关系"。

改动了文字，就改动了思想情感，有些字不能轻易改，有些字你又必须改。改的目的是使标题更符合全文的思想感情。这样来说，后面一个标题非常好，但是作者为什么没有用？用前一个标题的好处是什么呢？作者为什么要用"咬文嚼字"？

思考：从中心论点的角度出发，郭沫若改字的原因似乎就是为了使标题更符合全文的思想情感。那么如果以"论文字与思想情感的关系"作为标题，第一个例子则会变得不太合适，因为它不能很恰当地说明文字与思想情感的关系（教师也可以请学生发表自己的观点）。

逻辑的起点：文学借文字表现思想感情，所以文字不能轻易改动。

《说"木叶"》

（一）课前朗读

开始上课前，由课代表带领全班同学朗读《永遇乐·京口北固亭怀古》。

（二）为你读诗（词）

怀天经智老因访之

[宋] 陈与义

今年二月冻初融，睡起苕溪绿向东。

客子光阴诗卷里，杏花消息雨声中。

西庵禅伯还多病，北栅儒先只固穷。

忽忆轻舟寻二子，纶巾鹤氅试春风。

诗的层次：怀念、拜访。

第一句写环境，冰冻融化，气候转暖。第二句到第四句写作者自己，"客子"是客居异乡的游子。从第一句到第四句，由"二月冻初融"的景慢慢写到作者自己睡醒看到苕溪的绿水向东流，充满了春天的气息。真正写到怀念的是第五句、第六句：作者突然在这样一个美好的季节里想到了两个老朋友。"忆"和"怀"对应，"寻"和"访"对应，最后两句可以说是对标题最好的阐释。

最后一句写到用鹤的羽毛做的大衣，一个"试"字用得非常巧妙。"试春风"实写诗人的状态，虚写诗人寻访的状态，更多的是写作者自身的感受。

这首诗刻画的诗人形象：客居异乡，高雅情趣，珍惜友情，风流飘逸。

赏析颔联：对比陈与义与杜甫。杜甫诗的颔联的特色是什么？

（三）课文教学

1.第一段：列举诗文中4个"木叶"意象。

"袅袅兮秋风，洞庭波兮木叶下"：木叶和秋天有关系，写秋天的诗文可选择木叶意象，木叶就是树叶。

再举三例"木叶"，突出说明诗人的钟爱，强化读者对"木叶在诗文中有特定意味"的认识，起到强化木叶内涵的作用。

木头是树木，但是两者有区别：木头没有水分。"木叶"的组合由"木"的微黄联想到"叶"的微黄，而树的状态是绿色，"树叶"的组合就赋予"叶"绿色。

2.第二段：逐层呈现，梳理和木叶有关联的词语并通过具体的诗句进行阐述。

（1）木叶是什么？

（2）（诗文中）树常见而树叶少见。为什么树叶不常见？（引两个例子）

（3）诗人用"落木"的艺术效果：无边落木萧萧下——诗人为何要冒着违背常识的风险用落木？

3.第三段：引导学生区分木叶与落木、树叶与落叶两组意象。

4. 第四段：具体分析"木"的艺术特征。

5. 第五段：从诗歌语言的暗示性来解释"木"的艺术特征。

高考命题比较注重回归教材。2009年江西省高考语文试题中的古代诗歌阅读就选了《喜外弟卢纶见宿》这首诗，而且第二问设计为：前人认为全诗动人之处在"雨中黄叶树，灯下白头人"两句，请从情景关系的角度分析其独到之处。显然命题者的意图是希望实现"教考融合"。

标题："说'木叶'"和"论诗歌语言的暗示性"。引导学生思考两个标题各自的特点。

作文

一

（一）课前朗读

开始上课前，由课代表带领全班同学朗读《虞美人》。

（二）为你读诗（词）

初归石湖

[宋] 范成大

晓雾朝暾绀碧烘，横塘西岸越城东。
行人半出稻花上，宿鹭孤明菱叶中。
信脚自能知旧路，惊心时复认邻翁。
当时手种斜桥柳，无数鸣蜩翠扫空。

首句写早上的太阳与地点。"绀"是红中带黑的颜色，"碧"是青色，这两种颜色互相烘托，能够想象出晓雾中的光与影。第四句不好理解，"宿鹭"是一个特定的意象，它有一点儿清高地在江渚上憩息，"宿鹭"孤单地憩息在菱叶中。下一句，信步行走也能知道过去的路。"惊心"写作者走到半路遇见了故人却没有认出来，表示惊讶。这里存在微妙的心理变化：我再不回来的话就不认识你了，这种微妙的心理背后暗含情感。最后一句运用了以景结情的表现手法，抒发作者回家的喜悦之情，同时还运用了对比的修辞手法，表达时光飞逝之感：当时在斜桥亲手种下的杨柳，现在有无数的蝉在树枝上鸣叫。"无数"说明柳树已经成荫，"翠扫空"写柳树在随风飘荡。

姜夔的《次石湖书扇韵》："桥西一水曲通村，岸阁浮萍绿有痕。家住石湖人不见，藕花多处别开门。"这里的"人"指的是谁？作者想要表达什么？

当时范成大被贬，回到石湖，"人不见"，不见其他的人的踪影。这里的"人"可能指趋炎附势的人，也有可能指作者自己。作者住在石湖到处都有莲花的地方，享受清幽的美景，这里的大门永远向范成大敞开。

（三）作文教学

要求学生阅读下面的材料，按照要求写一篇不少于800字的作文。

对学习的认识有一个逐步发展的过程。早在两千多年前，荀子就在《劝学》里提出了一系列关于学习问题的朴素观点；后来，唐代的韩愈又针对当时的社会问题，在《师说》里表达了"道之所存，师之所存"的看法。此后，人们关于学习的认知，也在不断地丰富和变化。

随着时代的发展，我们今天的学习又呈现了新的特点，也遇到了新的问题。请你联系现实，结合自己的学习体验或感悟，以"'劝学'新说"为副标题，写一篇不少于800字的议论文。

逻辑出发点：在新的时期、新的学习情境中我们对学习的态度，可以和《劝学》《师说》进行对照。注意不要写成扩写文。

要有准备地写，开头结尾打腹稿，不要匆匆忙忙地写。阅卷老师"三看"：一看开头，二看结尾，三看结构。必须在这三点上下足功夫。

二

（一）课前朗读

开始上课前，由课代表带领朗读杜甫诗三首：《望岳》《春望》《茅屋为秋风所破歌》。

（二）点评学生的作文

以 2016 年新课标全国卷 I 语文高考作文为例。

阅读下面的漫画材料，根据要求写一篇不少于 800 字的文章。

（据夏明作品改动）

要求：结合材料的内容和寓意，选好角度，确定立意，明确文体，自拟标题，不要套作，不得抄袭。

教师给出几点启示：

1. 切题：不能唯分数论，从标题到结尾不同区域关键地方呈现"分数"两字。
2. 作文的分数等级有比例。要清楚各等级划分，每次都要进步。
3. 开篇很重要，在命题作文中尤其如此。开篇就需要把观点明确地呈现出来。
4. 举例：举的例子要谨慎，要符合正确的价值观。
5. 作文靠积累，平常多积累写作素材，考场上才不会慌张。

三

（一）课前朗读

开始上课前，由课代表带领全班同学朗读苏轼的《记承天寺夜游》。

（二）为你读诗（词）

冥冥寒食雨

[宋]刘一止

冥冥寒食雨，客意向谁亲？

泉乱如争壑，花寒欲傍人。

生涯长刺促，老气尚轮囷。

不负年年债，清诗断送春。

①"客意向谁亲"："客意"指客居异乡的情感。客居异乡时有谁能够亲近呢？作者在这里表达自己的孤独感。

②"泉乱如争壑，花寒欲傍人"：泉水似乎都争着到沟壑里面去，花感觉到寒冷想要依傍着人。

③"生涯长刺促，老气尚轮囷"中的"刺促"指仓促。"老气"指南渡作家会有的一类情怀，抗金，恢复山河。"囷"是圆形的粮仓。这句表明作者自己还是有回到北方抗金的愿望。

④"不负年年债，清诗断送春"：无法回到北方去，只能借写诗来送春。作者还是孤独的。

从这首诗里可以看出作者心理变化的过程，由欢快、愉悦到郁闷。这是在北宋、南宋过渡时期一批爱国诗人都会有的情感。

（三）专题明确

1. 论点的排列问题：提出中心论点，并从两到三个角度论证观点。

2. 例证：讲道理的过程中举例子，例子要具体，要足以说明某个观点，要说服阅卷老师。

3. 从第二段开始论证，观点要简洁，要在句式上下功夫。

4. 逻辑：材料的依据、时间的依据。

5. 分论点排列：一是从顺序排列的角度确定逻辑，二是句子要通顺对应。散文化和口语化在议论文中不太合适。

6. 观点越清晰越好。

7. 对自己的文章进行修饰：掩盖缺陷，展现优点。

四

（一）课前朗读

开始上课前，由课代表带领全班同学朗读白居易的《观刈麦》《钱塘湖春行》。

（二）为你读诗（词）

乙亥岁除渔梁村

[宋]黄公度

年来似觉道途熟，老去空更岁月频。
爆竹一声乡梦破，残灯永夜客愁新。
云容山意商量雪，柳眼桃腮领略春。
想得在家小儿女，地炉相对说行人。

时代的特征呈现在诗歌中。

标题告诉我们特殊的时间节点：除夕。首句"道途"是回家的路途。"老去空"，作者感叹岁月流逝之快。颔联第一句使人联想到"爆竹声中一岁除"，但是作者却写爆竹惊破了自己的"乡梦"。新年已经到来，这时候作者还在外乡，这里暗含客居异乡之愁。颈联由写人转而写外在环境，营造了一种非常美的意境，仿佛作者已经从孤苦中走出来了，在柳的眼里、桃的腮上看到春天慢慢到来。尾联第一句"想得"是虚写，想到家中的"小儿女"。作者想表达的是自己在想念远在家乡的小儿女，却写小儿女想自己，具有不一样的表达效果。

（三）有我与无我

围绕交点画图：交会点是"我"，围绕着"我"的对立双方是"有"和"无"。

再往下走一步,"有"指什么?"无"指什么?

论证:

1."有"是一种担当。新时代,"有我"是积极的担当,因为民族复兴"有我"。

2."无"是一种境界,无私的境界,如《逍遥游》。

3.辩证:"无"是一种境界,是对名与利的淡泊。"有"与"无"是对立统一的关系。该担当就担当,该淡泊就淡泊。

矛盾:表象上是对立,但也是统一的,只是角度不同。

例证:要注意价值的取舍,关注当下。

问题:章法的问题和例证的问题。前者依靠老师讲解可以解决,后者要靠自己积累。

(四)有效展开议论

局部论证如何逐层展开:提出问题,分析问题,解决问题;是什么,为什么,怎么办。

论点切分:先对立,后统一。例如,2016年新课标全国卷Ⅰ语文高考作文题"应试教育和素质教育",以及2009年高考语文江西卷优秀作文《三问蔡铭超》。

范文:

三问蔡铭超

是他,使多件流离海外的文物重新回到母亲的怀抱;是他,在佳士得拍卖兔首、鼠首时挺身而出,以拒绝付款表达着全体中国人民的愤怒;是他,在一片争议声中走上舆论的前台。他的名字,叫蔡铭超。在舆论的一片哗然中,我谨以一名普通中国公民的身份,斗胆三问蔡铭超。

其一,如此一来,就能制止流失的文物被拍卖了吗?

没有错,这一次兔首、鼠首是流拍了,但下一次呢?难道还要重新上演一次流拍吗?可是一旦拍下物品拒不付款,就会被列入拍卖行的黑名单中,那么蔡铭超该如何阻止下一次拍卖呢？就算将兔首、鼠首购回，那又如何？难保哪天会不会又冒出什么牛首、羊首呢？参与竞拍并拒绝付款，实在是治标不治本的办法。当然，若要治本，也并非蔡铭超一人之力所能及。

让流失海外的文物回归，这是全体中国人民的共同心愿，也是蔡铭超的心愿。只是这条路还很长，很坎坷，路不知会延伸向何方，我们会和蔡铭超一起，沿路采撷那指引道路的星光。

其二，让文物流拍，这合乎一名竞拍者的准则吗？

没有错，这次拍卖首先是佳士得挑起的，是他们拍卖非法掠夺的我国文物在先，我们自然也不用同他们客气。蔡铭超所为，应是一时意气所致。可是，我们能因为对方先违背规则，就跟着破坏规则吗？这像英法联军洗劫了圆明园一样，我们能再去抢一回卢浮宫吗？身为一名竞拍者，准则应放在第一位。纵使要表现自己的满腔爱国之心，也必须按规定进行竞拍。

让流失海外的文物回归，这是蔡铭超的心愿，也是全体中国人的心愿。只是我们必须沿着规则线往前走，即使蜿蜒曲折的规则线把路又延长了好几倍。

其三，一定要靠竞拍流失文物来表达爱国之心吗？

没有错，蔡铭超此举的确令国人扬眉吐气，大快人心。蔡铭超不愧为泱泱中华大丈夫！可是这样的爱国方式理性吗？我不禁想起了义和团，他们在八国联军侵华之时奋起反击，让外国侵略者见识到了中华民族的铮铮铁骨。可是他们仇视一切洋务，使中国迈向世界的脚步迟缓下来，这是理性爱国吗？还有某店的老板，在收取日本客人的钱时竟然高唱"大刀向鬼子们头上砍去！"，这是理性爱国吗？

让流失海外的文物回归，这是蔡铭超的心愿，也是全体中国人民的共同心愿，只是爱国需要理性。

三问蔡铭超，更是国人不可不深思的三问，我期待着文物真正回归祖国的那一天，也期待蔡铭超那一天的笑脸。

（文章有改动）

五

（一）课前朗读

开始上课前，由课代表带领全班同学朗读苏轼的《江城子·密州出猎》《水调歌头·明月几时有》。

（二）为你读诗（词）

春日我闻室作呈牧翁

[明] 柳如是

裁红晕碧泪漫漫，南国春来正薄寒。

此去柳花如梦里，向来烟月是愁端。

画堂消息何人晓，翠帐容颜独自看。

珍重君家兰桂室，东风取次一凭阑。

读一首诗，也是读一个人，读诗是走近作者的过程。

"我闻室"是作者的丈夫钱谦益（号牧斋）书斋的名字。"南国春来"既同诗题的"春日"呼应，更点明早春的料峭微寒，而作者却长泪漫漫，感伤不已，这个时节还有一点儿寒冷，首联把这个时间节点的特点展现出来了。颔联写"柳花如梦"，从来烟和月都是使人发愁的端由。颈联中的"画堂"指有彩绘的漂亮宫殿，泛指华丽的堂舍，对于客居异乡的游子来说有象征意义。"独自看"，自己一个人看。尾联写珍重朋友家的兰桂，东风来的时候靠在栏杆上看"兰桂室"，这里包含着作者复杂的心理，与其人生经历、身份、个人品性是相关的。这样一个有才华、地位低下女子的遭遇令人深思。

（三）论点的排列到论证的展开

论点的排列：确定顺序依次排列。

论证的展开：第二段开始，写分论点，之后对分论点做解释，再进行例证。

要求在具体的写作过程中呈现材料的内容及含义。如 2015 年新课标全国 I 卷作文材料中的内容指"小陈举报老陈这个事","含义"指情与法。在具体写作中要紧紧围绕材料的内容和含义。

局部论证：讲求完整，局部采用总分总结构，整体也采用总分总结构。

（四）辩证

核心素养的思辨要求。

例 1："有我"与"无我"。（如图 1-2 所示）

"无" ←——— "我" ———→ "有"

（境界） （担当）

一分为二的方法，在简单切分的基础上再度切分：

① 责任"有我"，功名"无我"（学习践行） ⎫ 正反对比。
② 功名"有我"，责任"无我"（抵制） ⎬ 看见优劣得失，镜子。
③ 责任"有我"，功名"有我"。
④ 责任"无我"，功名"无我"。
⑤ 功名"无我"，责任"无我"。

图 1-2

"有我"与"无我"：同一种类型的两个方面。正反：面对责任，应当有正确的价值观。

例 2：2016 年新课标全国卷 I 语文高考作文。

分数与正确的教育观。（如图 1-3 所示）

素质教育 ←——— 教育 ———→ 应试教育

全面发展　　一分为二　　唯分数论

多元化教育观　不唯分数　　一元化教育观

图 1-3

唯分数论：单面，在一元化的道路走了极端。

加德纳的多元智能理论：每个人有其某一层面独特的能力或潜质。勿以分数论英雄。

六

（一）课前朗读

开始上课前，由课代表带领全班同学朗读《关雎》《蒹葭》。

（二）为你读诗（词）

秋日杂感

[明] 陈子龙

行吟坐啸独悲秋，海雾江云引暮愁。
不信有天常似醉，最怜无地可埋忧。
荒荒葵井多新鬼，寂寂瓜田识故侯。
见说五湖供饮马，沧浪何处着渔舟。

思考：知道诗的写作背景后再读诗会有什么不一样吗？

标题的意思是秋天的感受。首联第一句可使我们联想到苏轼的"何妨吟啸且徐行"，但是两者有区别。苏轼的"吟啸"是经历了风雨后的旷达，作者这里却是哀愁。"不信有天常似醉"，不相信老天每天都是醉醺醺的，相信总会有清醒的时候，这里有直指义和暗示义。"埋忧"：埋葬忧愁。颈联第一句写民间在清兵蹂躏后满目凄凉，一片荒芜的衰败惨象；第二句直指义是以前的王侯在种瓜。尾联"渔舟"有特定的内涵，江湖里何处可以驾驭我的渔舟？这里的"渔舟"暗示归隐。

陈子龙是明末清初抗清英雄，在被捕后的押解途中投水自尽。在性格上，柳如是与他很是相似。在陈子龙的内心一直都有抗清复明的期待，他期望有一天能够见到曙光。"葵井""瓜田"是清兵入关后普通老百姓的遭遇，也是公侯贵族的噩运，由此可看出作者的家国情怀。

（三）共性与个性

几点认识：

1. 个性包含了共性，共性也包含了部分个性。

2. 个性与共性可以相互转化。

深度分析示例：2016年新课标全国卷Ⅰ语文高考作文。

素质教育：个性化表征为全面发展、多元智能，具有正面性质。负面：打着素质教育、尊重个体的旗号，没有真正培养出学生的能力。

应试教育：个性化表征为死记硬背，搞题海战术，具有负面性质（其负面性不是绝对的，是相较于素质教育而言的）。正面：培养学生的记忆能力与应试能力。表面上看要批判，但是应试教育并非一无是处。

从某个角度来讲，素质教育和应试教育不是完全对立的。如2017年新课标全国卷Ⅰ语文高考作文：

阅读下面的材料，根据要求写作。

据近期一项对来华留学生的调查，他们较为关注的"中国关键词"有：一带一路、大熊猫、广场舞、中华美食、长城、共享单车、京剧、空气污染、美丽乡村、食品安全、高铁、移动支付。

请从中选择两三个关键词来呈现你所认识的中国，写一篇文章帮助外国青年读懂中国。要求选好关键词，使之形成有机的关联；选好角度，明确文体，自拟标题；不要套作，不得抄袭；不少于800字。

这道作文题的写作核心就是要找到两三个关键词之间的关联，关联就是共性的表现。

写作训练：体现共性与个性的辩证关系。如下文的作文题：

阅读下面的文字，按照要求作文。

多丽丝·莱辛，2007年获得诺贝尔文学奖。她虽没上过大学，也没进过文学培训班，但从未间断过阅读，先后干过接线员、保姆、速记员等工作。

贾平凹，是我国当代文坛著名作家之一，毕业于西北大学中文系。自小酷爱读书，曾放过牛、拾过柴、修过水库，也亲身体验过拾荒者的生活。

阅读以上文字，自选角度，自拟题目，写一篇不少于800字的文章。不要写成诗歌。

写作指导：

1.个性包含了共性，共性也包含了部分个性。世界上没有完全相同的两个东西。

2.个性与共性可以相互转化。

范文：

不是科班也成才

西南联大时期，刘文典对沈从文之类非科班出身的教授很是瞧不起。曾扬言：在西南联大，陈寅恪应该拿400块工资，自己拿40块，而沈从文连4块钱都不值。我们在感叹刘文典狂生本色之时，不禁也鄙其气量狭小。谁说非科班出身就不能成才？

不是科班也成才，因为科班出身是外因，努力才是内因。2007年诺贝尔文学奖得主多丽丝·莱辛，不是毕业于正牌文学系，甚至没上过大学，更没进过文学培训班，但她从未间断过阅读，经过自身的努力终成正果。而我们熟知的刘翔，也是半路出家，但却凭着自己的努力和过人的天赋，在110米栏中闯出了亚洲人的一片天地，可见科班出身并不是成才的必要条件。一个努力的人或许会因为它少走些弯路，而一个自身慵懒的人即使是镀了这层金，也不会变为一个有为之士。

不是科班也成才，因为生活是最好的大学。记得刘亮程曾自惭道："别人熟读经史子集，开口即出典，而自己的写作来源只有生活。"他真的自惭吗？我想不会。相反，那些整日关在象牙塔中，沉浸于所谓的科班身份的人才更应该感到惭愧。

可见，生活才是最好的大学，因为生活中吸取的是经验和教训，而大学中学到的多是理论。经过生活的大炼炉炼出的也是好钢，甚至或许是真正的大才！如此说来，倒是沈从文、刘亮程一类人才是真正的科班出身了！不是科班也成才，这句话似乎对于中国人特别受用，无数先贤今才都是通过自身的努力与生活的历练成就大才。华罗庚只初中毕业，但却依靠自己的勤奋奠定中国现代数学泰斗地位，贾平凹虽然毕业于西北大学中文系，但其从小经历的生活毫无疑问也是他成才的助推剂。而当今社会文凭至上的观念在我看来是可笑的，一方面剥夺了一些非科班出身，但有真才实学之人的展示机会，另一方面更误导了大众只知死读书而不去体验生活。不是科班亦成才，这话不仅于古于今，甚至于未来一样是受用的。

七

（一）课前朗读

开始上课前，由课代表带领全班同学朗读杜牧的两首诗：《赤壁》《泊秦淮》。

（二）为你读诗（词）

自湘东驿遵陆至芦溪

[清] 查慎行

黄花古渡接芦溪，行过萍乡路渐低。
吠犬鸣鸡村远近，乳鹅新鸭岸东西。
丝缫细雨沾衣润，刀剪良苗出水齐。
犹与湖南风土近，春深无处不耕犁。

①"黄花古渡接芦溪，行过萍乡路渐低"：第一句写地点。第二句"路渐低"是说走过萍乡之后，路渐渐低洼。

②"吠犬鸣鸡村远近，乳鹅新鸭岸东西"：作者看到了狗、鸡，"乳鹅"是刚刚孵出的鹅，"新鸭"是出生不久的鸭子。

③"丝缫细雨沾衣润，刀剪良苗出水齐"：细雨像刚刚缫出来的丝粘在衣服上，禾苗像被剪刀剪过，非常整齐。

④"犹与湖南风土近，春深无处不耕犁"：萍乡和湖南的风俗非常像，春天的时候到处都是繁忙耕种的景象。

分析与提问：查慎行和前面几位作者都是科举进士。汪曾祺说"写风景，是和个人气质有关的"，那么这首诗到底体现了作者的什么气质呢？

这首诗属于田园诗，但和其他田园诗又不一样。一般的田园诗最后的情感导向是归隐，但这首诗写的大部分是作者看到的景、人和事。这首诗纯粹写田园的风光，似乎没有融入作者的情怀，但正是因为纯粹，使得诗歌更加有意味。

（三）《人多远虑，也有近忧》剖析

远虑与近忧的关系问题：很多人所谓的远虑其实是因为活在他人的眼光里。远虑与近忧可以互相转化。过多的远虑会带来近忧。不论是肯定"人有远虑"，还是否定"人有远虑"，其关键在于从哪些方面肯定，从哪些方面否定，要找到肯定与否定的角度。

肯定与否定是事物自身矛盾着的两个方面。

八

（一）课前朗读

开始上课前，由课代表带领全班同学朗读范仲淹的《岳阳楼记》《渔家傲·塞下秋来风景异》。

（二）为你读诗（词）

雪望

[清]洪昇

寒色孤村暮，悲风四野闻。
溪深难受雪，山冻不流云。
鸥鹭飞难辨，汀沙望莫分。
野桥梅几树，并是白纷纷。

洪昇，康熙时期做过监生。福兮祸之所倚。洪昇因自己的作品《长生殿》被革除监生功名，因而游历江南，醉酒落水而死。一个人的命运和他的身份之间有很多关联。

从情与景的关系看这首诗的特点：一般而言前面写了景，后面会转入情感的抒发，但是这首诗只写了景物。这种只用名词形式列出景物的构成要素的手法被称为"列锦"。

前面几句写了寒色、孤村、悲风和溪水。"山冻不流云"，山冻住了以后，云都不再流动，给人感觉更加寒冷。颔联前一句写雪下的状态。颈联"鸥鹭"意象具有特定内涵，憩息在沙洲上的鸥鹭有孤独、清高之意。鸥鸟和鹭鸟分辨不清，汀洲和沙洲也因为漫天飞舞的大雪难以区分。尾联写白色的梅花和雪花一起，纷纷飞来。

标题的作用：统领全诗。全诗哪些是雪？哪些是雪之外的东西？

梅花的作用：前面写"山冻"给人感觉景物是静止的，但后面写到梅花，梅花在寒冷中有顽强的精神品质，给前面停滞的景物带来生机。一方面，"梅"把整首诗的景物激活了，给寒冷的东西带来了生机；另一方面，通篇没有流露出作者的情感，但是从"梅"特定的内涵来讲，作者写梅就是写自己，"梅"包含了作者的情感。

（三）思辨

1. "人多远虑，也有近忧"和"人无远虑，必有近忧"，是否矛盾？

不矛盾，因为是从不同角度看问题。矛盾表面看起来是对立的，但它也是统一的。论证问题要找准角度。

2. 肯定与否定：对立统一的关系。

唯物辩证法认为，事物内部的肯定和否定是相互区别、相互对立的。肯定和否定两个方面之间有着确定的界限：肯定不是否定，否定不是肯定，二者相互对立。

肯定带有否定，否定带有肯定，但否定不是肯定，肯定不是否定。表述观点一定要肯定地表述，要根据话语语境选择合适的表达方式。

肯定与否定在对方的区别或相互关联中获得自身的规定性，并以对方的存在作为自身存在的前提。任何事物在肯定自身存在的同时都包含否定自身的因素。

肯定与否定在一定条件下可以相互转化。肯定到否定再到否定之否定（肯定）。

总结：肯定与否定不是绝对的，要合理地肯定与否定。写作文时，观点不要过于武断，但要鲜明。

九

（一）课前朗读

开始上课前，由课代表带领全班同学朗读刘禹锡的《陋室铭》《酬乐天扬州初逢席上见赠》。

（二）为你读诗（词）

萤火
[清]赵执信

和雨还穿户，经风忽过墙。
虽缘草成质，不借月为光。
解识幽人意，请今聊处囊。
君看落空阔，何异大星芒。

问题：诗中哪一句是议论？

尾联的意思是萤火虫的光如果在空阔的地方，其发出的光芒和广袤的天空中星星的光芒没有什么区别。言外之意是，如果有足够大的舞台，作者自己也可以发光。议论是带有一定的评价的，这样看来颔联也属于议论。颔联意为：虽然你是从草丛中成形长出的，但却能自发光亮。言外之意是，你再小也要靠内在的力量来发光。这告诉我们：人虽在卑微之处，也要发光。

颈联的"幽人"带有隐士的性质，指闲适旷达的隐士。"处囊"是近代的典故，因家贫用萤火照明。萤火虫有"幽人"的情怀，作者却说请它今天暂且到"囊"里去，为那些贫寒的、需要光芒的人发亮。

（三）如何展开论述

提醒学生准备好在不确定中确定自己的格局。

论述类文本阅读考纲说明（2018年）指出，要阅读中外论述类文本，了解政论文、学术论文、时评、书评等论述类文体的基本特征和主要表达方式。阅读论述类文本，应注重文本的说理性和逻辑性，注重分析文本的论点、论据和论证方法。

例1：2017年新课标全国卷Ⅰ论述类文本考题。

《中国参与国际气候治理的法律立场和策略：以气候正义为视角》（曹明德）

下列对原文论证的相关分析，不正确的一项是（ ）。

A. 文章从两个维度审视气候正义，并较为深入地阐述了后一维度的两个方面。

B. 文章以气候容量有限为立论前提，并由此指向了气候方面的社会正义问题。

C. 文章在论证中以大量篇幅阐述代际公平，彰显了立足未来的气候正义立场。

D. 对于气候正义，文章先交代背景，接着逐层分析，最后梳理出了它的内涵。

例2：《人民日报》《读懂时代，从读懂语言开始》（张烁）。

论述：理论性的描述。对某个或者许多问题、事件、研究等进行单一的或者归纳性的阐述，并提出其中存在的问题或解决的方法。

理论性的描述：文体议论文。记叙文的"叙"和论述文的"述"是有区别的。

论述结构：提出问题，分析问题，解决问题。

提出存在的问题或解决的方法：可以只侧重提出问题，不解决，抛砖引玉。也可以从一个角度或多个角度分析这个问题。主体部分从三个角度提出解决之道是最难的，所以最好的结构是提出问题—分析问题—解决问题。

（四）论证的逻辑角度

阅读的角度：作者是如何确定论证的角度的？又是如何进行论证的？

写作的角度：注重说理的逻辑性，将论述类文本阅读和高考作文写作关联起来。

例1：论述类文本考题。

1.2018年高考新课标全国卷Ⅰ杨国荣的《历史视域中的诸子学》。

2.2018年高考新课标全国卷Ⅱ袁梦倩的《"被遗忘权"之争：大数据时代的数字化记忆与隐私边界》。

3.2018年高考新课标全国卷Ⅲ陈忠的《城市社会:文明多样性与命运共同体》。

例2：高考作文题。

1.2010年江西高考作文题"找回童年"：找回童年是因为丢了童年？那淡忘呢？所以列举的时候一定要全面。

2.2015年北京高考作文题"深入灵魂的热爱"：深入灵魂的价值。

3.2019年新课标全国卷Ⅰ作文题"劳动"：论述的前提是劳动有价值。寻根求源，透过现象看本质。再确定论述的角度、论证的层次。

技巧：主体段的字数以250字左右为宜，注意衔接。

从阅读的角度确定论述的逻辑很重要。我们在写作过程中要有读者意识，想的过程也要逻辑严密，所以列提纲是必要的。

✚

（一）课前朗读

开始上课前，由课代表带领全班朗读陶渊明的《桃花源记》。

（二）为你读诗（词）

符离吊颍川侯傅公

［清］王士禛

跃马千山外，呼鹰百战场。

平芜何莽苍，云气忽飞扬。

寂寂通侯里，沉沉大泽乡。

颍川汤沐尽，空羡夥颐王。

①颍川侯傅公：指明初大将傅友德，他初随陈友谅，后降明太祖朱元璋，有功于明室，后被赐死。符离：地名，今属安徽省。吊：凭吊。颍川：地名，今属

河南省。

②"寂寂通侯里"的"通侯里"：喻傅公生前居处。

③"颍川汤沐尽"的"汤沐"："汤沐邑"，借指封地。

④"空羡夥颐王"的"夥颐王"：张楚王陈胜，汉高祖称帝后为陈胜置守冢三十户。"夥"，多。"夥颐"，叹词，表示惊讶或感叹。《史记·陈涉世家》："夥颐！涉之为王沉沉者！"沉沉，宫殿深邃的样子。

作者写此诗的缘由：其平滇平蜀，功尤最诸将，而卒不免猜忌，以无罪死。古来功臣之冤，未有如颖公之甚者。予尝过宿，凭吊而悲之。

（三）教材

提醒学生准备选修教材《中国古代诗歌散文欣赏》。

（四）论述的逻辑

新课程标准（2017年版）核心素养提到思维的问题。材料就是审题立意的起点，开篇不能抛开材料另起炉灶，不然会变成话题作文，得分会在36分以下，要由材料到写作论证。

例题讲解：2015年新课标全国卷Ⅰ作文题。

因父亲总是在高速路上开车时接电话，家人屡劝不改，女大学生小陈迫于无奈，更出于生命安全的考虑，通过微博私信向警方举报了自己的父亲；警方查实后，依法对老陈进行了教育和处罚，并将这起举报发在官方微博上。此事赢得众多网友点赞，也引发一些质疑，经媒体报道后，激起了更大范围、更多角度的讨论。

对于以上事情，你怎么看？请给小陈、老陈或其他相关方写一封信，表明你的态度，阐述你的看法。

要求综合材料内容及含意，选好角度，确定立意，完成写作任务。明确收信人，统一以"明华"为写信人，不得泄露个人信息。

因果思维是目前高考作文中最常见的，此题中有三因一果：

果：小陈举报了自己的父亲。

因：老陈总是屡劝不改。

警方：处罚加宣传。小陈通过微博举报只有公安系统的人能看到，警方的官方微博所有人都可以看到。警方是否必须通过官方微博来告诉所有人？

1. 读材料审题时要处理好关键词，哪些可以延伸为论证角度，使得论证有理有据。

2. "此事赢得众多网友点赞，也引发一些质疑，经媒体报道后，激起了更大范围、更多角度的讨论。"前面是客观事件，而这句话是命题者为了写作设置的情境，说明写作者可以赞成，也可以质疑。写作者论述时可以发散思维，从多个角度来考虑问题。

3. 简单的点赞、质疑也可得到48~54分。如果确实对事件了解比较透彻，可以从别的角度创新，但是也有风险。考场上，没有风险就是最大的赢家。控制风险，安全写作。

4. 三个层次：小陈、交警、社会评价。

5. 这道题和2009年高考语文江西卷的作文在思维要求上有相似之处。

2009年高考语文江西卷作文题：

今年3月25日，在国人的强烈反对声中，佳士得拍卖行仍将圆明园非法流失的兔首、鼠首铜像在巴黎拍卖。某艺术公司总经理蔡铭超高价拍下这两件文物，但事后拒绝付款，造成流拍。

对此，舆论一片哗然。有人称其为民族英雄，有人认为这是恶意破坏规则，还有人认为……

你对蔡铭超的行为有什么看法？请据此写一篇文章。

要求：①必须写议论文。②题目自拟。③立意自定。④所写内容必须与给定的材料相关。⑤不少于800字。⑥不得抄袭，不得套作。

综合材料内容：写作内容的要求、立意的要求（法制）、文体的要求（书信的格式）。

平时可多看作文范例（48分以上的），书信可以写散文、记叙文、议论文。

选修课总纲讲解

（一）课前朗读

开始上课前，由课代表带领全班同学朗读孟子的文章：《鱼，我所欲也》《生于忧患，死于安乐》。

（二）为你读诗（词）

乌江项王庙

[清]严遂成

云旗庙貌拜行人，功罪千秋问鬼神。
剑舞鸿门能赦汉，船沉巨鹿竟亡秦。
范增一去无谋主，韩信原来是逐臣。
江上楚歌最哀怨，招魂不独为灵均。

严遂成自称"天下咏史第一人"。

首联：行人朝拜项羽的塑像，对项王功过的评价。

颔联：巨鹿之战，破釜沉舟，写出了项羽坦荡、磊落勇武、杀伐果断的形象，借历史事实来刻画人物形象，肯定了项羽正面的形象。

颈联：范增后来离开了，韩信本来在项羽门下做事，最后却直接导致了项羽的末路。刘邦感觉自己没有文化，所以把自己身份放低，让自己身边的人都光芒四射，而项羽是自己的光芒遮去了周围人的光芒。这句话说明了项羽用人有问题，且缺乏团队意识。

尾联：宋玉招魂屈原，不仅为了屈原，还为了项羽。

咏史诗是诗和史的结合，诗是意境情的体现，史是真实客观。

结合《鸿门宴》中表现的项羽的性格特征，阅读并思考：假如项羽称王关中，项羽的悲剧是否可以避免？当代青年在项羽身上要看见什么？

（三）诗歌散文选修课本总纲

1.选修两个部分。

（1）诗：知人论世、缘情明景（情景关系）、吟咏诵读。

（2）文：以散文为主，有三个单元。

2.散文的学习。

（1）从文言文知识的角度，提高学生对文言文的理解能力（文化常识、断句、诵读培养语感、文意理解、翻译的训练）。

（2）散文的思想文化。

文体方面：

《六国论》的论证，从《过秦论》到《六国论》。

内容方面：

品评《项羽之死》，思考其中的人物形象对今天的我们有何启示，这篇文章给我们什么样的成长借鉴。

李贺专题

（一）课前朗读

开始上课前，由课代表带领全班同学朗读《曹刿论战》。

（二）李贺专题

2018年新课标全国卷Ⅰ古代诗歌阅读考题：

野歌

[唐]李贺

鸦翎羽箭山桑弓，仰天射落衔芦鸿。

麻衣黑肥冲北风，带酒日晚歌田中。

男儿屈穷心不穷，枯荣不等嗔天公。

寒风又变为春柳，条条看即烟濛濛。

14. 下列对这首诗的赏析，不正确的一项是（   ）。

A. 弯弓射鸿、麻衣冲风、饮酒高歌都是诗人排解心头苦闷与抑郁的方式。

B. 诗人虽不得不接受生活贫穷的命运，但意志并未消沉，气概仍然豪迈。

C. 诗中形容春柳的方式与韩愈《早春呈水部张十八员外》相同，较为常见。

D. 本诗前半描写场景，后半感事抒怀，描写与抒情紧密关联，脉络清晰。

早春呈水部张十八员外二首

[唐] 韩愈

天街小雨润如酥，草色遥看近却无。

最是一年春好处，绝胜烟柳满皇都。

莫道官忙身老大，即无年少逐春心。

凭君先到江头看，柳色如今深未深。

15. 诗的最后两句有何含意，请简要分析。

示例：

意为凛冽的寒风终将过去，和煦的春风拂绿枯柳，缀满嫩绿的柳条好像笼罩着轻烟一般摇曳多姿；表达了诗人虽感叹不遇于时，但不甘沉沦的乐观、自勉之情。

思考：

1. 李贺诗歌的创作风格。

2. 李贺的人生给我们的启示。

《促织》

一

（一）文化常识与文言字词

要求学生将课文《促织》的注解部分，用红笔圈点批注，提醒学生文化常识可能会出现在高考文言文试题当中，且大多以教材为依据。

丁口即人口，成年男子称丁，女子及未满十六岁男子称口。

操，从事。童子，是指童生，也就是还没有考取秀才的读书人，不分年龄大小。

实词"靡"是"无"的意思，"迄"是"最终"的意思，"济"是"成功"的意思。

追比，旧时地方官限期交税、交差等，过期以仗责、监禁等方式继续追逼。

"诣"是"到，前往"的意思。

毫发无爽的"爽"，是"差失"的意思，屡试不爽的"爽"也是这个含义，译为多次尝试都没有差错。

东曦既驾的"东曦"，是指日神东君。

造庐，"造"是到的意思。"庐"是搭在坟墓边的房子，用来守灵的。孔子去世后子贡就在他的坟墓边造了个"庐"，守灵好几年。

抚军，也就是巡抚，总管一省民政和军政的高级官员。

学使，即提学，负责一省学校事务，主持岁考、科考两试的官员。

俾入邑庠，使（他）进入县学，即取中秀才。俾，使的意思。

赉，赠送，赏赐。

蹄躈，也叫蹄噭，蹄为脚，躈为肛门，噭为口。

贴妇，以妻子作为抵押品去借钱。贴，抵押的意思。

"一人飞升，仙及鸡犬"出自晋代葛洪的《神仙传》。

（二）阅读思考

社会环境的构成和体现会通过情节展现出来，也就是说环境一定会落到具体的事物上。

人物组成了环境，构成了故事情节，而环境也在一定程度上推动了情节的发展。比如鲁镇的祝福环境中最主要的因素就是民风、节日，这种风气也推动着人物命运的发展。

在阅读时，我们要学理性的知识，并以其为基础进行思考。比如我们读《祝福》，从"我"的角度可以读出"知识分子的软弱"；从"四叔"的角度，可以读出对封建思想的批判；从"祥林嫂"的角度，可以读出社会底层劳动妇女的悲剧命运。

（三）课文教学

1.确定环境背景。

"宣德间，宫中尚促织之戏，岁征民间。此物故非西产；有华阴令欲媚上官，以一头进，试使斗而才，因责常供。""宣德"确定了时间，"尚"表现了当时的宫中喜好和偏向，"岁征"是说每年都要征收，这就已经将宫中风气扩散到了民间，搅动着民间百姓的生活。县令的"欲媚"表明宫中的喜好偏向已经变成了地方官员向上谄媚的途径，这就构成了当时的社会环境——不正之风在蔓延。从"尚"到"媚"，暗示了底层人民群众的悲剧命运。

所以说现在要崇尚好的家风，"家风兴则国兴"。家风是小环境，但它也能间接观照国家的大环境。我们的校园里，不论是学生，还是教师，抑或是鸟兽花草，都应该有它适合的生长环境。

鉴赏小说的切入口之一就是社会环境，看这种环境的建构，底层人最终一般都会形成悲剧，而这种悲剧主要由"情节"呈现。

2.梳理小说情节。

（1）童生，久不售；

（2）被充里正役；

（3）促织不合规格被杖；

（4）求神问卜找到促织；

（5）被儿子毁了；

（6）儿跳井被救；

（7）意外得到促织。

思考：本篇小说情节具有突转的效果，而这突转与环境有何关系，它是如何推动的，指向了什么主题？

二

（一）情节的"突转"

学生围绕"突转"再次梳理小说情节：

1. 抱着必死的决心意外找到了一只促织；

2. 儿子出于好奇毁了它；

3. 儿子出于恐惧而自杀；

4. 儿子意外"复活"；

5. 意外获得一只促织；

6. 出门"裘马过世家焉"。

教师：从成名找到促织到儿子毁掉，这是突转；儿子因恐惧自杀后面又意外复活也是突转；意外获得促织又是突转；从一开始抱着必死之心找促织，到最后的"裘马过世家"是一个大突转。这些突转一方面是为了使小说情节具有跌宕起伏的效果，另一方面可以追溯到作者个人的内心情感倾向，在那样一个充满"媚"的社会环境中，底层百姓原本是注定有着悲剧命运的，但是蒲松龄却通过"突转"给了成名活下去的机会，甚至最后飞黄腾达，这就从侧面反映出他其实想要在小说中给苦难的劳苦大众留下一丝希望，使他们获得好好活下去的勇气。

成名从进献促织到"裘马过世家"的过程，也值得我们去分析品味。

板书如图 1-4 所示：

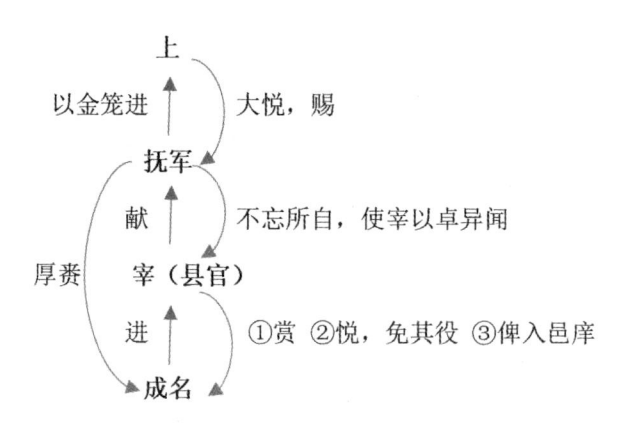

```
                上
          ↑
    以金笼进 │   大悦，赐
          抚军
          ↑
      献 │   不忘所自，使宰以卓异闻
  厚赉    宰（县官）
          ↑
      进 │   ①赏 ②悦，免其役 ③俾入邑庠
          成名
```

图 1-4

（二）主题的思辨

教师：这个过程里，县官和抚军"不忘所自"，从皇帝开始褒奖抚军，抚军再褒奖县官，最后县官免除了成名的劳役，还使其中了秀才。县官一开始对成名实施压迫，最后却因成名进献促织而转变态度，这也构成了情节的突转。在这整个过程中，县官和抚军的"不忘所自"，似乎让我们感受到了人性中尚存的一丝温暖，成名的"裘马过世家"好像在向我们传递"善有善报"的思想，比如小说最后一段中说到"天将以酬长厚者"，但是小说的主题真的是在传递"善有善报"的理念吗？不是的，应该有更为深刻的主题。这就涉及清代时期的社会环境。开篇就讲"宫中尚促织"，官员开始借此"媚上欺下"，在这样一种社会环境下，小说的主题显然不可能只是表达"善有善报"。作为新时代青年，我们要怎么来读这些文学作品？比如现在正接触的《聊斋志异》、《红楼梦》以及其他文学经典，我们应该怎样读好这些经典，又该有什么样的思考？

我们可以将《聊斋志异》与《红楼梦》进行对比，二者描绘的都是封建社会，《红楼梦》的结局是封建家族的没落，人物角色的消亡，是彻底的悲剧，它传递出来的更多的是"恶"，是对封建社会的批判；而在《聊斋志异》中，多篇故事以大团圆结局收尾，反映的是普通百姓朴素的良好心愿，是田园牧歌式的结局，但是大团圆的背后又有哪些东西值得我们去思考呢？《促织》中情节的突转带来了喜剧式的结局，各个人物都得到了善报，但是作者的最终目的仅仅是讲"善有善报"

吗？隐藏在这一喜剧结局下的现实因素是"上"的施恩，因为成名找到了好斗矫健的促织，"上"大悦，才会有一级传一级的赏赐；若没有找到促织呢，成名注定会以悲剧结尾。他是童子生，但却一直没有考取秀才，为人迂讷，又不敢借里正身份欺压百姓，最后薄产累尽，后来却因为进贡了促织而被县官安排中了秀才，这又何尝不是对封建科举的讽刺和批判呢？若没有找到促织，或者说如果没有"尚促织"的社会风气，他难道就能摆脱童子生的身份吗？显然不能，因为媚上欺下的人始终存在，而"久不售"的童子生也同样存在，这就注定了封建科举制度下永远会有受害者。成名只是个例，是作者通过一种自然神秘色彩而赋予了喜剧命运的人物，可能这是作者为了留给读者一丝希望和温暖而创作的结局，但是这背后充满了讽刺和批判——天子一跬步，皆关民命，封建官僚的升官和发迹都建立在百姓的苦难之上，所以最后的结局看似是善有善报，是喜剧，其实是一种变形的批判，是对封建社会统治者的讽谏。《红楼梦》表达了曹雪芹对封建社会的失望，它以悲剧的形式对清代社会进行了深刻的剖析和批判，带有现实主义色彩；而《促织》却是以喜剧的形式同样对封建社会进行了深刻的讽刺和批判，只是它运用了自然界的神秘色彩，二者在表达形式上对立，在主题上却达成了统一。由此我们会发现文学对社会的一种观照，只是因为不同的作者有不同的人生经历和情感体验，这种观照就会从不同的角度，以不同的形式被呈现出来。

板书如图 1-5 所示：

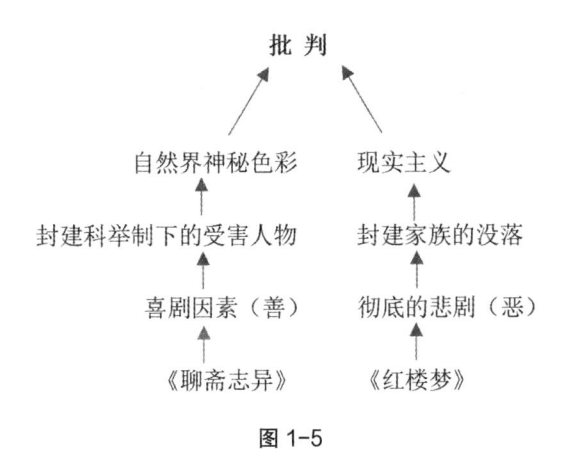

批　判

自然界神秘色彩　　现实主义

封建科举制下的受害人物　　封建家族的没落

喜剧因素（善）　　彻底的悲剧（恶）

《聊斋志异》　　《红楼梦》

图 1-5

《鸿门宴》

一

（一）导入

师：你理解的鸿门宴是什么样的？若要摆一出鸿门宴，座位要怎么排才能体现鸿门宴的特质？

生1：让对方坐在中间被夹紧，不让他跑掉。

生2：周围站一圈士兵。

生3：在周围埋伏士兵。

生4：菜上荤的，不上素的。因为要杀生，这样就充满了杀气。

师：说明"我不是吃素的"。

生5：让客人一人入座，客与主人分开坐，避嫌。

（二）座位安排

师：我们看到课文第三段沛公对项羽说的一句话："今者有小人之言，令将军与臣有郤。"刘邦这句话的潜台词是什么？

生6：潜台词就是"我没有想要称王"。

师（追问）：刘邦在外交上的辞令如何？

生6：他很懂为自己辩护，外交很厉害。

师（再追问）：你觉得是否真的有小人在刘邦面前告状？

生6：有。

师：比如呢？

生6：曹无伤。"沛公左司马曹无伤使人言于项羽曰……"

师：曹无伤是在项羽面前告了刘邦的状，但是我们无法从文中知道刘邦是否知道自己已被曹无伤出卖。但是刘邦对项羽说的这句话，我们可以这样解读——一是他已做好准备，因为他可能听到了风声，所以故意说这么一句话来试探项羽；二是他并不知道，这么说只是外交上的辞令。"此沛公左司马曹无伤言之。不然，籍何以至此？"项羽脱口而出、不经思考的这番话，使曹无伤最后被刘邦诛杀。

师：我们来还原一下鸿门宴的座位安排。

教师据原文逐一呈现各人物座位分布，如图1-6所示。

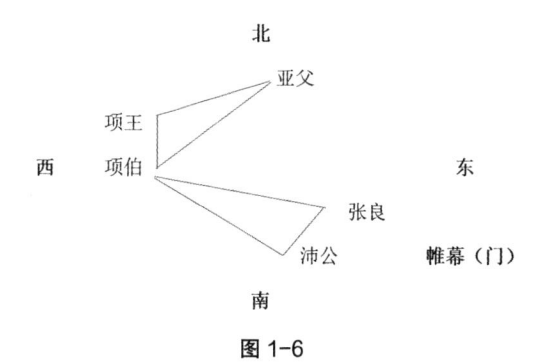

```
            北
                亚父
         项王
西       项伯                    东
               张良
          沛公      帷幕（门）
            南
```

图1-6

师：为什么座位一设置，就注定了项羽的失败？项王坐在最里面，看似是最安全的位置，而沛公与张良坐在了门口附近，看似容易受到士兵的攻击，可最后却能够逃之夭夭，保全性命。这一反转提醒我们要对各人物之间的关系进行分析，将他们串联起来的关键就是"义"。

1.先看张良与沛公之间的"义"。"沛公今事有急，亡去不义，不可不语"，张良本有机会自己逃走，但是为了守住"义"，与沛公一起赴了鸿门宴，并帮助沛公逃离。

2.然后是张良与项伯之间的"义"。"素善留侯张良""秦时与臣游，项伯杀人，臣活之"，他们之间是朋友情义，只是各自政治立场不同。后来在张良的安排下，沛公还与项伯约为婚姻，那么项伯与沛公也就生出了"义"。

师：为什么项王没有好好安排座位，要让沛公坐在近门口的位置？

1.让沛公坐在门口对其进行羞辱；

2.门口不安全，易受攻击。

师：曹无伤告项羽的目的是什么？

生7：为了利益，看重项羽此时的势力。

师：他对项羽有"义"吗？

生7：没有。

师：请另一位同学回答。

生8：项羽有四十万大军，沛公只有十万，曹无伤就像一棵墙头草，在为自己留后路。

师：曹无伤看重了项羽的势力，觉得项羽此战必胜。

思考：假如在鸿门宴中，沛公被杀害，那么历史可能会出现什么问题？我们可以从"性格决定命运"和"义"的角度去思考。

二

（一）导入

师：今天继续学习《鸿门宴》，阅读时大家要学会用一些字句来对主要情节、细节进行批注。

（二）人物性格与命运

展示《史记·项羽本纪》和《史记·高祖本纪》中项羽、刘邦二人各自见秦始皇时的言语。

《史记·项羽本纪》："秦始皇游会稽，渡浙江，梁与籍俱观。籍曰：'彼可取而代也。'"

师：项羽并未称帝，但司马迁仍为他写"本纪"，可见项羽在历史上的重要性。项羽面对秦始皇的巡游队伍，直言"我可以取代他"。项羽的直言不讳和大言不惭显示了他的高傲与极度自信。《史记·项羽本纪》最后提到舜的眼睛可能是两个瞳仁，又说项羽也好像是两个瞳仁。潘军由此写了一本小说《重瞳》，书中写项羽有千里眼，也对项羽本人进行了比较完整的叙述，大家课后可以去看一看，可以更全面地了解项羽本人，也能理解他为何会战败。

《史记·高祖本纪》："观秦皇帝，喟然太息曰：'嗟乎，大丈夫当如此也！'"

师：刘邦见了秦始皇，由衷感叹"大丈夫就应该这样"。他也有野心，有远大的志向，但是他没有和项羽那样说出可以取而代之的话，这就说明二人性格的差异。项羽是极度自信，霸气凌人，而刘邦则是深谋远虑，能屈能伸。

教师展示自己对教材原文的阅读思考与批注（如图1-7所示），边讲解边供学生思考借鉴。

```
沛公 ──→ 曹无伤
         ↓      ↘
项伯 ──→ 张良    项羽
```

图 1-7

解读：沛公与张良是君臣之义；项伯与张良是朋友情义；曹无伤是沛公手下，他对项羽行的义是出于对沛公的不义。

师：沛公因为讲"义"，所以赢得了身边谋士的相助。大家找一找刘邦的"为之奈何"在文中出现了几次。

生（一一找出）：①良乃入，具告沛公。沛公大惊，曰："为之奈何？"②曰："固不如也，且为之奈何？"③"今者出，未辞也，为之奈何？"

师：刘邦的"为之奈何"就像唐三藏每次遇到困境都会问自己的徒弟——"悟空/悟能/悟净，这可怎么办？"，这是一种大智若愚的表现。唐三藏的"怎么办"有两种解读：一是他真的不知道该怎么办，没有主见；二是他不知道，但是他极度信任自己的弟子，有困难就依靠弟子解决。同样地，刘邦也正如唐僧那般，一是乱了阵脚，没有主见；二是刘邦有一群谋士，且对他们极度信任，充分听取其意见。比如沛公对张良说："君安与项伯有故？"他会问张良这样的问题，就说明他在猜测张良与项伯二人之间的关系。然而当张良跟他说了自己与项伯之交时，他便放下了怀疑，相信张良是在为自己出谋划策，甚至请张良牵线，私见项伯，"君为我呼入，吾得兄事之"，放低自己的姿态。见到项伯后"奉卮酒为寿，约为婚姻"，与项伯成了亲家，既稳住了张良，又稳住了项伯，因此才会有项伯后面的"常以身翼蔽沛公"，这就串起了后面故事的一条线，即"义"。刘邦对身边谋士的尊重与信任，对"团队"的管理，悦纳他人，终成王业。反观项羽，听到曹无伤的告密，第一反应便是"大怒"，可见他的暴躁冲动，"曰'旦日飨士卒，为击破沛公军！'"项羽没有和他身边任何一个人商量，而是直接做出了要击破沛公军队的决定，可见他的极度自信与极度孤傲。刘邦、项羽二人性格的反差，照见了各自的命运。

师（小结）：刘邦对身边谋士的尊重与信任告诉我们，先前种下的种子，会发芽，并且会长成参天大树来庇护你。

三

（一）教学安排

1. 第一单元进行收尾，周四到周六进行作文专题的教学。

2. 前几天布置的关于"孔子有三畏"的作文，请学生准备上交，并抽取几位学生的作品进行分析。

3. 次日对议论文的论述展开教学，以学生的作文为例。

（随机抽取环节，与学生有趣互动）

（二）对"义"的思考

接上节课对"义"进行梳理，围绕"义"绘制人物关系图（如图 1-8 所示）。

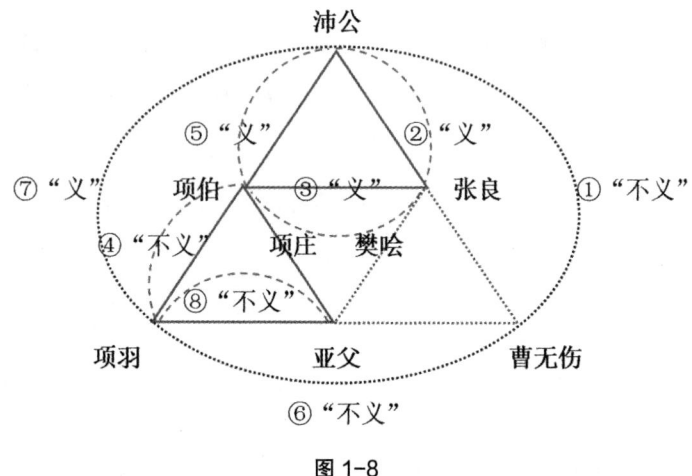

图 1-8

解读：

1. 曹无伤为了自身利益派人向项羽告密，而作为沛公的手下，这是对沛公的"不义"。

2. 沛公与张良之间的"义"，是源于张良"为韩王送沛公"。值得思考的是张良与韩王之间有什么"义"，使得张良为韩王舍命护沛公？

3. 项伯与张良之间的"义"，出自张良对项伯的救助，二人一向交好，属于兄弟情义。

4.项伯出于对张良的"义"而连夜找张良"具告以事"，这又是对项羽的背叛，即"不义"。

5.沛公得知张良与项伯交好，请张良牵线与项伯私见，并"以兄事之"，还"约为婚姻"，先是称兄道弟，再是成为亲家，这是临时生出的"义"，而项伯与项庄舞剑时却能以性命护沛公，展现了人性之温暖。可见，张良、项伯与沛公三人因"义"组成了牢固的"铁三角"关系。

6.项羽对曹无伤是"不义"，因为他的不经思考和脱口而出，轻易地将曹无伤出卖，导致此后曹无伤被沛公诛杀。而曹无伤因"不义"促成了这场鸿门宴，也因"不义"导致了自身的灭亡，这也值得我们去思考。

7.项羽最后没有下令斩杀沛公，也是因为"义"。鸿门宴的前一天，项伯在项羽面前说了沛公的一番好话，告诫项羽"今人有大功而击之，不义也"，项羽也许诺"因善遇之"，后来便以"义"的方式行与沛公，最后错失斩杀沛公的机会。这里的"义"出于项羽的傲气，因为他怕自己会被陷于不义，主要是维护自己的面子。

8.项羽为了让自己有"义"，对亚父的几次暗示都视而不见，一意孤行，这是对亚父另一层面上的"不义"。

师：项伯、张良和沛公因"义"组合成了牢固的"铁三角"关系，这是一种社会关系。反观项羽、项伯和亚父，他们有着血缘意义的家族关系，却因为项伯的"不义"和项羽的孤傲变得松散，甚至最后分崩离析。项伯对项羽的"不义"，间接导致项羽后面的惨败，但却因为对沛公的"义"而给自己留了一条开阔的生路。曹无伤为自身利益对沛公"不义"，后却因项羽的"不义"落得被诛杀的下场。那么"义"与"不义"到底该如何选择？

思考："义"和"不义"是人性的两难之题，当你遇到这样的问题时，你会怎么做？

"义"与"不义"议论文写作

（一）展示读写结合材料

写作：阅读下面的材料，按照要求写作。

材料一：先秦诸子里的"义"：①《论语》一书中"义"字出现了24次，孔子倡导"见义勇为""君子义以为上"；②《孟子》一书中"义"字有108处之多，孟子将"义"提升到与"仁"并列的位置，认为"义"是人生所走的大道，是达到"仁"的道德境界所要遵循的方向和尺度；③荀子提出了"从道不从君，从义不从父"的观点，是中国哲学史上第一个将"正义"作为一个范畴提出的哲学家。

材料二：《现代汉语词典（第7版）》对"义"的解释：①公正合理的道理，正义；②合乎正义或公益的；③情义；④意义；⑤因抚养或拜认而成为亲属的；⑥人工制造的（人体的部分）。

材料三：一场"鸿门宴"，就是一场"义"的表演，它是一面镜子，照见人性深处的微光。

请结合上述材料内容，围绕"义"这个话题，写一篇文章，要有自己的思考和领悟。

（二）对"义"的读写结合材料进行解读

材料一：引用这则材料是为了对应我们这个单元所学习的先秦诸子的文章，大家可以选取其中某位先哲对"义"的理解进行思考和议论。

材料二：将《现代汉语词典（第7版）》中对"义"的解释作为材料，是为了给大家提供作文支架，帮助大家更好地对"义"进行阐释说明。比如，你选择了孔子的"见义勇为"的观点，那么这里的"义"就是材料二中解释的"情义"。

材料三：主要是为了与教材对接，北京2015年的高考作文"深入灵魂的热爱"就是与现代文阅读《说起梅花》一文进行对接，大家可以根据我们对《鸿门宴》中"义"与"不义"的理解，选择这个角度来写，也可以选择材料一先秦诸子对"义"的理解来写。重点是要有自己的思考和感悟，不要套作，也就是要有真实想法。

（三）此次作文教学安排

分层分类进行：①围绕"义"切入话题；②围绕"义"展开话题。

（四）展示、分析并修改学生的作文

1. 赵宜靖同学的作文《〈鸿门宴〉中的"义"与"不义"》。

分析：标题清晰，观点明确。标题以 A 与 B 的形式出现，是关系型写作。这种关系型写作要求考生做好论点的处理，要有辩证观念。关于"义"与"不义"，我们要看到"义"的价值，还有"不义"的后果。

互动：①请肖俊贤同学朗读赵宜靖同学的作文。②请龚凯同学对肖俊贤同学的朗读进行点评：声音洪亮，口齿清晰。③另请几位同学对赵宜靖同学的作文进行点评：写得很好，思路清晰，将"义"与"不义"的关系写了出来；书面整洁，条理清楚。

点评：这篇作文最有亮点的地方就是第三段，首先是对项伯和张良之间的"义"、项伯对项羽的"不义"分别进行了阐释。然后赵宜靖就开始了自己的思考和价值判断，她认为项伯对张良的朋友情义是一种"小义"，而为了这种"小义"出卖了自己的君主——项羽，这是为臣不忠，违背了"大义"。但是她没有片面强调我们应该怎么做，而是留给了别人思考的空间，"也许我们会赞许项伯看重朋友间的道义，可是这是侠义，是小义，他将朋友间的个人道德凌驾于政治、集体利益之上，是为臣的大不义。"这里的"也许"就说明了她并不持绝对肯定或否定的态度，而是对"义"与"不义"进行了辩证的思考。用我们今天的价值观来看，项伯对项羽是一种臣对君的背叛，将"小义"凌驾于"大义"之上，甚至是抛弃了国家大义，但是我们之前也说过"春秋无义战"，在那个时期他们或许都没有这样的概念，那时候他们发动战争没有那么多合乎规则的理由，甚至可能是"今天我看上了你家的羊，所以过来打你，明天你看上了我家的牛，所以你过来打我"。这样的战争你能说他们之间谁是正义的，谁不是正义的吗？从当时的历史情境来看，我们不能评判到底谁对谁错，但是他们做出的选择——"义"

或"不义"却值得今天的我们去思考，而这篇作文最好的地方就在于她有自己的思考和感悟。

2.陈绮弘同学的作文《义益》。

分析：标题有些许拗口，并且过于简洁，导致观点的呈现不够清晰明确。好的标题应该是朗朗上口的，阅读者在看标题时会不自觉地动用心声，将视觉与听觉相结合，那么朗朗上口的标题就很重要了，它也会给自己的作文加分。

修改：①请同桌修改："义的利益"。②最简单的修改："义的利与弊"。

（五）下节课安排

所有同学都必须提交作业，一是围绕"义"进行标题的切入，二是最少提出三个分论点，找出论证的角度。

第二章　教学课例

本章主要节选了笔者参加各类教学比赛以及校级以上各类公开课的教学课例，大部分课例都呈现了阅读写作整体教学的理念。选修教学课例侧重体现了笔者的三重语文课堂中的建构课堂模式的主张。

《米洛斯的维纳斯》

（一）导语

关键词："美""美的标准""维纳斯"。

我们对"美"这个话题已不陌生了。在上个学期，我们就学习了奥地利作家茨威格的《世间最美的坟墓》，并从中领略了朴素美、平凡美和人格美；而在法国作家乔治·桑的《冬天之美》中我们感受到了乡村的自然美、纯朴美。英国诗人约翰·梅斯菲尔德写过一首非常有名的诗，诗名叫"美"。从诗中可看出，他对"美"的认识也很独特。

今天，我们来学习日本作家清冈卓行的《米洛斯的维纳斯》，看看他对美有什么样的认识，能给我们什么样的思考和启示。

（二）展示课题及作者简介（略）

（三）展示与"维纳斯"相关的传说以及"米洛斯的维纳斯"图片（略）

（四）朗读课文，整体把握，厘清思路（略）

（五）质疑研讨

1.作者关于维纳斯塑像的基本观点是什么？

明确:"她为了如此秀美迷人,必须失去双臂。"

2.这种观点的理论根据是什么?

明确:①舍弃部分,获得完整;②向人们暗示可能存在的无数双秀美的玉臂;③奏响了追求可能存在的无数双手的梦幻曲。

3.讨论:这些观点的逻辑关系是怎样的?

明确:驰骋想象→向人们暗示着可能存在的无数双秀美的玉臂→奏响了追求可能存在的无数双手的梦幻曲→正深深地孕育着具有多种多样可能性的生命之梦→放射出变幻无穷的生命光彩→包含着不尽的梦幻→无比神妙的整体美→浓浓地散发着一种难以准确描绘的神秘气氛→人们称为美术作品命运的、同创作者毫无关系的某些东西正出神入化地烘托着作品→不可思议的抽象的艺术效果。

4.作者认为维纳斯"为了如此秀美迷人,必须失去双臂",你同意吗?

明确:作者认为,维纳斯双臂残缺,能给人们以广阔的想象空间,使人们在想象中产生出"无数"和"变幻无穷"的美感。这个观点的理论依据是虚实相生的美学原理,失去了某些次要的,反而烘托了主要的;而且对失去的本身,也能想象出更完美的。缺憾的美也是一种美,是一种有着特殊意义的美。

5.阅读第四段、第五段内容,探讨作者的观点,发挥联想与想象并阐述你对这个问题的看法。(展示有关维纳斯的一组图片:①《沐浴的维纳斯》;②《美第奇的维纳斯》;③《梳洗的维纳斯》;④《美臀的维纳斯》;⑤《尼多斯的阿芙洛狄忒》;⑥《维纳斯的诞生》;⑦《乌比诺的维纳斯》;⑧《沉睡的维纳斯》;⑨《维伦堡的维纳斯》。配文字说明)

不能设想,古罗马的角斗场需要重建,庞贝古城需要重建,柬埔寨的吴哥窟需要重建,玛雅文化遗址需要重建。这就像不能设想,远年的古铜器需要抛光,出土的断戟需要镀镍,宋版的图书需要上塑,马王堆的汉代老太需要植皮丰胸、重施浓妆。只要历史不阻断,时间不倒退,一切都会衰老,老就老了吧,安详地交给世界一副慈祥美。假饰天真是最残酷的自我糟践。没有皱纹的祖母是可怕的,没有白发的老者是让人遗憾的。没有废墟的人生太累了,没有废墟的大地太挤了,掩盖废墟的举动太伪诈了。还历史以真实,还生命以过程。

——余秋雨《文化苦旅·废墟》

明确：①要有创造性，敢于批判地学习名人的观点看法，学会怎样阐述自己的观点，而不是机械地认同；②维纳斯是如何由完整到残缺，再到新的完整的？

6. 阅读第六段、第七段内容，探讨：为什么失去的必须是双臂？

展示罗丹的《思想者》、维纳斯的黄金分割图，阅读有关审美的知识。

明确：维纳斯的美是通过秀美与崇高的统一、瞬间与无限的统一、主观与客观的统一来实现的。

以"秀美与崇高的统一"为例，分析为何维纳斯失去双臂，却没有破坏她的完整美？同学们用这种分析方法来阐述各自的理由。

7. 理解"人们称为美术作品命运的、同创作者毫无关系的某些东西正出神入化地烘托着作品"。

明确："某些东西"指艺术效果。艺术效果决定着美术作品的命运，维纳斯因失去双臂而造成的神秘感与创作者毫无关系，正是这种神奇的艺术效果提升了作品的价值。

8. 理解"我既感到这是一次从特殊转向普遍的毫不矫揉造作的飞跃，也认为这是一次借舍弃部分来获取完整的偶然追求"。

明确：此是哲理性的阐释，如果手臂完好无损，无论多么美妙，也只是一种特定的形态，是自身造型的"特殊"。手臂残缺，则能唤起人们无穷的想象，想象出无数双秀美的玉臂，那是不定型的"普遍"和"完整"。维纳斯丧失双臂，在艺术效果上，是一种质的飞跃。

9. 理解"这一方是包孕着不尽梦幻的'无'，而那一方却是受到限制的、不充分的'有'，哪怕它是何等的精妙绝伦"。

明确：双臂的"无"反而能在人们的想象中产生"无数""无穷"；而双臂的"有"，即使再精妙，也限制了人们的思维与想象力。可见，没有艺术表现上的"虚"的作品是不完美的。

10. 理解"尽管这艺术效果一半是偶然所生，然而这却是向着无比神妙的整体美的奋然一跃呀"。

明确：米洛斯的维纳斯，无论是她的秀颜，还是那丰腴的前胸延伸向腹部的曲线，或是她的脊背，无不洋溢着匀称的魅力。为了自己的娇姿，她无意识地隐藏了那两条玉臂，借部分的舍弃获取了完整的追求，即以舍弃双臂来换取一种精神、艺术，一种内在力量的完整性。这是一种超出形体美的更高层次的对美的理想追求，她虽然失去了大理石雕刻的美丽双臂，但获得了可能存在的无数双秀美的玉臂，这一艺术效果虽是一半由偶然产生，却是向着无比神妙的整体美的奋然一跃，由此诞生了一种神奇而永远的魅力。

（六）小结课文

1. 回顾文章内容，了解作者观点，从中获得启示。
2. 学法指导，纠正误区，总结提高。
3. 学会"入境"与"出境"。

（七）练习

查找有关资料写一篇短文，谈谈你对米洛斯的维纳斯的认识。

《杜十娘怒沉百宝箱》

主题：探究李甲这个人物的性格特征变化。

（一）读什么

找出李甲的性格特征变化的文字表述。（按照课本中出现的顺序列出）

1. 他迷恋十娘颜色，终日延挨。
2. （十娘与李甲议终身大事）"如之奈何""或可满得此数""心中疑惑不定""自觉无颜""眼中流下泪来""非某不用心，实是世情如此""只是流涕""惊喜过望""欣欣然来见十娘""得银甚喜"。
3. （十娘与李甲离京）"展转寻思，尚未有万全之策""此言甚当"。
4. （十娘夜歌）"银子到手，未免到解库中取赎几件衣穿着，又置办了铺盖……在旁自觉惭愧，也不敢窥觎箱中虚实""公子且惊且喜""每谈及往事，公子必感激流涕""宜开怀畅饮，以舒向来抑郁之气"。

5.（孙富作计）叙闲话，渐渐亲熟。聊花柳之事，成相知。卖弄在行说十娘。"高明以为何如"，说到资斧困竭，进退两难，不觉点头道是。茫然自失，移席问计。"乃弟之恩人"。被说透胸中之疑。

6.（李甲中计）竟日未回，一言不发，竟自上床睡了，叹息而已，终不启口。扑簌簌掉下泪来。只得含泪而言道："为我筹及此事，寸心如割。"说罢，泪如雨下。欣欣似有喜色。无不惊诧。不觉大悔，抱持十娘恸哭。又羞又苦，且悔且泣。

7.（结局）终日愧悔。

结论：李甲是一个庸懦、自私、背信弃义的纨绔子弟。

（二）如何读

依据李甲性格特征变化进行探究并做推断。

推断一：性格决定命运。（文学批评用语，如哈姆雷特等人物）

1.李甲的懦弱决定了他最终受刺激郁成狂疾，终身不痊。

2.影响着杜十娘的命运，导致其怒而投河自尽。

推断二：不可忽略侧面烘托。（如鲁迅《药》中的人物）

1.为何要塑造这种性格的人物？

2.但凡有李甲性格特征变化处就有杜十娘的刚毅之处。

从侧面烘托人物，为主要人物张本，小说是借李甲来写杜十娘。

推断三：不可忽略的细节刻画。

1.作者不厌其烦地刻画人物的细节。

2.读者阅读作品时不可忽略细节，如鲁迅《祝福》中多处对雪的描写，《边城》中对翠翠的刻画。

推断四：渗透着杜十娘的"怒"。（揭题）

1.怒李甲的无情无义。

2.怒自己看错人，有眼无珠。

推断五：李甲的性格特征变化能否揭示主题？揭示什么样的主题？

封建制度是杜李悲剧的真正所在，如《祝福》中的祥林嫂是被封建礼教逼死的。

（三）读何益

根据推断获得启示。

启示一：要做一个有品质、有品性的人；阅读与人生的问题，教会我们做人；做一个什么样的人？做一个有健全品格的人。

启示二：在写作中学会运用侧面烘托的手法。

启示三：在写作中要重视细节，功夫在细节上；要注重生活中的细节，活在细节上。

启示四：在写作中要确定一个好标题，有思维上的冲击力。

启示五：要学会做一些辩证的分析，有自己的主见。

小结：阅读鉴赏一篇文学作品的角度或切入点有很多，我们选择李甲的性格特征变化来鉴赏并做一些推断，不一定正确，但力争准确，因为一千个读者就有一千个哈姆雷特，这是艺术的规律，希望这堂课是一个有益的尝试——学会阅读，学会做人。

《〈宽容〉序言》

《〈宽容〉序言》这篇文章，同学们在上课前已经读过了。现在我们来讨论预习时请大家思考的问题：这是一篇关于什么的文章？

（一）主题初读

1.学生交流自己的阅读心得和体会，回答"这是一篇关于_____的文章"。

要求：学生能结合文本的相关内容并自圆其说。教师参与学生的交流，并作适时的点评。

2.请一位同学梳理、总结大家主题初读的要点。

大致有以下主题：先驱者与守旧者；提倡理性与宽容异见；封闭导致落后，开放重获新生；人的解放；宽容与不宽容……

教师提示：就作者的本意来讲，不可能有那么多的核心主题，这就需要检测，为自己的阅读寻找依据。如何检测？读出文章的思路。怎么读？学会整体读，横向读是基础，我们同学在课前已经完成，所以有了上面的阅读心得。整体读是关键，即按照文章的前后顺序，把文章的内容串起来，连成有机的整体，形成全文的思路。

（二）整体阅读

1.学生阐述概括各部分内容，教师评价指导。（学生尽可能用课文的关键词句进行概括）

2.请课代表在同学们的归纳基础上，把全文的思路顺畅地陈述一遍。（展示部分内容的主要信息）

教师提示：通过同学们的概括陈述以及课件的展示，整篇文章的内容很清晰了，文章的重点也很突出，但是，仅有这样的检测是不够的。我们还要深入文本，深入重点内容，看看作者到底说了些什么，怎么说的。

（三）文本细读

1.揣摩"人们过着幸福的生活"。

（1）文中出现了几次？

（2）"幸福"的含义是什么？

（3）几次的"幸福"有何异同？

（4）你如何看待文本中的"幸福"？

2.揣摩"恐惧总是陪伴着人们"。

（1）为何"恐惧"？

（2）"总是"意味着什么？

（3）"恐惧"暗示着什么？

3.揣摩"不过"一词。

（1）文中出现了几次？

（2）每处的"不过"暗含什么？

4.细读第二部分和第八部分内容。

（1）同学们交流阅读的体会，揣摩作者的意图。

（2）展示专家解读。

潘尤国的观点：本文不是向守旧者呼吁宽容而是向广大民众呼吁宽容。悲剧的根源不在于守旧者的冥顽不化和顽固残忍，而主要在于广大人民群众的无知、盲从及推波助澜，在于广大群众在无知盲从时不懂得对创新者宽容！无知、愚昧、盲从造就了一种顽固、僵化、令人窒息的环境，也形成了一种排斥拒绝新鲜事物、打击扼杀新生力量的氛围。

杨燕昌的观点：不只是村民对先驱者的忏悔。作者从人文主义出发，倡导的是人类世界、人与人之间都应该宽容，而阻碍这种宽容的只是陈旧的律法……作者的矛头是指向这些而不是指向专制者。他力图唤醒人性的善良，消灭那些千百年流传下来的压抑人性的东西。

（3）同学依据专家的解读修正或补充自己的阅读。

教师提示：作者写这篇文章到底想干什么？通过上面的细读，我们能更清晰地感受到一个主题——这是一篇关于宽容与不宽容的文章。这样获得的认识结论虽然是有根据的，但总觉得不够牢靠，毕竟感情的亲疏会影响我们的认识，靠得越近也就可能陷得越深，也就是说通过细读有可能更快抵达作者的真实意图，也可能背离得越远。要牢靠，就需要拉开阅读的距离，把这篇文章放到写作背景里去。要了解写作背景，比较方便的办法是看这篇文章收在作者的哪本集子里，那是一本什么样的书，这篇文章是从哪里选出来的。请同学们先看课文的第一个注解和单元阅读提示中关于"序言"的知识。

（四）文本互读

引言：这是作者为自己的《宽容》一书写的序言，依据单元阅读提示，可知是为了介绍《宽容》这本书，让读者更好地阅读这部书。但问题在于这篇序言不像其他的序言，比如《宽容》一书中的译者序言，它比较朦胧，不是很明朗，像寓言又像散文诗，所以我们可以跳出来进行文本的互读。

1. 让学生了解《宽容》这本书的目录，通过目录感受序言的意图。

（1）展示《宽容》一书的目录（如图2-1所示），感知哪些信息在序言中有反映。

序言	
第一章　无知的暴虐	第二章　希腊人
第三章　禁锢的开始	第四章　诸神的末日
第五章　监禁	第六章　生活的纯净
第七章　宗教裁判所	第八章　好奇求知的人
第九章　对印行文字作战	第十章　关于历史之写作的普遍性以及此书的特殊性
第十一章　文艺复兴	第十二章　宗教改革
第十三章　伊拉斯谟	第十四章　拉伯雷
第十五章　旧传统的新招牌	第十六章　再洗礼教徒
第十七章　索兹尼一家	第十八章　蒙田
第十九章　阿米尼乌斯	第二十章　布鲁诺
第二十一章　斯宾诺莎	第二十二章　新天国
第二十三章　太阳国王	第二十四章　腓特烈大帝
第二十五章　伏尔泰	第二十六章　百科全书
第二十七章　革命的不宽容	第二十八章　莱辛
第二十九章　托马斯·佩恩	第三十章　最后一百年

图 2-1

（2）展示第二、三、十四、二十、三十章的信息，了解苏格拉底、布鲁诺、拉伯雷等人物，加深对序言中的先驱者、智慧老人、守旧者、无知山民等的认识。

2.学生了解作者为《宽容》再版写的《后记》一文的有关信息。

（1）展示："宽容的理想在近十年内为什么这样惨淡地破灭，我们如今的时代为什么还没有超脱仇恨、残忍和偏执！这一切肯定有原因，如果的确有，而且我也知道的话，那我可以讲出来吗？""出版商建议我删去最后一章，因为结尾部分是崇高的希望和欢呼。关于这一点他们无疑是对的。的确没什么可高兴的，用《英雄》中的葬礼进行曲伴随我的结束语，比用贝多芬第九交响曲充满希望的大合唱更合适。""我和出版商一样，对前景都很悲观。""这样就给予我们在宽容问题上实际锻炼自己的任务。我们应该结束得过且过、漠不关心的局面，首先要摆脱这种事情不会在这里发生的想法。它们不仅可能发生，而且已经发生了，还屡见不鲜。"

（2）学生依据上文的阅读重读序言的最后一部分内容，谈阅读感受。

3.学生了解《宽容》译者（晏榕）序的有关信息。

展示："在这部著作里，房龙苦苦探寻了两千年来人类思想中种种'不宽容'的根由，猛烈抨击了人类各个历史时期的政治文化的专制状况，并把人类的偏见和固执归于各个信仰集团和道德集团对生存的恐惧。""《宽容》一书的别名亦即《人的解放》，这也反映了本书的目标就是向人类的无知与偏执开战，寄托了作者对宽容精神的顽强生命力的由衷赞叹和期冀。"

教师提示：现在同学们对这篇文章的基本内容和写作目的都有自己的看法了，原先对文章的理解都得到了某种程度的修正。但可能有个遗憾：老师没有把这篇文章的主题明确化，没有告诉大家这篇文章应该怎么理解，尽管通过"文本的互读"好像更要证明这就是关于"宽容与不宽容"的文章。应该怎么理解不是我最关心的，同学们能够形成自己的理解，并且能够依据一定的途径检测和修正自己的阅读才是最重要的。现在请同学们总结一下这节课所学到的阅读途径和方法。

学生总结：

第一，（读什么）读文章的思路，形成初步的认识和理解。

第二，（怎么读）整体读，读文章是怎样发展的，把看似孤立的内容连成一个整体。加深认识和理解。

第三，（如何深入读）靠近文字、细读文本，品味语言，揣摩作者意图。巩固认识和理解。

第四，（如何理性读）拉开距离，跳出文本，读作者的背景，读其他相关的文章。强化认识和理解。

教师结语：同学们总结得很好。对阅读来说，学会读书，远比记住结论重要。自己的理解一时出错也不要紧，课堂就是出错的地方，只要不断地总结改正，就能逐步地成熟起来，理解的水平也就会逐步提高了。课后请同学们再认真品读这篇序言，做到形成自己的理解，然后检测理解的可靠性，不断完善自己的理解。

最后，请同学们带着宽容之心去读房龙的《宽容》吧！

点评：

陈小荣老师执教的《〈宽容〉序言》一课，教学目标集中，设计精巧。全课旨在教学生如何阅读文章，让学生一课一得，得到了实实在在的学法指导。

第一步，教师并没有先开列几条阅读津梁，然后让学生按图索骥、解读文本，而是从学生一般的阅读习惯出发先让学生阅读课文，谈自己对主题解读的认识或印象。学生对主题的解读有多种，教师对这种阅读的多元性给予了肯定，同时又指出作者设定的主题只有一个，这个主题是什么呢？教师巧妙地设置了悬念，引导学生深入研究。

第二步，由初读转入整体阅读环节，从厘清思路、把握寓言情节发展的脉络入手，体味作者的爱憎情感，概括故事中隐含的观点，揣摩作者的写作意图。

第三步，引导学生精读课文，细读文章的关键语句，搜寻其隐含信息，帮助学生理解文字背后的深意，从而突破阅读的难点，其中，陈老师引导学生解读文中六处"不过"，尤为精彩。为此经纬全篇，凭此抓手，文章主题迅速凸显。接着教师又以潘尤国、杨燕昌的观点相佐证，开阔了学生的视野。

第四步，引导学生文本互读：与原著警句互读，与作者的写作后记互读，与《〈宽容〉译者序》互读，延伸了学生阅读空间，让学生加深了对寓言主题的认知——书又越读越薄了。

第五步，教师把上述学生从实践中总结出来的文章阅读程序，整理成一张"路线图"。这堂课教师从给文章主题提出假说开始，到逐步印证假说结束，强化了新课标所强调的"过程与方法"，让学生享受到掌握方法，揣度文章的快乐。当然，教学中也有瑕疵。例如，创新与守旧的矛盾与宽容有何关系，已如箭在弦，非解决不可，但教师忽略了，但是瑕不掩瑜，这堂课仍不失为一堂颇有特色的好课。

（本课由江西省特级教师王道信点评）

《长亭送别》第二课时

戏曲是一种特殊的文学样式，既可以通过荧屏观赏等形式形象直观地感受，也可以通过文本阅读的形式间接地感受。对学生来说，对以文本的样式呈现在面前的戏曲，最重要的是如何去阅读文本，在这个基础上有条件的再去观赏。基于这样的理念，本课时教学在第一课时的自主阅读（梳理生字词、扫除阅读上的语言障碍、掌握戏曲的基本知识）的基础上，重点引导学生如何有效地进行阅读，掌握方法，为以后的阅读奠定基础。由此，在教学上，针对文本阅读笔者提出四步阅读教学法，即主题初读（形成感性认识）、整体阅读（印证、加深认识）、文本细读（强化巩固认识）、文本互读（形成整体认识）。这四步由易到难、由浅入深，形成了一个整体阅读的思维网络。

（一）主题初读

> 这是一曲关于＿＿＿＿＿＿的赞歌

（对主题的理解可以是多元的，但可以选择一个学生基本认可的主题进行进一步解读）

（二）整体阅读

通读全文，梳理情节结构。（引导学生学会层层概括，为发现文本的亮点做准备）

第一部分：（开头至【叨叨令】）长亭路上的描写，写莺莺为离别而愁苦怨恨的心境。其中，【端正好】一曲，情景交融，深秋景象勾起她的离情别绪。【滚绣球】一曲，主要以途中的景物为线索来抒发离别的怨恨。【叨叨令】以丰富的情态描写，补述莺莺动身前已经产生和未来将要产生的愁绪。

第二部分：（至【朝天子】）长亭饯别的场面，主要写莺莺、张生二人缠绵依恋而又无可奈何的情态、心理，突出莺莺珍重爱情而轻视功名利禄的思想感情。

第三部分：(至【二煞】)临别叮嘱的场面,主要表现莺莺对张生的关心和担心。

第四部分：(至结尾)分手后的场面,描写莺莺目送张生依依难舍的情景和离别后的痛苦。

(三) 文本细读

(以下选了五个角度进行文本细读,考虑课堂时间的限制以及学生阅读水平的高低,选一个到两个进行深入解读)

1.泪光盈盈处的离愁别恨。(文中有10处写泪,其中8处是写莺莺的)

解读：

(1)一个柔情似水、泪眼蒙眬的佳丽。这就是她打动我们的地方,就是那双"泪眼"让我们看到了崔莺莺倔强的个性、对爱情的忠贞、叛逆的性格。

(2)在长亭,崔莺莺以"离愁别恨"为菜、以"眼泪"为酒,为张生举行了一场特殊的送别宴。(以"泪光盈盈处的离愁别恨——走进崔莺莺的情感世界"为主题进行探究式的学习,这就叫作"满纸莺莺泪,谁解其中味！")

(3)在长亭送别中,崔莺莺用眼泪为张生编织了一张情网,用眼泪表达了离别的悲愁、对婚姻前途的担忧、对母亲棒打鸳鸯的怨恨以及对世俗观念的愤恨。

2.对人物心理的细腻刻画。

人物心理：

离愁别恨：经历艰难,始能结合,昨夜允婚,今日别离。

忧心忡忡：荒村雨露,野店风霜,无人扶持,最难调护。

惴惴不安：异乡花草,再行栖迟,停妻再娶,忘情负义。

埋怨不满：拆散鸳鸯,催逼上路,此情难诉,此恨谁知。

刻画方法：

直抒胸臆：但得一个并头莲,煞强如状元及第。

借景抒情：晓来谁染霜林醉？总是离人泪。

以情衬景：夕阳古道无人语,禾黍秋风听马嘶。

妙用修辞：典故、比喻、对偶、夸张。

3.《长亭送别》曲词以词采典雅见长,情景交融。试以【端正好】为例,说一说情与景是怎样交融的。

解读：

（1）意象的组合典雅华美。【端正好】一曲，前四句，一句一景，点染了一幅空间广阔、色彩斑斓的图画：蓝天白云，黄花满地，西风凄紧，北雁南飞，霜林染红。

（2）情感的抒发委婉含蓄。前四句以具有深秋时节特征的景物，衬托出莺莺为离别所烦恼的痛苦压抑心情。后两句是莺莺自问自答，在为离别的痛苦而流了一夜眼泪的莺莺心中，经霜的树林是被她的离情感动而变红的。

（3）动词的运用恰到好处。一个"染"字，不但写出了景物色彩的遽然变化，而且沟通了景与情的联系，使得大自然的景物融入凝重的离愁，蒙上一层沉郁忧伤的感情色彩。

4.写"别愁"，使用了"青山""古道""夕阳""烟霭"四种意象，试从知道的诗句中找出有关"愁"的诗句。

青山：两岸青山相送迎，谁知离别情？（林逋《长相思·吴山青》）

古道：千里断肠，关山古道，回首高城似天杳。（赵企《感皇恩·别情》）

夕阳：斜阳外，寒鸦万点，流水绕孤村。（秦观《满庭芳·山抹微云》）

烟霭：念去去，千里烟波，暮霭沉沉楚天阔。（柳永《雨霖铃·寒蝉凄切》）

5.富于文采的戏曲语言——化用或引用诗句。

（1）范仲淹《苏幕遮·怀旧》。

<u>碧云天，黄叶地</u>，秋色连波，波上寒烟翠。山映斜阳天接水，芳草无情，更在斜阳外。

黯乡魂，追旅思，夜夜除非，好梦留人睡。明月楼高休独倚，酒入愁肠，化作相思泪。

（【端正好】"碧云天，黄花地"）

（2）王安石《桂枝香·金陵怀古》。

登临送目，正故国晚秋，天气初肃。千里澄江似练，翠峰如簇。归帆去棹残阳里，背西风，酒旗斜矗。彩舟云淡，星河鹭起，画图难足。

念往昔，繁华竞逐，叹门外楼头，悲恨相续。千古凭高对此，谩嗟荣辱。六朝旧事随流水，但寒烟、衰草凝绿。至今商女，时时犹唱，后庭遗曲。

（【脱布衫】"染寒烟衰草萎迷"）

（3）夏竦《鹧鸪天·其二》。

镇日无心扫黛眉。临行愁见理征衣。尊前只恐伤郎意，阁泪汪汪不敢垂。
停宝马，捧瑶卮。相斟相劝忍分离。不如饮待奴先醉，图得不知郎去时。

（【小梁州】"我见他阁泪汪汪不敢垂，恐怕人知"）

（4）苏轼《满庭芳·蜗角虚名》。

蜗角虚名，蝇头微利，算来著甚干忙。事皆前定，谁弱又谁强。且趁闲身未老，尽放我、些子疏狂。百年里，浑教是醉，三万六千场。

思量。能几许，忧愁风雨，一半相妨。又何须，抵死说短论长。幸对清风皓月，苔茵展、云幕高张。江南好，千钟美酒，一曲《满庭芳》。

（【朝天子】"蜗角虚名，蝇头微利"）

（5）萧衍《东飞伯劳歌》。

东飞伯劳西飞燕，黄姑织女时相见。
谁家女儿对门居，开颜发艳照里闾。
南窗北牖挂明光，罗帷绮帐脂粉香。
女儿年几十五六，窈窕无双颜如玉。
三春已暮花从风，空留可怜与谁同。

（【耍孩儿】"伯劳东去燕西飞，未登程先问归期"）

（6）柳永《诉衷情近·雨晴气爽》。

雨晴气爽，伫立江楼望处。澄明远水生光，重叠暮山耸翠。遥认断桥幽径，隐隐渔村，向晚孤烟起。

残阳里。脉脉朱阑静倚。黯然情绪，未饮先如醉。愁无际。暮云过了，秋光老尽，故人千里。竟日空凝睇。

（【耍孩儿】"未饮心先醉，眼中流血，心内成灰"）

（7）秦观《鹧鸪天·枝上流莺和泪闻》。

枝上流莺和泪闻，新啼痕间旧啼痕。一春鱼鸟无消息，千里关山劳梦魂。
无一语，对芳尊，安排肠断到黄昏。甫能炙得灯儿了，雨打梨花深闭门。

101

(【二煞】"一春鱼雁无消息")

（四）文本互读

以下选了三个角度进行对比阅读，同样依据学生的特殊性，有选择性地进行。

1. 从抒情主体的角度，对比阅读柳永的《雨霖铃·寒蝉凄切》、李清照的《一剪梅》和王实甫的《长亭送别》，说说自己的感受。

雨霖铃·寒蝉凄切
[宋] 柳永

寒蝉凄切，对长亭晚，骤雨初歇。都门帐饮无绪，留恋处，兰舟催发。执手相看泪眼，竟无语凝噎。念去去，千里烟波，暮霭沉沉楚天阔。

多情自古伤离别，更那堪，冷落清秋节！今宵酒醒何处？杨柳岸，晓风残月。此去经年，应是良辰好景虚设。便纵有千种风情，更与何人说？

一剪梅
[宋] 李清照

红藕香残玉簟秋，轻解罗裳，独上兰舟。云中谁寄锦书来？雁字回时，月满西楼。

花自飘零水自流。一种相思，两处闲愁。此情无计可消除。才下眉头，却上心头。

2. 《长亭送别》中的"遍人间烦恼填胸臆，量这大小车儿如何载得起"，李煜《虞美人》中的"问君能有几多愁，恰似一江春水向东流"，秦观《江城子·西城杨柳弄春柔》中"便做春江都是泪，流不尽，许多愁"，李清照《武陵春》中"只恐双溪舴艋舟，载不动许多愁"，对它们进行比较分析。

解读：将抽象的感情化为具体的物象，饶有新意，各具特色。李煜将愁变成了水，秦观又将愁变成随水而流的东西，李清照又将愁搬上了船，王实甫则把愁装在了车上。都很自然贴切，不着痕迹，且意境完整。

（五）阅读小结（略）

《囚绿记》

（一）教材及学情分析

《囚绿记》是人教版高中语文必修2第一单元的第三篇课文，要求学生自读。这一单元的内容是写景状物散文的学习，与必修1第三单元的写人记事散文形成一个散文鉴赏的整体。课标对散文阅读与鉴赏的要求有两点：一是培养鉴赏散文作品的浓厚兴趣，丰富自己的情感世界，养成健康高尚的审美情趣，提高文学修养。二是学习鉴赏散文的基本方法，初步把握中外散文各自的艺术特性，注意从不同角度和层面发现作品意蕴，不断获得新的阅读体验。根据教材的这一特点及课标的要求，为了用好教材，从而构建散文阅读的图式，就必须让学生掌握此类散文鉴赏的基本途径和方法。而学生经历了必修1的学习，在散文的鉴赏上已积累了初步的经验，但还有待于继续巩固和提升，除注重感受和体验外，尤其是在学法上要能逐步从感性阅读上升到理性阅读，为今后的散文阅读打好基础。

（二）教学目标

知识与能力。掌握写景状物散文的基本特征及主要表现手法，掌握其艺术特性；进一步掌握散文阅读鉴赏的方法，培养整体阅读和文本细读的能力；培养写作此类散文的能力。

过程与方法。多角度理解作品的主题；引导学生圈点批注；引导学生对学过的散文进行归类整理，提高学生整合资料的能力；自主阅读与合作探究结合。

情感态度、价值观。引导学生在细读文本中获得审美的享受，培养敢于审视自己、反思自我的勇气。

（三）教学重难点

引导学生学会整体阅读、厘清思路，这是散文鉴赏的必经之路，也是解读写景状物散文的最重要的路径；教会学生圈点批注的方法，培养自我阅读的能力；引导学生对文本进行质疑探究及多元解读；和高中语文必修1的写人记事散文结合，有意识地引导学生构建散文的阅读模式，充分地发挥好教材的示范作用。

（四）教学过程

1. 导入。

设计意图：从日常生活的细节出发，引发学生的联想和想象，并明确该课的学习内容。

前些天我陪四岁的儿子到青山湖公园去玩，在湖边的草地上，他突然双手合十跪拜，嘴里还喃喃地说"鸭鸭，我想你，祝你平安"。起因是儿子在夏天养了一只小鸭子，可惜没过多久就死了。我为小孩的天真与单纯感动良久。在我们的记忆里肯定也有过"囚物"的经历，只是我们没有去唤醒它、记录它。作家陆蠡就把自己的这样一段经历写了出来，而且一写就成了经典，今天就让我们一起走进文本《囚绿记》，走近（作家）作者的情感世界。

2. 主题初读。

（完成课前预习任务）

设计意图：培养学生敢说的能力，学会分享自己的阅读感受和体验，引导学生对文本进行多元解读。

这是一篇关于_____的文章

3. 整体阅读。（厘清思路）

设计意图：掌握某类文本的写作特点，学会解读的基本途径，为写作提供有效的借鉴。

明确：

行动轨迹：寻绿—赏绿—囚绿—放绿—怀绿。

情绪轨迹：喜悦而满足—快活留恋—欢喜愧疚—诚意祝福—怀念憧憬。

4.文本细读。（圈点批注）

设计意图：学会深入阅读的方法，培养自我阅读的能力，学会设疑与释疑。

圈点批注示例：

（1）圈点:(第5段)绿色是多宝贵的啊！它是生命，它是希望，它是慰安，它是快乐。我怀念着绿色把我的心等焦了。我欢喜看水白，我欢喜看草绿。我疲累于灰暗的都市的天空和黄漠的平原，我怀念着绿色，如同涸辙的鱼盼等着雨水！我急不暇择的心情即使一枝之绿也视同至宝。

批注：直接倾诉对绿的热爱和渴盼，表现出作者对当时北方都市沉闷环境的厌倦和不满。这里的环境既指自然环境，也可以指当时的社会。

（2）圈点:（第8段）我拿绿色来装饰我这简陋的房间，装饰我过于抑郁的心情。我要借绿色来比喻葱茏的爱和幸福，我要借绿色来比喻猗郁的年华。我囚住这绿色如同幽囚一只小鸟，要它为我作无声的歌唱。

批注：直接表达"绿"的多义和象征。一方面表达作者喜爱绿色就像喜爱生命，绿色在作者心中就是生命中一切美好事物的象征；同时也为自己"囚绿"交代原因。

（3）圈点:(第10段)植物是多固执啊！它不了解我对它的爱抚，我对它的善意。我为了这永远向着阳光生长的植物不快，因为它损害了我的自尊心。

批注：责怪常春藤，表达对绿的自省的心理活动，对绿的认识逐渐起了变化，但仍然不肯彻底改变自己的决定，很能反映作者对绿爱得"执着"。

（4）圈点:(第11段)它渐渐失去了青苍的颜色，变成柔绿，变成嫩黄，枝条变成细瘦，变成娇弱，好像病了的孩子。

批注：细致逼真，观察仔细。把绿比作病了的孩子，使本文的主题更加丰富—暗示当时华北地区人民面临日本帝国主义侵略的悲惨命运。

（5）圈点:(第13段)卢沟桥事件发生了。……临行时我珍重地开释了这永不屈服于黑暗的囚人。

批注：交代"囚绿"的时代背景，象征作者和广大人民坚贞不屈的民族气节。

（6）圈点:(第14段)离开北平一年了。我怀念我的圆窗和绿友。有一天，得重和它们见面的时候，会和我面生吗？

批注：两者的关系变了，由主宰者和被支配者的关系，化为朋友关系。同时也隐含了作者对沦陷于敌人手中的土地和人民的深情怀念，也可以表达对抗日战争的思考。

5. 文本互读。

设计意图：培养学生纵向解读文本及质疑探究的能力，印证多元解读的合理性并掌握解读途径。

（1）走近作家。

陆蠡（1908—1942），不仅是我国现代著名的散文家，而且是宁死不屈的抗日烈士。原名陆考原，学名陆圣泉。陆蠡是他的笔名。1937年8月，吴朗西、巴金分别去重庆、广州等建分社，上海文化生活出版社便由陆蠡负责。几年中，在敌机轰炸中出版的书籍竟达数百种，还有十几种丛书。期刊《少年读物》因有抗日内容被强令停刊，他又先后主编了《少年读物小丛书》和《少年科学》。1942年4月，陆蠡发往西南的抗日书籍在金华被扣，日本宪兵队追踪到上海，查封了书店，没收了所有《文学丛刊》。陆蠡不顾胞妹的劝阻，亲自去巡捕房交涉，便遭关押。后被押解到汪伪政府所在的南京审讯，敌宪问："你赞成南京政府吗？"陆蠡说："不赞成！"敌人又问："日本人能否征服中国？"回答依然是："绝不可能！"7月21日临刑时，他年仅34岁。

明确：印证课文"这永不屈服于黑暗的囚人"，写绿就是写自己，借绿来抒发自己对自由和光明的执着。释疑课本中关于作者生平的注释"1908—1942"，并暗示该文主题的多样性。

（2）朱自清的《荷塘月色》在描写景物（第4~6段）时流露的情绪是淡淡的，如月色一样轻柔；而陆蠡在《囚绿记》中甚至不惜大量地直接抒情（如第5、8段），试探究这样写的目的。

明确：

①特定社会环境下，表达技巧上的选择是为了更好地为主题服务。

②作者的性格特征。

"生命纯真，节奏美好，陆蠡的成就得力于他的璞石一般的心灵。"——李

健吾

（3）在整体阅读中我们梳理出两条线索，一是行动轨迹，二是对应的情绪轨迹。文章的标题是《囚绿记》，主体是"我"，客体是"常春藤"。而文章主题的对象是"绿"，如果把行动轨迹换成"绿被发现—绿被观赏—绿被囚—绿被放—绿被怀"好像更能突出对绿的描写和赞美，但作者却没有这样处理，试做探究。

明确：

①"我"和"绿"有共同的遭遇，课本的开头有较多的环境描写，一是说明作者的生存境况，二是暗示"绿"的生存环境。"我"和"绿"是一个共同体。

②"囚绿"的原因实质上可以归结为"我"内心的"魔念"（第11段"魔念在我心中生长了"），暗示日本侵略中国也是"魔念"在作祟，这样一来，就能更深刻地表达主题。

（4）"美在一个特定的时间、地点、角度、心境下才能完美呈现。"试结合日本作家川端康成的《花未眠》，谈谈自己读《囚绿记》的感受和认识。

明确：引导学生立足文本自身的要素，从审美的角度解读。

《囚绿记》：①作者是孤独而陌生的，"门虽是常开着，可没人来打扰我，因为在这古城中我是孤独而陌生"。孤独是美的伴侣，一个人静观时，最有可能发现美、感受美。②他欣赏绿藤，不是走在外面，而是透过一个小圆洞，这个特殊的角度使得绿藤朦胧美丽。③发现美还有一个重要的前提，就是人必须是一个内心安静、敏感的人。陆蠡就是这样一个人。"我望着这小圆洞，绿叶和我对语。我了解自然无声的语言，正如它了解我的语言一样。"

《花未眠》：作者因一次偶然的机会住在北海的旅馆，在一个陌生的地方，在凌晨四点，一个安静的时间，发现了海棠花的美，并由一朵花引发了那么多人生感叹。

6. 阅读小结。

设计意图：让学生根据上述课堂的实际教学，小结课堂上学到的方法，转化成属于自己的阅读能力从而为迁移阅读积累经验。

学生自主归纳：明确写景状物散文的特点，掌握阅读此类散文的方法和途径，借鉴写作方法。

7. 作业。

设计意图：和"导入"呼应，通过写作模仿，达成阅读写作整体教学的目的。写自己记忆中的一次"囚物"经历。

（五）教学反思

在散文教学中我一向遵循自己的阅读写作整体教学的理念，并不断地修正完善这一教学行为，这堂课也是如此。

第一次接触这篇课文的时候，我觉得很平淡，没有什么值得深味的，也读不出让人特别激动的东西。如果是一节原生态的课，我也许只会考虑两个环节，即整体阅读和文本细读。在整体阅读中，学生应重在沿着《荷塘月色》和《故都的秋》的阅读思路，把两条轨迹即行动轨迹和情绪轨迹弄清楚，然后进入文本细读，重在引导学生圈点批注，因为有前面两篇课文的示范，学生在这一环节中应该是不会陌生的。而事实上在我自己所教的一平行班中，在这一环节的训练中，学生圈点批注得很到位，基本上完成了单元教学的任务。

但我又觉得这篇课文不应该仅停留在这一个层面，在进一步研读相关资料的时候，我突然想起了原先人教版的《花未眠》，想起川端康成深夜里赏花的细节。想到美的发现是要有一定的机缘的，而《囚绿记》的作者似乎也正是因为内心的孤独和特定的居住环境，获得了近距离和绿接近的机缘。由此，文本互读的环节形成了一个重要的话题。这个话题对学生来说有一定的深度和难度，尤其是在阅读《花未眠》时，可能会有较大的障碍，但这是思维的一个引爆点，重要的是让学生去感受写作的另一种可能性，即要写好写景状物散文，没有一定的心境甚至像佛教徒般的虔诚是很难的，由此用好《囚绿记》这篇课文，而不是单纯的教教材的目的之一就达到了。

新课程的一个重要理念是知识的建构。对于这一理念，我的理解是要尽可能地利用教材呈现的体系，对一类文本进行系统的阅读赏析，由此让学生掌握一类文本的特征，如文体的特点、写作的特点等，从而形成整体的能力，为以后的阅读积累经验和方法，培养阅读的成就感。由此，就可将高中语文必修1第三单元的写人记事散文进行整合，梳理整体阅读中的两条线索的意义就在于此。因为散文的阅读和写作最重要的途径都离不开这一点，这样通过不同的篇目，就实现了阅读的构建。

在预设与生成的处理上，也依据文本的特点做了辩证的处理。在主题初读环节中，以学生的生成为主，教师只做点评，稍做引导，即如何有理有据地阐述。第二个环节以教师的预设为主，有助于学生快速完成任务，而且答案也必须相对集中，但学生的生成仍然是重要的，只是引导学生将答案尽可能地往教师的预设上接近，而教师的预设是立足文本的，所以这一环节的生成不会有很大的偏差。第三个环节学生圈点批注以学生的生成为主，因为有了前面文本的示范和训练，学生已初步掌握了圈点批注的方法，只是借《囚绿记》来巩固和提高自己的能力，而且在这个环节中将有大部分的学生参与进来。第四个环节的设计以教师的预设为主，这一环节是基于学生对上述问题的处理上的进一步的推进和整合，从而训练学生更高层次的阅读能力。预设的问题不一定要全部、透彻地处理，重要的是给学生如何深入阅读的指引，依学生的实际水平能走多远算多远，重阅读感受和体验。第五个环节以学生的生成为主，目的是让学生通过自我总结在这堂课中实际学到的东西，从而转化成自己的方法并形成稳定的能力。一堂课是否有效、高效最重要的是看学生实际学到了多少，而不是老师教了多少。正是基于这样的课堂教学理念，我希望通过学生的自我总结，反馈课堂的实际教学效果。第六个环节的设计和"导入"呼应，目的是实践自己的阅读写作整体教学的思想。在"导入"中，我的目的就是更好地唤醒学生心灵深处的故事，通过文本的学习，拓宽学生的写作视野，从而达成读写能力的互相迁移。

《故都的秋》

（一）教材分析

《故都的秋》是高中语文必修上册第七单元的一篇课文，属抒情散文。该单元教学的重点是品味散文语言，整体把握散文思想内容和艺术形式。鉴赏《故都的秋》是在此前所学鉴赏散文方法上的扩展和加深，这篇课文是一篇重点篇目，它对必须上册散文的教学有着引领、示范的作用。对它进行学习和探究，可以帮助学生在散文的鉴赏和写作上打下一个良好的基础。

（二）教学目标

知识与能力。感知文章内容，厘清文章思路，把握首尾照应、逐层推进的写作方法。体会本文寓情于景、情景交融的写作特点。

过程与方法。培养学生的审美能力，重情感的体验和审美情趣的养成。提高学生对散文的语言鉴赏能力，以及选择某个角度对文本进行解读。

情感态度、价值观。体会作者渗透在文本中的情感，思考今天的我们对此应该持有怎样的认知态度，学会多元解读。

（三）教学重难点

阅读散文的过程就是提高审美的过程及对新课标的多元解读过程，本篇课文的教学重点有两个：一是引导学生品味《故都的秋》，二是探究《故都的秋》的历史文化意义。

鉴于本文写作的年代相对久远，作者的思想感情较难把握，本篇课文的教学难点有两个：一是如何寻找文本解读的角度及学会文本互证；二是理解此文的丰富内涵。

（四）教学过程

导入：解析标题，学生阅读第1段，补充标题为"（饱尝）故都的秋（味）"，由此做出以下解读：

（1）"故都"蕴含历史文化，"故都的秋"就是北京历史文化的缩影。

（2）作者是"欣赏者"和"表现者"。

1.品一品"故都的秋味"。（完成对北京文化的"欣赏者"和"表现者"的解读）

（1）在历史古迹中欣赏。

（2）在普通百姓的日常生活中欣赏：在悠闲自如落寞的意境中"看—听—细数—静对—闲扯"。

（3）更深的审美体验：北国的槐树（深沉）。

（4）欣赏秋蝉。

（5）欣赏秋雨。

（6）北京人。

（7）境界的拓展：果树和世界文人笔下的异同。

2.对历史文化的礼赞和追寻。（对"深沉"的探究，文本互证）

互证1：

《北平的四季》对秋的补充。

我曾在北平过过一个秋，在那时候，已经写过一篇《故都的秋》，对这北平的秋季颂赞过了一道了，所以在这里不想再来重复；可是北平近郊的秋色，实在也正像是一册百读不厌的奇书，使你愈翻愈会感到兴趣。

……春秋两季，本来是到处都好的，但是北方的秋空，看起来似乎更高一点，北方的空气吸起来似乎更干燥健全一点。而那一种草木摇落、金风肃杀之感，在北方似乎也更觉得要严肃、凄凉、沉静得多。你若不信，你且去西山脚下，农民的家里或古寺的殿前，自阴历八月至十月下旬，去住它三个月看看。

古人的"悲哉，秋之为气"以及"胡笳互动，牧马悲鸣"的那种哀感，在南方是不大感觉得到的，但在北平，尤其是在郊外，你真会得感至极而涕零，思千里兮命驾。所以我说，北平的秋，才是真正的秋；南方的秋天，不过是英国话里所说的 Indian Summer 或叫作小春天气而已。

……

五六百年来文化所聚萃的北平，一年四季无一月不好的北平，我在遥忆，我也在深祝，祝她的平安进展，永久地为我们黄帝子孙所保佑的旧都城！

一九三六年五月廿七日

互证2：

历史文化溯源。

得白居易的《长恨歌》"上穷碧落下黄泉"的高远精致天色。⟵⟶"你也能看得到很高很高的碧绿的天色。"

杜牧的《七夕》："天阶夜色凉如水，卧看牵牛织女星。"⟵⟶"静对着像喇叭似的牵牛花（朝荣）的蓝朵。"

柳永的《雨霖铃·寒蝉凄切》："寒蝉凄切，对长亭晚"⟷"秋蝉的衰弱的蝉声。"

秋瑾的"秋风秋雨愁煞人。"⟷"一层秋雨一层凉。"

马致远的《秋思》："枯藤老树昏鸦，小桥流水人家，古道西风瘦马。"⟷"在雨后的斜桥影里，上桥头树底去一立。"

互证3：

《苏州烟雨记》："我觉得苏州城，竟还是一个浪漫的古都，街上的石块，和人家的建筑，处处的环桥河水和狭小的街衢，没有一件不在那里夸示过去的中国民族的悠悠的态度。这一种美，若硬要用近代语来表现的时候，我想没有比'颓废美'的三字更恰当的了。"——对历史和文化的膜拜，将景物审美化、诗意化，引出"深沉、悠远"的感触。

《故都的秋》："大约也就在这些深沉的地方""尤其是诗人，都带着很浓厚的颓废色彩""对于秋，总是一样的能特别引起深沉，幽远，严厉，萧索的感触来的"。

3.对文本的历史辩证解读。（多元的途径与思辨）

问题的提出：

文末标注为"1934年8月，在北平"。

传统的解读：

"深挚的爱国主义精神的体现。"

文本证据：

（1）第2段"混混沌沌地过去"。

（2）第4段"古人所说的梧桐一叶而天下知秋的遥想，大约也就在这些深沉的地方"。

（3）倒数第3段"足见有感觉的动物，有情趣的人类……可是这秋的深味，尤其是中国的秋的深味，非要在北方，才能感受得到底"。

（4）结尾"秋天，这北国的秋天，若留得住的话，我愿意把寿命的三分之二折去，换得一个三分之一的零头"。

互证材料：

（1）《北平的四季》：古人的"悲哉秋之为气"以及"胡笳互动，牧马悲鸣"的那一种哀感，在南方是不大感觉得到的，但在北平，尤其是在郊外，你真会得感至极而涕零，思千里兮命驾。

（2）作者1934年前后的思想波动：①旧诗作："烽火满天殍满地，儒生何处可逃秦？"②1933年8月的日记："近来生活为左右所夹，颇觉烦闷，精神躯体，都不能自由，创作生活怕将从此告终矣。""终不能动笔，当决计离开杭州。"

（3）艾青凛然悲壮的《北方》：我爱这悲哀的国土，/它的广大而贫瘠的土地/带给我们以淳朴的言语/与宽阔的姿态，/我相信这言语与姿态，坚强地生活在大地上/永远不会灭亡；/我爱这悲哀的国土，/古老的国土/——这国土/养育了为我所爱的/世界上最艰苦/与最古老的种族。

钱理群的观点：

形成"秋味""充满了深远的忧虑和孤独者冷落之感"的误差在于：①思维定式；②线性逻辑推理：时代的苦闷—作家必定陷于单一的绝对苦闷中—其作品必定是充满了绝对的苦闷—作者是爱国知识分子—在特定的时代氛围中其作品必定弥漫爱国主义。

总结：阅读的起点从文本开始，逐字逐句阅读，琢磨品味，并获得审美感受。

基于高考评价体系的深度学习探索

——以《祝福》教学为例

笔者在《整体教学视域下高中语文三重课堂模式的构建与实践研究》一文中提出了高中语文高效、建构和发展的三重课堂样态，其中第二重课堂——建构课堂提出以"高阶学习"为思维导向，聚焦学科核心素养，在课堂中进行深度对话的学习，由此建构新形态的课堂教学。2021年江西开始进入"新高考"模式，同时高一年级开始使用统编高中语文教材，深度学习作为一种学习方式，是有效达成"三新"（新高考、新课程和新教材）效果最大化的重要学习方式。现以《祝福》（统编高中语文教材必修下册）为例，谈谈深度学习在文学类文本阅读教学中的实施。

什么是深度学习？其品质是什么？郑东辉在《促进深度学习的课堂评价：内涵与路径》一文中提出，深度学习应该是这样一种样态：学生运用各种高阶思维去解决具有挑战性的学习任务，经历有意义的学习过程，进而掌握学科核心知识及思维方式，构建具有迁移意义的知识图谱，发展具有批判性与创造性的学习品质。深度学习体现了三个方面的"深度"：一是认知的深度，不是简单的识记，而是需要运用高阶思维；二是参与的深度，积极主动地参与学习，而不是被动为之；三是结果的深度，通过学习达至理解、迁移以及发展批判性与创造性思维。显然，思维是深度学习的重要评价依据。钟启泉教授在《深度学习》一书中提出，"深度学习"是指"学习者能动地参与教学的总称"，亦即"通过学习者能动地学习，旨在培育囊括认知性、伦理性、社会性能力，以及教养、知识、体验在内的通用能力。因此，发现学习、问题解决学习、体验学习、调查学习等，均属深度学习的范畴"。

从新高考评价体系出发，李勇等在《高考评价体系的基本内涵与主要特征》一文中提出，"一核四层四翼"体系是我们日常教学中利用深度学习推进课堂高质量发展的应然选择。其中"一核"的立德树人、服务选才、引导教学，既要实现"教""考"融合，也要强调价值的选择，据此深度学习就体现为价值维度上立德树人的深度自觉。"四层"中的"必备知识"是作为深度学习的知识切入口，解决的是从哪里学；"关键能力"是深度学习过程中的思维要求；"学科素养"是深度学习在学习掌握、实践探索层面的要求；"核心价值"是深度学习价值维度的表征，呈现为政治立场、世界观和道德品质的塑造。"四翼"中的"基础性"体现为要抓住问题情境的典型性；"综合性"要求深度学习以复杂问题情境作为载体，注重学习的关联；"应用性"要求深度学习注重学习的迁移；"创新性"要求深度学习过程中体现学生的独立思考、发散思维和逆向思维。

据此，深度学习就可以表述为，在核心价值导向下，从必备知识作为学习的原点，围绕关键能力的培养，立足学科素养，注重学习过程中的综合性以及学习结果的应用性和创新性的一种学习方式。深度学习的各要素见表2-1。

表 2-1　深度学习的各要素分析

一核	四层				四翼			
	必备知识	关键能力	学科素养	核心价值	基础性	综合性	应用性	创新性
立德树人的深度自觉	叙事视角与主题	思维认知	理解掌握	思想观念	典型问题情境	复杂问题情境关联性	学习的迁移	独立思考发散思维逆向思维

下面以《祝福》的教学为例，探讨深度学习的课堂教学实践。

教学活动 1：围绕《祝福》主题绘制人物关系思维导图（如图 2-2 所示）。

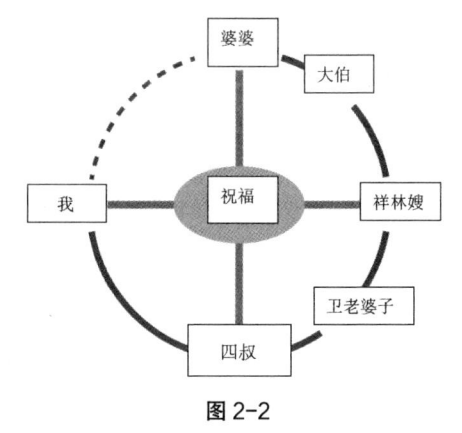

图 2-2

明确："叙事视角"作为小说的必备知识，是理解文本的重要路径，通过引导学生绘制人物关系思维导图，确定不同的叙事视角，从而实现文本主题的多元化解读，培养学生的发散思维。还可以通过对结构图的分析，进一步探究思考"我"和"婆婆"之间存在的关联缺失，以及这一缺失意味着什么。

教学活动 2：细读文本，探究四叔眼中的祥林嫂是什么形象？四叔对祥林嫂印象的思想根源是什么？小说的主题是什么？（见表 2-2）

表 2-2　　细读文本的探究活动

叙事视角	信息获取	推理论证	小说主题
四叔眼中的祥林嫂	细读文本： 1. 四叔皱了皱眉，四婶已经知道了他的意思，是在讨厌她是一个寡妇……便不管…… 2. 四叔一知道，就皱一皱眉，道："这不好。恐怕她是逃出来的。" 3. 四叔虽然照例皱过眉，……只是暗暗地告诫四婶说…… 4. 只有四叔且走且高声的说："不早不迟，偏偏要在这时候，——这可见是一个谬种！"	探究思想根源： 我回到四叔的书房里时，瓦楞上已经雪白，房里也映得较光明，极分明的显出壁上挂着的朱拓的大"壽"字，陈抟老祖写的；一边的对联已经脱落，松松的卷了放在长桌上，一边的还在，道是"事理通达心气和平"。我又无聊赖的到窗下的案头去一翻，只见一堆似乎未必完全的《康熙字典》，一部《近思录集注》和一部《四书衬》。无论如何，我明天决计要走了。	对封建礼教的批判

明确：围绕关键人物进行指定性信息的获取，再对信息进行对比、分析、判断，了解四叔对祥林嫂的稳定情绪和态度，固化认知后再寻求其与文本的关联性。此外，通过四叔书房的布置探究文化对人的影响，得出四叔对祥林嫂态度的思想根源。

教学活动 3：鲁迅创作《祝福》的动机是什么？今天的我们如何对待小说中揭示的社会冲突？

例 1：刘震云《一句顶一万句》。

银瓶除了嘴能说，与人共事，还爱占人便宜。占了便宜正好，不占便宜就觉得吃亏。进一趟集市，买人几棵葱，非拿人两头蒜；买人二尺布，非搭两绺线。夏秋两季，还爱到地里拾庄稼。拾庄稼应到收过庄稼的地亩，但她碰到谁家还没收的庄稼，也顺手牵羊将上两把，塞到裤裆里。从学堂出南门离东家老范的地亩最近，所以将拿老范的庄稼最多。一次老范到后院新盖的牲口棚看牲口，管家老季跟了过来，在驴马之间说："东家，把老汪辞了吧。"老范："为啥？"老季："老汪教书，娃儿们都听不懂。"老范："不懂才教，懂还教个啥？"老季："不为老汪。"老范:"为啥?"老季:"为他老婆,爱偷庄稼,是个贼。"老范挥挥手:"娘们儿家,有啥正性。"又说:"贼就贼吧,我五十顷地,还养不起一个贼?"

这话被喂牲口的老宋听到了。喂牲口的老宋也有一个娃跟着老汪学《论语》,老宋便把这话又学给了老汪。没想到老汪潸然泪下:"啥叫有朋自远方来?这就叫有朋自远方来。"

例2:海子《面朝大海,春暖花开》。

给每一条河每一座山取一个温暖的名字/陌生人,我也为你祝福/愿你有一个灿烂的前程/愿你有情人终成眷属/愿你在尘世获得幸福/我只愿面朝大海,春暖花开。

明确:《祝福》的价值是什么?文本价值——知识与思维,育人价值——情感态度与价值观,用"立德树人"来统领。我们今天读《祝福》,一方面要回到特定历史情境中去思考人物的命运,看见冲突以及冲突带来的种种悲剧;另一方面我们更应该学会去处理类似的冲突,避免现实中的"我们"成为小说中不幸的"他们"。譬如,东家老范的宽容、海子的博爱,都是最好的"祝福"。

笔者认为,深度学习作为一种高投入、高产出的学习方式,可以依托高考评价体系,通过有序地构建语文学科必备知识,充分发展语文学科关键能力,大力提升语文学科核心素养,担当好语文学科核心价值育人的使命,从而培育融合基础性、综合性、应用性和创新性视野的时代新人。

《雷雨》主题多元解读

中国话剧史上,记载了这个日子:1936年5月,中国旅行剧团在上海最著名的卡尔登剧院公演《雷雨》,全场轰动,连演三个月,场场客满。观众连夜排队,甚至有人从外地赶来观看,"从老妪到少女,都在为这群不幸的孩子流泪",茅盾因此有"当年海上惊雷雨"之诗句。2011年2月24日至27日,王延松携上海戏剧学院、上海话剧艺术中心倾力打造的全新解读版(人性化)话剧《雷雨》在国家大剧院上演,这也是该版本在北京的首度演出。

（一）整体阅读

> 这是一出关于_____的戏剧

（二）文本细读

阅读视角：如何解读"周朴园和鲁侍萍的爱情"？

细 读 一

观点材料1：

"我并没有显明地意识着我要匡正讽刺或攻击些什么。也许写到末了，隐隐仿佛有一种情感的汹涌的流来推动我，我在发泄着被抑压的愤懑，毁谤着中国的家庭和社会。"（《雷雨·序》）

文本材料：

周朴园　（看她不走）你不知道这间房子底下人不准随便进来么？

鲁侍萍　（看着他）不知道，老爷。

周朴园　你是新来的下人？

……

周朴园　我问过许多那个时候到过无锡的人，我想打听打听。可是那个时候在无锡的人，到现在不是老了就是死了。活着的多半是不知道的，或者忘了。

鲁侍萍　如若老爷想打听的话，无论什么事，无锡那边我还有认识的人，虽然许久不通音信，托他们打听点事情总还可以的。

周朴园　我派人到无锡打听过。——不过也许凑巧你会知道。三十年前在无锡有一家姓梅的。

鲁侍萍　姓梅的？

周朴园　梅家的一个年轻小姐，很贤慧，也很规矩，有一天夜里，忽然地投水死了。后来，后来，——你知道么？

周朴园　　（喘出一口气，沉思地）侍萍，侍萍，对了。这个女孩子的尸首，说是有一个穷人见着埋了。你可以打听到她的坟在哪儿么？

鲁侍萍　　老爷问这些闲事干什么？

周朴园　　这个人跟我们有点亲戚。

鲁侍萍　　亲戚？

……

鲁侍萍　　嗯，都是很下等的人。她遇人都很不如意，老爷想帮一帮她么？

周朴园　　好，你先下去。让我想一想。

鲁侍萍　　老爷，没有事了？（望着朴园，眼泪要涌出）老爷，您那雨衣，我怎么说？

……

周朴园　　（忽然严厉地）你来干什么？

……

周朴园　　谁指使你来的？

……

周朴园　　你可以冷静点。现在你我都是有子女的人。如果你觉得心里有委屈，这么大年纪，我们先可以不必哭哭啼啼的。

鲁侍萍　　哭？哼，我的眼泪早哭干了，我没有委屈，我有的是恨，是悔，是三十年一天一天我自己受的苦。你大概已经忘了你做的事了！三十年前，过年三十的晚上我生下你的第二个儿子才三天，你为了要赶紧娶那位有钱有门第的小姐，你们逼着我冒着大雪出去，要我离开你们周家的门。

……

周朴园　　我看过去的事不必再提起来吧。

结论：这是一出关于<u>对中国旧家庭的罪恶的批判</u>的戏剧。

细 读 二

观点材料2：

"我写的是一首诗，一首叙事诗……这诗不一定是美丽的，但是必须给读诗的一个不断的新的感觉。这固然有些实际的东西在内（如罢工……等），但决非一个社会问题剧。"（《〈雷雨〉的写作》）

"逗起我的兴趣的，只是一两段情节，几个人物，一种复杂而又原始的情绪。""《雷雨》对我是个诱惑。与《雷雨》俱来的情绪蕴成我对宇宙间许多神秘的事物一种不可言喻的憧憬。《雷雨》可以说是我的'蛮性的遗留'，我如原始的祖先们对那些不可理解的现象睁大了惊奇的眼。""《雷雨》的降生是一种心情在作祟，一种情感的发酵，说它为宇宙一种隐秘的理解乃是狂妄的夸张，但以它代表个人一时性情的趋止，对那些'不可理解的'莫名的爱好，在我个人短短的生命中是显明地划成一道阶段。"（《雷雨·序》）

文本材料：

鲁侍萍	这个梅姑娘倒是有一天晚上跳的河，可是不是一个，她手里抱着一个刚生下三天的男孩。听人说她生前是不规矩的。
周朴园	（苦痛）哦！
鲁侍萍	她是个下等人，不很守本分的。听说她跟那时周公馆的少爷有点不清白，生了两个儿子。生了第二个，才过三天，忽然周少爷不要她了，大孩子就放在周公馆，刚生的孩子她抱在怀里，在年三十夜里投河死的。
周朴园	（汗涔涔地）哦。
……	
周朴园	什么？她就在这儿？此地？
鲁侍萍	嗯，就在此地。
周朴园	哦！
鲁侍萍	老爷，您想见一见她么？
周朴园	不，不，谢谢你。

……

鲁侍萍　　（停一停）我，我要点东西。

周朴园　　什么？说吧？

鲁侍萍　　（泪满眼）我——我只要见见我的萍儿。

结论：这是一出关于<u>生命、对人生的生存状态（挣扎和残酷）及审美形态的独特发现</u>的戏剧。

细 读 三

观点材料3：

"我把《雷雨》做一篇诗看，一部故事读，用'序幕'和'尾声'把一件错综复杂的罪恶推到时间非常辽远的处所。……那'序幕'和'尾声'的纱幕便给了所谓'欣赏的距离'。这样，看戏的人可以处在适中的地位看戏，而不至于使情感或者理解受了惊吓。"

"我诚恳地祈望着看戏的人们也以一种悲悯的眼来俯视这群地上的人们。……升到上帝的座，来怜悯地俯视着这堆在下面蠕动着的生物……"（《雷雨·序》）

文本材料：

鲁侍萍　　不是有一件，在右袖襟上有个烧破的窟窿，后来用丝线绣成一朵梅花补上的？还有一件，——

周朴园　　（惊愕）梅花？

鲁侍萍　　还有一件绸衬衣，左袖襟也绣着一朵梅花，旁边还绣着一个萍字。还有一件——

周朴园　　（徐徐立起）哦，你，你，你是——

鲁侍萍　　我是从前伺候过老爷的下人。

周朴园　　哦，侍萍！（低声）怎么，是你？

……

周朴园　　你静一静。把脑子放清醒点。你不要以为我的心是死了，你以为一个人做了一件于心不忍的事就会忘了么？你看这些家具都是你

	从前顶喜欢的东西，多少年我总是留着，为着纪念你。
鲁侍萍	（低头）哦。
周朴园	你的生日——四月十八——每年我总记得。一切都照着你是正式嫁过周家的人看，甚至于你因为生萍儿，受了病，总要关窗户，这些习惯我都保留着，为的是不忘你，弥补我的罪过。

尾　声

老人	（关心地，向姑乙）她现在怎么样？
姑乙	（轻叹）还是那样！
老人	吃饭还好么？
姑乙	不多。
老人	（指头）她这儿？
姑乙	（摇头）不，还是不认识人。
	（半晌）
姑乙	楼上您的太太，看见了？
老人	（呆滞地）嗯。
姑乙	（鼓励地）这两人，她倒好。
老人	是的。——（指鲁妈）这些天没有人看她么？
姑乙	您说她的儿子，是么？
老人	嗯。一个姓鲁叫大海的。
姑乙	（同情地）没有。可怜，她就是想着儿子。每到节期总在窗前望一晚上。
老人	（叹气，绝望地，自语）我怕，我怕他是死了。
姑乙	（希望地）不会吧？
老人	（摇头）我找了十年了，——没有一点影子。
姑乙	唉，我想她的儿子回家，她一定会明白的。
老人	（走到炉前，低头）侍萍！
	（老妇回头，呆呆地望着他，若不认识，起来，面上无一丝表情，

　　　　　　一时，她走向前窗。
老人　　（低声）侍萍！侍——
姑乙　　（向老人摆手，低声）让她走，不要叫她！
……
老人　　（抬头）什么？外头又下雪了？
姑乙　　（沉静地点头）嗯。
　　　　（老人又望一望立窗前的老妇，转身坐在炉旁的圈椅上，呆呆地望着火，这时姑乙在左边长沙发上坐下，拿了一本《圣经》读着）

结论：这是一出关于<u>激发悲悯的审美情感，从而让激情得以净化、升华与超越的理性审视</u>的戏剧。

潜台词中的密妙
——《雷雨》人物对话赏析

开场词：今天非常高兴有机会和大家共同上一堂课，"有朋自远方来"——大家脱口而出"不亦乐乎"，说明了我们客家人永远的热情。但在作家刘震云的《一句顶一万句》中，主人公塾师老汪却说道，高兴个啥呀。恰恰是圣人伤了心，如果身边有朋友，心里的话都说完了，远道来个人，不是添堵吗？恰恰是身边没朋友，才把这个远道来的人当朋友呢；这个远道来的人，是不是朋友，还两说着呢；只不过借着这话儿，拐着弯骂人罢了。徒儿们都说孔子不是东西。老汪一个人伤心地流下了眼泪。我来自将军县兴国，我们是老乡，"老乡见老乡"——为什么是"两眼泪汪汪"？这些话其实就涉及我们今天上课的内容——潜台词的密妙。曹禺的《雷雨》堪称戏剧潜台词的典范，当年海上惊雷雨，今朝虔城赏台词。

1.环节一：分角色朗读，找到有潜台词的词语或句子。
朗读1：
周朴园　（看她不走）你不知道这间房子底下人不准随便进来么？
鲁侍萍　（看着他）不知道，老爷。

周朴园　你是新来的下人？

鲁侍萍　不是的，我找我的女儿来的。

周朴园　你的女儿？

鲁侍萍　四凤是我的女儿。

周朴园　那你走错屋子了。

鲁侍萍　哦。——老爷没有事了？

周朴园　（指窗）窗户谁叫打开的？

鲁侍萍　哦。（很自然地走到窗户，关上窗户，慢慢地走向中门）

周朴园　（看她关好窗门，忽然觉得她很奇怪）你站一站。（鲁妈停）你——你贵姓？

鲁侍萍　我姓鲁。

周朴园　姓鲁。你的口音不像北方人。

鲁侍萍　对了，我不是，我是江苏的。

朗读2：

周朴园　梅家的一个年轻小姐，很贤慧，也很规矩，有一天夜里，忽然地投水死了，后来，后来，——你知道么？

鲁侍萍　不敢说。

周朴园　哦。

鲁侍萍　我倒认识一个年轻的姑娘姓梅的。

周朴园　哦？你说说看。

鲁侍萍　可是她不是小姐，她也不贤慧，并且听说是不大规矩的。

周朴园　也许，也许你弄错了，不过你不妨说说看。

鲁侍萍　这个梅姑娘倒是有一天晚上跳的河，可是不是一个，她手里抱着一个刚生下三天的男孩。听人说她生前是不规矩的。

周朴园　（苦痛）哦！

鲁侍萍　她是个下等人，不很守本分的。听说她跟那时周公馆的少爷有点不清白，生了两个儿子。生了第二个，才过三天，忽然周少爷不要她了。大孩子就放在周公馆，刚生的孩子抱在怀里，在年三十夜里投河死的。

周朴园　（汗涔涔地）哦。

鲁侍萍　她不是小姐，她是无锡周公馆梅妈的女儿，她叫侍萍。

朗读3：

鲁大海　（向周萍高声）你，你！（正要骂，仆人一起打大海。大海头流血。侍萍哭喊着护大海）

周朴园　（厉声）不要打人！

〔仆人们停止打大海，仍拉住大海的手。

鲁大海　放开我，你们这一群强盗！

周　萍　（向仆人们）把他拉下去！

鲁侍萍　（大哭起来）哦，这真是一群强盗！（走至周萍面前，抽咽）你是萍，——凭，——凭什么打我的儿子？

周　萍　你是谁？

鲁侍萍　我是你的——你打的这个人的妈。

鲁大海　妈，别理这东西，您小心吃了他们的亏。

鲁侍萍　（呆呆地看着周萍的脸，忽而又大哭起来）大海，走吧，我们走吧。（抱着大海受伤的头哭）

明确：通过朗读感受戏剧语言的特点，找出其中的潜台词。第1段侧重旁白中的潜台词（很自然地走到窗户，关上窗户，慢慢地走向中门）。第2段侧重人物的对话，鲁侍萍的"不敢说"和"可是她不是小姐，她也不贤慧，并且听说是不大规矩的"。第3段侧重双关语，"你是萍，——凭，——凭什么打我的儿子？"学生就掌握了潜台词的类型。教师提供戏剧知识学习的支架，帮助学生深入了解潜台词。

2. 环节二：结合语境，推断潜台词的丰富内涵。

剧本中多次出现"哦"字，试揣摩其内涵，完成表2-3。

表 2-3 "哦"字赏析

人物	语境	内涵
鲁侍萍的 9 次"哦"		
周朴园的 14 次"哦"		
鲁大海的 1 次"哦"		

明确：通过对"哦"字的文本细读，体会同一个人物的同一台词因语境不同而有的差异，并且同一台词由不同的人物说出来，效果也会有差异，帮助学生在建构语言素养的同时提升思维能力。

3.环节三：互文解读，领会潜台词的作用。

探究"三十年前"这句话的潜台词指向什么？在剧本中起什么作用？

文本互读：

（1）陈思和：《人性的沉沦与挣扎：〈雷雨〉》（《中国现当代文学名篇十五讲》）。

周朴园是爱梅侍萍的，我认为，他们是真心相爱，爱得刻骨铭心。我们不了解，周朴园在爱上梅侍萍以前是不是还爱过其他人，但在这个戏里所看到的，周朴园第一个爱的女人是梅侍萍，而且他们相爱不是偶然地一夜风流，你们看，他们两个人老是回忆"三十年以前"，刚才我提醒过：三十年前是一个笼统的概念，梅侍萍被赶走是在二十七年以前。可是这个戏从头到底，两个人的回忆，没有一句话是说到二十七年以前怎么怎么，都是说"三十年前在无锡有一件很出名的事情"，"三十年的工夫你还是找到这儿来了"。这是因为他们两个人的意识里面有一个错觉，并不是说三十年比较顺口、记得住，最重要一点，三十年前恰恰是周朴园与梅侍萍相爱的时候，也就是说，周朴园跟鲁妈的爱情是维持了三年，从三十年以前到二十七年以前。因为二十七年前是一个悲惨的时刻，是他们两个人分手的时刻，而在一个人的记忆当中，按弗洛伊德的说法，凡是你不想记忆的东西，你总是会忘记的。所以在他们脑子里出现的话语都是三十年以前，二十七年这个概念是被他们遗忘的。我们可以算一下，他们定情相爱一年多生周萍，这比较正常，生了周萍，又过了一年生鲁大海，刚生下来就出问题了。

(2)曹禺：《雷雨·序》。

我并没有显明地意识着我要匡正讽刺或攻击些什么。也许写到末了，隐隐仿佛有一种情感的汹涌的流来推动我，我在发泄着被抑压的愤懑，毁谤着中国的家庭和社会。

这些注释有的我可以追认——譬如"暴露大家庭的罪恶"。

明确：潜台词的丰富性和表意的不确定性，在人物塑造和主题表达上会带来哪些作用？通过文本互读支架，引导学生提高对人物形象的鉴赏审美能力和多元主题的阅读能力。

课后作业：写一写剧本潜台词，加深对潜台词的认识与学会迁移运用。

情境：2024年6月22日，午饭后，天气更加闷热，空气像凝固似的，让人喘不过气来。

场景1：家中，明华与父亲的台词。

场景2：学校，明华与班主任的台词。

场景3：公园，明华与同桌韩梅的台词。

"义"言难尽
——《鸿门宴》微专题读写整体教学

（一）微主题

探讨《鸿门宴》中的"义"。

（二）教学逻辑

1.《鸿门宴》是统编高中语文教材必修下册第一单元的第三课。本单元的人文主题是"文明之光"，第一课是有关先秦诸子《论语》《孟子》《庄子》思想的解说，引导学生感受先秦诸子的社会理想以及处世姿态；第二课《烛之武退秦师》引导学生思考春秋战国时期的"礼"，"晋侯、秦伯围郑，以其无礼于晋，且贰于楚也"。从"礼"开始。"子犯请击之，公曰：'不可。微夫人之力不及此。

因人之力而敝之,不仁。'"以"礼"结束。这种"礼"给我们什么样的思考?这样就实现了把《鸿门宴》放在单元主题之上的整体思考。

2.《鸿门宴》节选内容出现了两处"义":一是项伯欲呼张良与俱去,张良说"亡去不义";二是项伯对项羽说:"沛公不先破关中,公岂敢入乎?今人有大功而击之,不义也。"将从文本中的两处"义"作为教学的出发点,探讨人物在"义"面前的生命状态,引发学生对"义"的批判性思考。有意思的是,节选部分的《鸿门宴》也是从曹无伤的"不义"——"使人言于项羽……"(背叛沛公)开始,以沛公的不义——"至军,立诛杀曹无伤"(背叛者的下场)结束。这就将前文的教学内容关联了起来。

(三)教学过程

任务1:围绕"义"绘制人物关系图(如图2-3所示)。

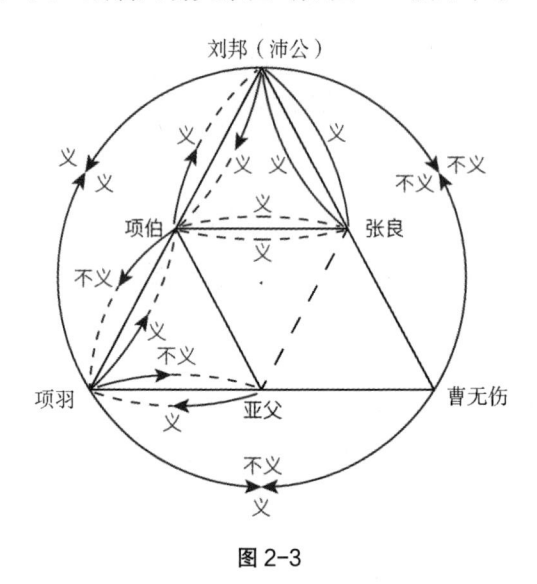

图2-3

任务2:思考《鸿门宴》中的"义"。

(1)沛公、张良和项伯三人组成的最松散的联盟因为"义"变得坚不可摧,而项羽、项伯和亚父三人组成的最为坚固(家族血缘)的联盟因为"不义"危机四伏。

(2)沛公因讲"义"尊重他人,"大智若愚"(①良乃入,具告沛公。沛公大惊,曰："为之奈何？"②曰："固不如也，且为之奈何？"③"今者出，未辞也，为之奈何？"），兼听则明，悦纳他人，成就"王"业。项羽因该讲"义"时不讲"义"，脱口出卖曹无伤，不该讲"义"时又讲"义"，未听从亚父之意杀沛公，同时偏听沛公之言，受其物，至己以"义"（不杀沛公）的尴尬境地，极度孤傲（①项羽大怒，曰："旦日飨士卒，为击破沛公军！"无任何商议。②此沛公左司马曹无伤言之。不然，籍何以至此？③范增数目项王，举所佩玉玦以示之者三，项王默然不应），伤害团队、丧失良机。

（3）同样是见秦始皇这件事，项羽说："彼可取而代之也。"沛公却言："大丈夫生当如此。"不同的话照见了各自的命运。在"义"面前，沛公在"义"与"不义"之间的堪称教科书式的处理值得思考。

（4）思考：新时代青年应该有什么样的"道义观"？

阅读资源：

走出义与利的"纠结困境"

李浩燃

最近，两则社会新闻引发关注。一则是河北涞源羊倌卢伟面对泥石流，冒死"拦火车"，排除了重大安全隐患，自己却损失了21只羊；另一则是广东东莞一位车主冒着倾盆大雨停车，毅然救起跌倒的老人，那句"最多讹我的钱，讹不了我的命"被无数网友点赞。

"大我"面前忘记"小我"之私的见义勇为，生命面前超越道德焦虑的义无反顾，让人如沐春风。与约4万元损失相比，羊倌一开始仅得到铁路部门1万元奖励，引发热议后又获各方面的25万元重奖；车主成功挽救老人生命，得到的是真诚感谢，没有遭遇被讹诈的尴尬。两个故事的结局都很圆满，也促人进一步思考：今天，我们究竟该怎样看待义与利？

"君子喻于义，小人喻于利。"义字当头、重义轻利，可说是中华传统文化的基因赓续至今。然而，在新的时代环境下，也有不少人在利益的潮起潮落中迷失。有的人心中只剩下一个利字，一味见钱眼开，对高尚嗤之以鼻；有的人以个人利益最大化为行事准则，满腹得与失的算计；有的人为了谋取私利，不顾道德公义，甚至击穿底线……

毋庸置疑，这是一个利益早已"去魅"的时代，每个人都有权利、有自由去追求自己的合法利益。多一点理性，做一些权衡，更好地为自己考虑，无可厚非。这也是一个触动利益比触及灵魂还难的时代。诚然，"思想一旦离开利益，就会使自己出丑"，但如果满嘴跑的都是"利益"，难道就有美好的人生？

古人说得好，"君子义以为质""不义而富且贵，于我如浮云"。在义与利的坐标系中，"德"可谓最重要的价值原点。安徽桐城有条"六尺巷"，两户相邻人家最初因宅基地问题起争执，后双方把围墙各退三尺，巷子因故得名。清代的这段故事，至今仍给人启示。对于个体而言，如果摆脱不掉义与利的纠结，不仅容易深陷名缰利锁的泥淖，更难走出一条宽广的未来之路。

义与利并非不可兼得，而是有机统一的。习近平主席强调在国际关系中妥善处理义和利的关系，"我们既要让自己过得好，也要让别人过得好"，国与国相交是这样，人与人相处也是这样。正视义利之异，让好人得到好报、让善行得到传扬，政府有责任，社会也该有担当。例如，激励见义勇为，政府就该理直气壮，给予精神和物质的双重奖励。如果全社会都惩恶扬善、褒奖义行，好人自然也会越来越好当。就像河北羊倌与东莞车主那样，"好人"感动了社会，社会的点赞也更坚定了"好人"信念。

在朝着梦想进发的路上，每个人都离不开价值航标的指引。社会主义核心价值观，是今日中国最明亮的精神指针。有人感叹，核心价值观很高远，"不敢高攀""难以触碰"。其实，将其落细落小落实，就蕴藏在每一个人每一次平凡的义利选择之中。只要葆有一颗崇德向善的心，只要从一言一行开始、自寻常小事做起，何愁不能把核心价值观内化于心、外化于行，又何愁跳不出生活的庸常，看不到人生的远方？

有人说，一个人最大的敌人往往不是别人，而是我们自己。纠正错误观念，拿出实际行动，在义与利的天平上不断增添道义的砝码，我们破除的是困惑纠结愧疚的"心魔"，赢得的是有价值的人生、有希望的社会。

学生作品：

《鸿门宴》中的"义"与"不义"

江西师大附中 2021 级 高一（16）班 赵宜靖

司马迁的《鸿门宴》，从曹无伤告密到刘邦除奸，从项伯夜访到张良留谢，从项庄舞剑到刘邦逃席，本文故事情节可谓是跌宕起伏，而人物之间的义或不义体现得淋漓尽致，这也值得我们好好推敲一番了。

义即公正合宜的道理，也代表着情义，不论是项伯、曹无伤，还是张良，义在他们身上总会有不一样的味道。

项伯，张良的友人，为报救命之恩帮助刘邦化险为夷，这是对友人的义，重情重义；可是项伯还是项羽的叔父，他背叛项羽让他失去了一个杀刘邦的好时机，这是对君的不义，为臣不忠。也许我们会赞许项伯看重朋友间道义，可是这是侠义，是小义，他将朋友间的个人道德凌驾于政治、集体利益之上，是为臣的大不义。但最后他却从侠义中获得了大利，所以就有了阎负、梁殊的"昔微子去殷，项伯归汉，虽背君违亲，前史美其先觉"。项伯最终站在了胜利者的一边，所以先人才有"虽背君违亲"却不得不"美其先觉"。

张良，刘邦的谋士，当项伯私见张良叫他一同离开时，张良拒绝了，且后来张良也没有听从项伯的建议而离开，而是将事情始末告诉了刘邦；在形势再度紧张时，张良私招樊哙保护刘邦，可见张良对刘邦忠心耿耿，是一个极为重义的人。

重义的张良恰与不忠不义的曹无伤形成对比。显而易见，曹无伤见项羽势头更胜一筹就背叛刘邦向项羽告密，引发矛盾，这完全是为了自己的利益。再说项羽，在两军对垒时，项羽不忍弑杀刘邦，这是对敌人的义也是对自己的不义，这也体现了项羽的优柔寡断。

从《鸿门宴》中我们也可以看出，项羽的刚愎自用，极度自信；项伯的为臣不忠；张良的重情重义；刘邦的能屈能伸以及穿插其间的义与不义，无不为刘邦成就霸业推波助澜，否则最后高歌"力拔山兮气盖世，时不利兮骓不逝"的必定会是刘邦。

义能够成就一个人的一生，也能摧毁一个人的精神灯塔。即使生活摇摇欲坠，只要我们重情重义，总有一天它会变得坚不可摧。

《先秦诸子选读》之孟子

（一）对"三"的思考

1.2006 年湖北高考作文题：

在汉语中"三"是个有意味的数词，构成了很多词语，比如"三思而后行""三省吾身""举一反三""三人行必有我师""三个臭皮匠，顶个诸葛亮"，等等。这些词语既是社会生产现象或人生经验的概括，又隐含着一定的文化意蕴和人生哲理。

请根据你对以上词语或你所熟悉的其他带"三"词语（注意"三"在词语中的含义）的联想与感悟，写一篇文章。可以就某一个词语联想思考，也可以把几个词语联想起来思考。

要求：自订立意，自拟标题，自选文体，不少于 800 字。

2000 年全国卷高考作文题：

在一次鼓励创新的报告会上，有位学者出了一道题：

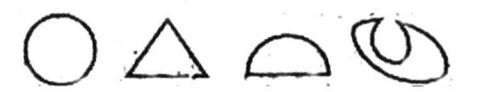

四个图形符号中，哪一个与其他三个类型不同？有人说圆形，因为圆形是唯一没有角的图形；也有人说三角形，它是唯一由直线构成的；又有人说半圆形也正确，它是唯一由直线和曲线组成的；最后有人说，第四个图形也可以，因为它是唯一非对称性的图形。看来，由于标准和角度的不同，这四个图形都可以作为正确答案。

的确，世界是千变万化的，疑问是层出不穷的，答案是丰富多彩的。在生活中，看问题的角度、对问题的理解、解决问题的方法以及问题的答案不止一个的事例很多。你有这样的经历、体验、见闻和认识吗？

请以"答案是丰富多彩的"为话题写一篇文章。

2.诸子之三：孔子"三畏"，老子"三宝"，孟子"三乐"。

（1）关于孔子的"三畏"。

孔子曰："君子有三戒：少之时，血气未定，戒之在色；及其壮也，血气方刚，戒之在斗；及其老也，血气既衰，戒之在得。"（《论语·季氏》）

【译文】

孔子说："君子有三种事情应引以为戒：年少的时候，血气还不成熟，要戒除对女色的迷恋；等到身体成熟了，血气方刚，要戒除与人争斗；等到老年，血气已经衰弱了，要戒除贪得无厌。"

孔子曰："君子有三畏：畏天命，畏大人，畏圣人之言。小人不知天命而不畏也，狎大人，侮圣人之言。"（《论语·季氏》）

【译文】

孔子说："君子有三件敬畏的事情：敬畏天命，敬畏地位高贵的人，敬畏圣人的话，小人不懂得天命，因而也不敬畏，不尊重地位高贵的人，轻侮圣人之言。"

（2）关于老子的"三宝"。

我有三宝，持而保之：一曰慈，二曰俭，三曰不敢为天下先。慈故能勇，俭故能广；不敢为天下先，故能成器长。今舍慈且勇，舍俭且广，舍后且先，死矣。夫慈，以战则胜，以守则固。天将救之，以慈卫之。（《道德经》第六十七章）

【译文】

我有三件执守而珍视的法宝：第一件叫作慈爱，第二件叫作俭啬，第三件叫不敢为天下先。有了慈爱，所以能勇武；有了俭啬，所以能大方；不敢居于天下人之先，所以能成为万物的首长。现在丢弃了慈爱而追求勇武；丢弃了俭啬而追求大方；舍弃退让而求争先，结果是走向死亡。慈爱，用来征战就能够胜利，用来守卫就能巩固。天要援助谁，就用慈爱来保护他。

（3）关于孟子的"三乐"。

2011年江西卷高考作文题：

孟子曰："君子有三乐……父母俱存，兄弟无故（灾患），一乐也；仰不愧于天，俯不怍（惭愧）于人，二乐也；得天下英才而教育之，三乐也。"（《孟子·尽心下》）

孟子认为君子有"三乐",其实,这也应当成为我们今天崇尚的人生之乐。请选择"三乐"中的一乐作文。

要求:(1)写议论文或记叙文;(2)题目自拟;(3)不少于700字;(4)不得抄袭,不得套作。

(二)孟子"浩然之气"的三重解读

解读1:浩然之气与揠苗助长。

"敢问夫子恶乎长?"

曰:"我知言,我善养吾浩然之气。"

"敢问何谓浩然之气?"

曰:"难言也。其为气也,至大至刚,以直养而无害,则塞于天地之间。其为气也,配义与道;无是,馁也。是集义所生者,非义袭而取之也。行有不慊于心,则馁矣。我故曰,告子未尝知义,以其外之也。必有事焉,而勿正,心勿忘,勿助长也。无若宋人然:宋人有闵其苗之不长而揠之者,芒芒然归,谓其人曰:'今日病矣!予助苗长矣!'其子趋而往视之,苗则槁矣。天下之不助苗长者寡矣。以为无益而舍之者,不耘苗者也;助之长者,揠苗者也非徒无益,而又害之。"(《孟子·公孙丑上》)

【译文】

公孙丑说:"请问老师您长于哪一方面呢?"

孟子说:"我善于分析别人的言语,我善于培养自己的浩然之气。"

公孙丑说:"请问什么叫浩然之气呢?"

孟子说:"这很难用一两句话说清楚。这种气,极端浩大,极端有力量,用正直去培养它而不加以伤害,就会充塞天地之间。不过,这种气必须与仁义道德相配,否则就会缺乏力量。而且,必须有经常性的仁义道德蓄养才能生成,而不是靠偶尔的正义行为就能获取。一旦你的行为问心有愧,这种气就会缺乏力量。所以我说,告子不懂得义,因为他把义看成心外的东西。我们一定要不断地培养义,心中不要忘记,但也不要一厢情愿地去帮助它生长。不要像宋人一样:宋国有个人嫌他种的禾苗老是长不高,于是到地里去用手把它们一株一株地拔高,累得气喘吁吁地回家，对他家里人说：'今天可真把我累坏啦！不过，我总算让禾苗一下子就长高了！'他的儿子跑到地里一看，禾苗已全部死了。天下人不犯这种拔苗助长错误的是很少的。认为养护庄稼没有用处而不去管它们的，是只种庄稼不除草的懒汉；一厢情愿地去帮助庄稼生长的，就是这种拔苗助长的人——不仅没有益处，反而害死了庄稼。"

解读2：浩然之气与大丈夫。

景春曰："公孙衍、张仪岂不诚大丈夫哉？一怒而诸侯惧，安居而天下熄。"

孟子曰："是焉得为大丈夫乎？子未学礼乎？丈夫之冠也，父命之。女子之嫁也，母命之，往送之门，戒之曰：'往之女家，必敬必戒，无违夫子！'以顺为正者，妾妇之道也。居天下之广居，立天下之正位，行天下之大道；得志，与民由之；不得志，独行其道；富贵不能淫，贫贱不能移，威武不能屈，此之谓大丈夫。"（《孟子·滕文公下》）

【译文】

景春说："公孙衍、张仪难道不是真正的大丈夫吗？他们一发怒，连诸侯都害怕，他们安定下来，天下就太平无事。"

孟子说："这哪里能算是大丈夫呢？你没有学过礼吗？男子行加冠礼时，父亲给予训导；女子出嫁时，母亲给予训导，送她到门口，告诫她说：'到了你丈夫的家里，一定要恭敬，一定要谨慎，不要违背丈夫！'以顺从为做人原则，是妾妇之道。居住在天下最宽广的住宅'仁'里，站立在天下最正确的位置'礼'上，行走在天下最宽广的道路'义'上。得志的时候，就同人民一起走这条正道；不得志时，就独自行走在这条正道上。富贵不能使他的思想迷惑，贫贱不能使他的操守动摇，威武不能使他的意志屈服，这才叫作大丈夫。"

解读："富贵不能淫"的内容是孟子就景春关于大丈夫错误言论的批驳。

我们首先来看文章批驳的"靶子"，即景春的观点。

景春认为公孙衍、张仪之流是大丈夫，为此，他用反问句向孟子询问说："公孙衍、张仪岂不诚大丈夫哉？"公孙衍和张仪难道不是真正的大丈夫吗？言外之意就是说，公孙衍和张仪是真正的大丈夫。景春提出这个观点的依据是公孙衍、张仪能够左右诸侯，"一怒而诸侯惧，安居而天下熄"，他们发起怒来，诸侯们都会害怕，安静下来，天下就会平安无事，他们威风八面，权倾天下，能够左右时局。

针对景春的"论点"和"论据"，孟子先破后立，先批驳景春的错误观点，再阐述什么是真正的大丈夫。

首先，孟子针锋相对地用了一个反问句："是焉得为大丈夫乎？"这个怎么能够叫大丈夫呢？对景春的观点给予直接的否定。

其次，孟子进行了分析，回答了"公孙衍、张仪之流"为什么不能称为大丈夫。

孟子的说法含蓄而幽默，只是通过言"礼"来说明女子出嫁时母亲的嘱咐，由此得出"以顺为正者，妾妇之道也"。这里值得我们注意的是，古人认为，妻道如臣道。臣对于君，当然也应该顺从，但顺从的原则是以正义为标准，如果君行不义，臣就应该劝谏。妻子对丈夫也是这样，妻子固然应当顺从丈夫，但是，夫君有过，妻也应当劝说补正。应该是"和而不同"。

孟子的挖苦是深刻而尖锐的，对公孙衍、张仪之流可以说是深恶痛绝了。遗憾的是，虽然孟子对这种"以顺为正"的妾妇之道已如此痛恨，但两千多年来，这样的"妾妇"却一直生生不已，层出不穷。时至今日，一夫一妻已受法律保护，"妾妇"难存，但"妾妇说"却未必不存。

孟子的办法是针锋相对地提出真正的大丈夫之道。这就是他那流传千古的名言："富贵不能淫，贫贱不能移，威武不能屈。"怎样做到？那就得"居天下之广居，立天下之正位，行天下之大道"。还是要回到儒学一贯倡导的仁义礼智上去。这样做了以后，再抱有"得志，与民由之；不得志，独行其道"的立身处世态度，也就是孔子所谓"用之则行，舍之则藏"或孟子在另外的地方所说的"穷则独善其身，达则兼善天下"，那就能够成为真正的堂堂正正的大丈夫了。

文本互读1：苏轼的舍与行。

沁园春·赴密州，早行，马上寄子由

[宋] 苏轼

孤馆灯青，野店鸡号，旅枕梦残。渐月华收练，晨霜耿耿；云山

摘锦，朝露漙漙。世路无穷，劳生有限，似此区区长鲜欢。微吟罢，凭征鞍无语，往事千端。

当时共客长安，似二陆初来俱少年。有笔头千字，胸中万卷；致君尧舜，此事何难。用舍由时，行藏在我，袖手何妨闲处看。身长健，但优游卒岁，且斗尊前。

【注】苏轼任杭州通判期间，其弟在济南为官，相思甚切，为接近亲人，向朝廷请求到密州任职，得准改任密州知州，熙宁七年（1074）起程赴密州。这首词便作于由杭州移守密州早行途中。

文本互读2：孔子的同群与富贵。

问于桀溺。

桀溺曰："子为谁？"

曰："为仲由。"

曰："是鲁孔丘之徒与？"

对曰："然。"

曰："滔滔者天下皆是也，而谁以易之？且而与其从辟人之士也，岂若从辟世之士哉？"耰而不辍。

子路行以告。

夫子怃然曰："鸟兽不可与同群！吾非斯人之徒与而谁与？天下有道，丘不与易也。"（《论语·微子》）

子曰："富与贵，是人之所欲也，不以其道得之，不处也。贫与贱，是人之所恶也，不以其道得之，不去也。君子去仁，恶乎成名？君子无终食之间违仁，造次必于是，颠沛必于是。"（《论语·里仁篇》）

解读3：浩然之气与忧患。

孟子曰："舜发于畎亩之中，傅说举于版筑之间，胶鬲举于鱼盐之中，管夷吾举于士，孙叔敖举于海，百里奚举于市。故天将降大任于是人也，必先苦其心志，劳其筋骨，饿其体肤，空乏其身，行拂乱其所为，所以动心忍性，曾益其所不能。人恒过，然后能改；困于心，衡于虑，而后作；征于色，发于声，而后喻。入则无法家拂士，出则无敌国外患者，国恒亡。然后知生于忧患而死于安乐也。"

（《孟子·告子下》）

【译文】

孟子说："舜从田野之中被任用，傅说从筑墙工作中被举用，胶鬲从贩卖鱼盐的工作中被举用，管夷吾从狱官手里释放后被举用为相，孙叔敖从海边被举用进了朝廷，百里奚从市井中被举用登上了相位。所以上天将要降重大责任在某个人身上，一定要先使他的内心痛苦，使他的筋骨劳累，使他经受饥饿，以致肌肤消瘦，使他受贫困之苦，使他做的事颠倒错乱，总不如意，通过那些来使他的内心警觉，使他的性格坚定，增加他不具备的才能。人经常犯错误，然后才能改正；内心困苦，思虑阻塞，然后才能有所作为；这一切表现到脸色上，抒发到言语中，然后才被人了解。在国内如果没有坚持法度的世臣和辅佐君主的贤士，在国外如果没有敌对国家和外患，便经常导致灭亡。由此可以知道，忧患使人生存，安逸享乐却足以使人败亡。"

解读：阐述造就人才和治理国家的问题，人才的培养中，逆境作用不可小视；国家的治理中，如果没有执法严格、直言敢谏的臣子和邻国的侵扰，国家就会在安逸享乐中灭亡。

（三）对浩然之气的再认识

认识1：浩然之气为什么选择了孟子？

认识2：我们怎样培养浩然之气？

阅读推荐：鲍鹏山《鲍鹏山说孟子》、易中天《先秦诸子百家争鸣》、陈大齐《孟子待解录》。

（四）写作

结合你对孟子的阅读，自选角度，写一篇有关孟子的文章，要有自己的认识与思考，不少于800字。

《先秦诸子选读》之庄子

——庄子的心灵之光

导语：一日，日机空袭，警报响起，联大的教授和学生四下散开躲避。刘文典跑到中途，忽然想起他"十二万分"佩服的陈寅恪身体羸弱且目力衰竭，于是便率几个学生折回来搀扶着陈往城外跑去。他强撑着不让学生扶他，大声叫嚷着："保存国粹要紧！保存国粹要紧！"让学生们搀着陈先走。这时，只见他平素藐视的新文学作家沈从文也在人流中，便顾不得自己气喘如牛，转身呵斥道："你跑什么跑？我刘某人是在替庄子跑，我要死了，就没人讲《庄子》了！你替谁跑？"

刘文典多年潜心研究庄子，出版了十卷本《庄子补正》，陈寅恪为之作序，推崇备至。曾有人向刘氏问起古今治庄子者的得失，他大发感慨，口出狂言道："在中国真正懂得《庄子》的，只有两个人。一个是庄周，还有一个就是刘某人。"狂则狂矣，当下不少见，但其背后那股子傲骨嶙峋的气度，却是今人学不来的。

考场中的"庄子"：

2016年新课标全国卷Ⅰ古代诗歌阅读题：

阅读下面一首唐诗，完成8~9题。

金陵望汉江

[唐]李白

汉江回万里，派作九龙盘①。

横溃豁中国，崔嵬飞迅湍。

六帝沦亡后②，三吴不足观③。

我君混区宇，垂拱众流安。

今日任公子，沧浪罢钓竿④。

【注】①派：河的支流，长江在湖北、江西一带，分为很多直流。②六帝：代指六朝。③三吴，古吴地后分为三，即吴兴、吴郡、会稽。④这两句的意思是，当今任公子已无须垂钓了，因为江海中已无巨鱼，比喻一无危害国家的巨寇。任公子是《庄子》中的传说人物，他用很大的钓钩和极多的食饵钓起一条巨大的鱼。

8. 诗的前四句描写了什么样的景象？这样写有什么用意？
9. 诗中运用任公子的典故，表达了什么样的思想感情？

《庄子·人间世》第七章：

孔子适楚，楚狂接舆游其门曰："凤兮凤兮，何如德之衰也！来世不可待，往世不可追也。天下有道，圣人成焉；天下无道，圣人生焉。方今之时，仅免刑焉。福轻乎羽，莫之知载；祸重乎地，莫之知避。已乎已乎，临人以德！殆乎殆乎，画地而趋！迷阳迷阳，无伤吾行！郤曲郤曲无伤吾足！"

山木自寇也；膏火自煎也。桂可食，故伐之；漆可用，故割之。人皆知有用之用，而莫知无用之用也。

【译文】

孔子去到楚国，楚国隐士接舆有意来到孔子门前，说："凤鸟啊，凤鸟啊！你怎么怀有大德却来到这衰败的国家！未来的世界不可期待，过去的时日无法追回。天下得到了治理，圣人便成就了事业；国君昏暗天下混乱，圣人也只得顺应潮流苟全生存。当今这个时代，怕就只能免遭刑辱。幸福比羽毛还轻，而不知道怎么取得；祸患比大地还重，而不知道怎么回避。算了吧，算了吧！不要在人前宣扬你的德行！危险啊，危险啊！人为地划出一条道路让人们去遵循！遍地的荆棘啊，不要妨碍我的行走！曲曲弯弯的道路啊，不要伤害我的双脚！"

山上的树木皆因材质可用而自身招致砍伐，油脂燃起烛火皆因可以燃烧照明而自取熔煎。桂树皮芳香可以食用，因而遭到砍伐，树漆因为可以派上用场，所以遭受刀斧割裂。人们都知道有用的用处，却不懂得无用的更大用处。

庄子借楚狂接舆唱出乱世景象，那些在重税与苦役下喘息的人民，能免于刑便是福。

课文中的庄子：

话题1：让王与尊生。

【教材1】

尧以天下让许由，许由不受。又让于子州支父，子州支父曰："以我为天子，犹之可也。虽然，我适有幽忧之病，方且治之，未暇治天下也。"夫天下至重也，而不以害其生，又况他物乎！唯无以天下为者，可以托天下也。

舜让天下于子州支伯。子州支伯曰："予适有幽忧之病，方且治之，未暇治天下也。"故天下大器也，而不以易生，此有道者之所以异乎俗者也。

舜以天下让善卷。善卷曰："余立于宇宙之中，冬日衣皮毛，夏日衣葛絺；春耕种，形足以劳动；秋收敛，身足以休食。日出而作，日入而息，逍遥于天地之间，而心意自得。吾何以天下为哉！悲夫，子之不知余也！"遂不受。于是去而入深山，莫知其处。

舜以天下让其友石户之农，石户之农曰："捲捲乎后之为人，葆力之士也。"以舜之德为未至也，于是夫负妻戴，携子以入于海，终身不反也。（教材未选）

大王亶父居邠，狄人攻之。事之以皮帛而不受，事之以犬马而不受，事之以珠玉而不受。狄人之所求者，土地也。大王亶父曰："与人之兄居而却杀其弟，与人之父居而杀其子，吾不忍也。子皆勉居矣！为吾臣与为狄人臣奚以异！且吾闻之：不以所用养害所养。"因杖策而去之。民相连而从之，遂成国于岐山之下。夫大王亶父可谓能尊生矣。能尊生者，虽贵富不以养伤身，虽贫贱不以利累形。今世之人居高官尊爵者，皆重失之，见利轻亡其身，岂不惑哉！

【解读】

"让王"，意思是禅让王位。文本的主旨在于阐述重生，提倡不因外物妨碍生命的思想。利禄不可取，王位可以让，全在于看重生命，保全生命。"轻物重生"的观点历来多有指斥，认为与庄子思想不合，但其间亦有相通之处，且先秦诸子思想也常互相渗透与影响，尽可看作庄子后学所撰。

全文写了十六七个小故事，大体可以划分为十个部分。第一部分至"终身不反也"，写许由、子州支父、善卷和石户之农不愿接受禅让的故事，明确阐述了重视生命的思想，天下固然"至重"，但却不能以此害生。该部分在阐明题旨上处于重要地位。第二部分至"此固越人之所欲得为君也"，写周文王的祖父大王亶父迁邠和王子搜不愿为君的故事，在前一部分的基础上进一步阐述重视生命的思想。第三部分至"岂特随侯之重哉"，通过华子与昭僖侯的对话和鲁君礼聘颜阖而颜阖不愿接受的故事，进一步指出要分清事物的轻与重，生命是重要的，利禄、土地等身外之物是不值得看重的，用宝贵的生命去追逐无用的外物，就好像用随侯之珠弹打高飞的麻雀。第四部分至"民果作难而杀子阳",写列子贫穷却不愿接受官府的赠予。第五部分至"遂不受也",写屠羊说有功也不受禄,表达了轻视利禄、追求高义的思想。第六部分至"是丘之得也",写原宪、曾子、颜回身处卑微、生活贫困,却不愿为官,不愿追求利禄,表达了安贫乐道的思想。第七部分至"可谓有其意矣",通过魏牟和瞻子的对话,提出"重生"、轻利的观点。第八部分至"故许由娱于颍阳,而共伯得乎共首",写孔子身处厄境也随遇而安,说明得道之人方能"穷亦乐""通亦乐"。第九部分至"乃负石而自沉于庐水",写北人无择、卞随和瞀光诸隐士鄙薄禄位不愿为君的故事,内容跟第一部分相似。余下为第十部分,写伯夷、叔齐对周王朝夺取天下的评价,斥之为"推乱以易暴",宁可饿死于首阳山,也不愿"并乎周"而玷污自身。

话题2:有用与无用。

【教材2】

匠石之齐,至于曲辕,见栎社树。其大蔽数千牛,絜之百围;其高临山,十仞而后有枝,其可以为舟者旁十数。观者如市,匠伯不顾,遂行不辍。

弟子厌观之,走及匠石,曰:"自吾执斧斤以随夫子,未尝见材如此其美也。先生不肯视,行不辍,何邪?"

曰:"已矣,勿言之矣!散木也,以为舟则沈,以为棺椁则速腐,以为器则速毁,以为门户则液樠,以为柱则蠹。是不材之木也,无所可用,故能若是之寿。"

匠石归,栎社见梦曰:"女将恶乎比予哉?若将比予于文木邪?夫柤梨橘柚果蓏之属,实熟则剥,剥则辱;大枝折,小枝泄。此以其能苦其生者也,故不终其天年而中道夭,自掊击于世俗者也。物莫不若是。且予求无所可用久矣,几死,乃今得之,为予大用。使予也而有用,且得有此大也邪?且也若与予也皆物也,奈何哉其相物也?而几死之散人,又恶知散木!"

匠石觉而诊其梦。弟子曰:"趣取无用,则为社何邪?"曰:"密!若无言!彼亦直寄焉,以为不知己者诟厉也。不为社者,且几有翦乎!且也彼其所保与众异,而以义誉之,不亦远乎?"(教材未选)

文本互读：

【原文】

南伯子綦游乎商之丘，见大木焉，有异，结驷千乘，隐将芘其所藾。子綦曰："此何木也哉？此必有异材夫！"仰而视其细枝，则拳曲而不可以为栋梁；俯而见其大根，则轴解而不可以为棺椁；咶其叶，则口烂而为伤；嗅之，则使人狂酲三日而不已。子綦曰："此果不材之木也，以至于此其大也。嗟乎神人，以此不材！"

宋有荆氏者，宜楸柏桑。其拱把而上者，求狙猴之杙者斩之；三围四围，求高名之丽者斩之；七围八围，贵人富商之家求樿傍者斩之。故未终其天年而中道之夭于斧斤，此材之患也。故解之以牛之白颡者，与豚之亢鼻者，与人有痔病者，不可以适河。此皆巫祝以知矣，所以为不祥也。此乃神人之所以为大祥也。

【解读】

《人间世》的中心是讨论处世之道，既表述了庄子所主张的处人与自处的人生态度，也揭示出庄子处世的哲学观点。

全文可分为前后两大部分，以"可不惧邪"作为分割线。前一部分假托三个故事：孔子在颜回打算出仕卫国时与他的谈话、叶公子高将出使齐国时向孔子的求教、颜阖被请去做卫太子师傅时向蘧伯玉的讨教，以此来说明处世之难，不可不慎。怎样才能应付艰难的世事呢？《庄子》首先提出要"心斋"，即"虚以待物"。其次提出要"知其不可奈何而安之若命"。最后提出要"正女身"，并"形莫若就"，"心莫若和"。归结到一点仍旧是"无己"。第二部分着力表达"无用"之为有用，用树木不成材却终享天年和枝支离疏、形体不全却避除了许多灾祸来比喻说明，最后一句"人皆知有用之用，而莫知无用之用"，便是整个第二部分的结语。前后两部分是互补的，世事艰难推出了"无用"之用的观点，"无用"之用正是"虚以待物"的体现。"无用"之用决定了庄子"虚无"的人生态度，但也充满了辩证法，有用和无用是客观的，但也是相对的，而且在特定环境里还会出现转化。

推荐阅读：

1.《庄子今注今译》，陈鼓应注译。

2.《庄子的开放心灵与价值重估——庄子新论》，陈鼓应著。

结语：

在一个文化屈从权势的传统中，庄子是一棵孤独的树，是一棵孤独地在深夜看守心灵月亮的树。当我们大都在黑夜里昧昧昏睡时，月亮为什么没有丢失？就是因为有了这样一两棵在清风夜唳的夜中独自看守月亮的树。

一轮孤月之下一株孤独的树，这是一种不可企及的妩媚。

一部《庄子》，一言以蔽之，就是对人类的怜悯！庄子似因无情而坚强，实则因最多情而最虚弱！庄子是人类最脆弱的心灵，最温柔的心灵，最敏感因而也最易受到伤害的心灵……（鲍鹏山）

《先秦诸子选读》之墨子
——挑战帝国的剑侠

从读与写的视角思考：

1. 为什么要"尚贤"？

2. 什么是"尚贤"？

3. 如何"尚贤"？

4. 你是怎么看待"尚贤"党的？

《尚贤》原文：

子墨子言曰："今者王公大人为政于国家者，皆欲国家之富，人民之众、刑政之治。然而不得富而得贫，不得众而得寡，不得治而得乱，则是本失其所欲，得其所恶。是其故何也？"子墨子言曰："是在王公大人为政于国家者，不能以尚贤事能为政也。是故国有贤良之士众，则国家之治厚；贤良之士寡，则国家之治薄。故大人之务，将在于众贤而已。"

曰："然则众贤之术，将奈何哉？"

子墨子言曰："譬若欲众其国之善射御之士者，必将富之贵之、敬之誉之，然后国之善射御之士将可得而众也。况又有贤良之士厚乎德行、辩乎言谈、博乎道术者乎！此固国家之珍而社稷之佐也，亦必且富之贵之、敬之誉之，然后国之良士，亦将可得而众也。

"是故古者圣王之为政也，言曰：'不义不富，不义不贵，不义不亲，不义不近。'是以国之富贵人闻之，皆退而谋曰：'始我所恃者富贵也，今上举义不辟贫贱，然则我不可不为义。'亲者闻之，亦退而谋曰：'始我所恃者亲也，今上举义不辟疏，然则我不可不为义。'近者闻之，亦退而谋曰：'始我所恃者近也，今上举义不辟远，然则我不可不为义。'远者闻之，亦退而谋曰：'我始以远为无恃，今上举义不辟远，然则我不可不为义。'逮至远鄙郊外之臣、门庭庶子、国中之众、四鄙之萌人闻之，皆竞为义。是其故何也？曰：上之所以使下者，一物也；下之所以事上者，一术也。譬之富者有高墙深宫，宫墙立既，谨上为凿一门。有盗人入，阖其自入而求之，盗其无自出。是其故何也？则上得要也。

"故古者圣王之为政，列德而尚贤。虽在农与工肆之人，有能则举之。高予之爵，重予之禄，任之以事，断予之令。曰：'爵位不高，则民弗敬；蓄禄不厚，则民不信；政令不断，则民不畏。'举三者授之贤者，非为贤赐也，欲其事之成。故当是时，以德就列，以官服事，以劳殿赏，量功而分禄。故官无常贵，而民无终贱。有能则举之，无能则下之。举公义，辟私怨，此若言之谓也。故古者尧举舜于服泽之阳，授之政，天下平；禹举益于阴方之中，授之政，九州成；汤举伊尹于庖厨之中，授之政，其谋得；文王举闳夭、泰颠于置罔之中，授之政，西土服。故当是时，虽在于厚禄尊位之臣，莫不敬惧而施；虽在农与工肆之人，莫不竞劝而尚德。故士者，所以为辅相承嗣也。故得士则谋不困，体不劳，名立而功成，美章而恶不生，则由得士也。"

是故子墨子言曰："得意，贤士不可不举；不得意，贤士不可不举。尚欲祖述尧舜禹汤之道，将不可以不尚贤。夫尚贤者，政之本也。"

根据《尚贤》结构图（如图 2-4 所示）复述课文：

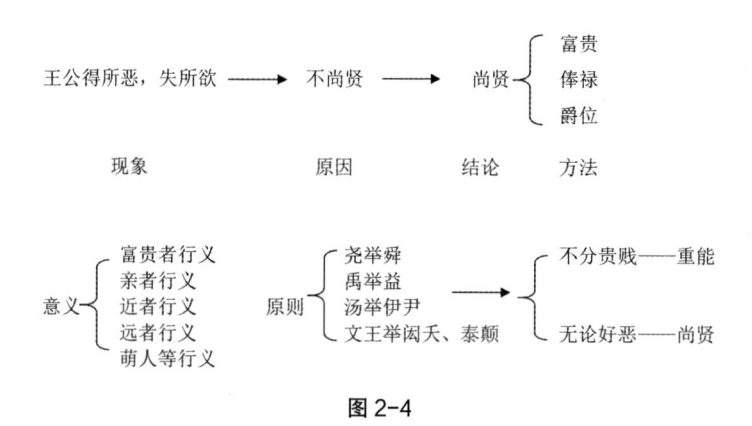

```
王公得所恶，失所欲 ──→ 不尚贤 ──→ 尚贤 ┬ 富贵
                                      ├ 俸禄
                                      └ 爵位
    现象              原因         结论      方法

意义 ┬ 富贵者行义    原则 ┬ 尧举舜    ┬ 不分贵贱──重能
     ├ 亲者行义          ├ 禹举益    │
     ├ 近者行义          ├ 汤举伊尹  │
     ├ 远者行义          └ 文王举闳夭、泰颠  └ 无论好恶──尚贤
     └ 萌人等行义
```

图 2-4

结论：尚贤，政之本也。

写作训练：

阅读鲁迅《故事新编·非攻》，写一篇读后感。

写作专题一：如何立论

（一）模块一：什么是"立论"

立论1：对某个问题提出自己的看法，表示自己的意见。

立意：①打定主意；②命意。——《现代汉语词典（第7版）》

立论2：揣摩命题者的意图，提出自己的观点。

2014年新课标全国卷Ⅰ作文题：

"山羊过独木桥"是为民学校传统的团体比赛项目。规则是，双方队员两两对决，同时相向而行，走上仅容一人通行的低矮独木桥，能突破对方阻拦成功过桥者获胜，最后以全队通过人数多少决定胜负。因此习惯上，双方相遇时，会像山羊抵角一样，尽力使对方落下桥，自己通过。不过，今年预赛中出现了新情况：有一组比赛，双方选手相遇时，互相抱住，转身换位，全都顺利过了桥。这种做法当场就引发了观众、运动员和裁判员的激烈争论。

事后，相关的思考还在继续。

要求：选好角度，确定立意，明确文体，自拟标题；不要脱离材料内容及含意的范围作文，不要套作，不得抄袭。

立论3：揣摩命题者的意图，紧扣材料的内容及语义提出自己的观点。

（二）模块二：写作技法

立论的思维过程：找准焦点，切分主体，归因综合。

写作实践：

例1：2016年新课标全国卷I作文题。

阅读下面的漫画材料，根据要求写一篇不少于800字的文章。

（据夏明作品改动）

要求：结合材料的内容和寓意，选好角度，确定立意，明确文体，自拟标题，不要套作，不得抄袭。

评分要求：

定义：漫画材料作文，不是话题作文。所以必须在教育圈子里谈问题，抛开教育圈以社会评价为话题是不行的。

注意细节：唇印掌印暗示对孩子的评价，四张纸是考试答卷得分。

核心立意：批判唯分数论，批判教育评价单一。

一类卷（48~60分）：①批判唯分数论。②批判教育目标功利。③批判教育评价单一。④批判教育方法简单粗暴。⑤批判教育重智轻德。

以上一点突出或多点论及，议论深刻的至少给54分，议论一般的给分48~53分。

二类卷（42~47分）：对细节略有忽略，但依然在教育孩子这个范围内谈问题。

①教育宽严因人而异：成绩好要严格一点，98 分也要挨打；成绩不好要宽容一点，61 分也要鼓励。②好孩子未必是夸出来的：100 分一夸就退，55 分一打就进。

记叙文可以以漫画寓意为主题，写自己的经历或见闻。

补充：①议论必须结合漫画内容，要么复述漫画内容，要么分析画中现象的原因或危害，不能抛开漫画内容单纯谈评价。比如，谈人应该有好心态，就属于离题卷。②漫画是用幽默的方式进行讽刺批判，所以立意时也必须是批判的。

范文：

莫让分数成为衡量孩子的唯一标准

都说分是学生的命根，当下的教育，也确实看重分数。但别让分数成为评价孩子的第一标准，也别让分数成为衡量孩子的唯一标准。

学生时代的我们，都经历过漫画中类似的情景。考得好，父母会奖励；考得不好，则会受罚。等到下次考试成绩出来，父母也只会拿上次的成绩作为衡量我们的标准。很显然，要是低于上次的标准，则会受罚。反之，则是奖励。分数则成了衡量孩子的唯一标准，不在于起点多高，只在于进步与否。

其实分数的高低，无关紧要。重要的是，别拿分数来衡量一个孩子。

作为学生时代的我们，谁都想在考试中取得好成绩。谁会想做最后一名？毕竟，至少在父母眼中，分数高，你的未来才会好，可事实并不是这样。分数只能检测学生的近期学习情况，并不能决定一个人的未来。就拿科学家牛顿来说，小时候因为成绩差被劝退，后来的他却发现了一系列有益于研究的定律。你能说明分数能决定一个人的未来吗？并不能。分数的高低，并不能说明什么问题，固然分数也不能成为衡量孩子的唯一标准。

父母的望子成龙，望女成凤，让父母更加地看重分数。但分数再高，倘若道德素质不行，又有何用？复旦大学的投毒案就是一个很好的例子。纵然一个人成绩再好，分数再高，若是道德缺失，还不是锒铛入狱，最终的未来也只能在狱中度过。

其实，分数并不是最重要的。重要的是，每次都进步一点并保持下去。就像漫画中所画的那样，55分到61分，虽然只进步了6分，但孩子仍得到了奖励。反观那个拿100分的孩子，第二次考试只得了98分，仅仅2分，换来的却是惩罚。虽说只退步2分，但在父母看来，100分俨然成为衡量孩子的标准。这是一件可悲的事情，为那个孩子感到心疼，更对父母的做法感到心寒。

当下的教育，俨然让父母更加看重分数，也让绝大多数学生成为为分数而日夜刷习题的机器。这种情况下培养起来的学生，最多只能算一部没有思想、没有情感的，只会做题目的机器。这与现行的教育目的大相径庭，为了让孩子成为一个更加完善的人，莫让分数成为衡量孩子的唯一标准！

例2：2015年新课标全国卷Ⅰ。

阅读下面的材料，根据要求写一篇不少于800字的文章。

因父亲总是在高速路上开车时接电话，家人屡劝不改，女大学生小陈迫于无奈，更出于生命安全的考虑，通过微博私信向警方举报了自己的父亲；警方查实后，依法对老陈进行了教育和处罚，并将这起举报发在官方微博上。此事赢得众多网友点赞，也引发一些质疑，经媒体报道后，激起了更大范围、更多角度的讨论。

对于以上事情，你怎么看？请给小陈、老陈或其他相关方写一封信，表明你的态度，阐述你的看法。

要求综合材料内容及含意，选好角度，确定立意，完成写作任务。明确收信人，统一以"明华"为写信人，不得泄露个人信息。

评分要求：

1. 题意把握

①符合题意（切题卷）

写亲情法律矛盾冲撞，应采取何种做法。如法不容情、法外有情。在这一思辨下立意，可以进48分以上（一类）。

②基本符合题意（一面卷）

劝对象遵守法规、珍爱生命，忽视了材料中的举报情节，不谈亲情的，可以在42~47分之间给分（二类）。

……

范文：

给小陈同学的一封表扬信

亲爱的小陈同学：

你好。我是你的同龄人明华，听闻你利用微博对自己的父亲进行举报，使其受到教育和处罚后，我对你的行为持肯定态度，并对你进行表扬，因为，从家庭、社会、国家的角度看，你都是一个"好人"。

从家庭的角度看，你是一个"好女儿"，因为你懂得用适当的方式给予家人明智的关爱。当父亲由于在高速路上开车接电话的不妥行为，使自身的人身安全遭受威胁时，你懂得用报警的行为来阻止他，有效保障了其生命安全。有人说你是不孝，与之相反，我却认为你是大孝、愚孝，你的孝是明智的、实际的，相较于被亲情蒙蔽双眼，以孝之名而实施的诸如替父行凶，最终害人害己的愚蠢行为，你的举动使家人的利益得以保全，我认为，这才是我们所应当提倡的，有利于家人健康发展的孝，而你为我们做出了示范，由此，我对你进行表扬。

从社会的角度，你是一位"好成员"，因为你的行为提高了群众的法律意识，使其意识到了我们不应被封建思想束缚，认为对亲人特别是长辈，诉诸法律有悖人情，会被他人另眼相看；相反，我们应树立足够的法律意识，认识到身处于法治社会的我们，应用法律武器解决问题，同时，你利用微博进行举报的做法，更为现代人提供了范例，提醒其应学会应用微博、QQ、微信等现代化工具进行法律维权，你的行为为全社会树立法律意识做出了贡献，由此我对你进行表扬。

从国家的角度看，你是一名"好公民"。因为你捍卫了法律的尊严，身边出现违法乱纪行为的时候，你用法律解决了问题，更维护了法律的尊严，使违法人员得到了应有的处罚，是你，让法律的光辉在此刻闪耀，由此，我对你进行表扬。

你是一个"好女儿"，使家人的利益得以保全；你是一位"好成员"，使社会的法律意识得以加强；你是一名"好公民"，使国家法律的尊严得以捍卫。由此，我对你进行表扬，因为你的行为，意义深远，影响重大。

同龄人：明华

2015 年 6 月 7 日

例3：2013年江西卷作文题。

阅读下面的文字，按要求作文。

一段时间以来，"中学生有三怕，奥数、英文、周树人"成了校园流行语。实际情况是，有些同学有这"三怕"（或其中"一怕""二怕"），有些同学不但不怕反倒喜欢。

你对上述"怕"或"不怕"（含喜欢）有何体验或思考？请自选角度，自拟题目，写一篇文章。

要求：(1)写记叙文或议论文。(2)不得透露个人信息。(3)不得抄袭，不得套作。(4)不少于700字。

范文：

坦然面对，何言"怕"哉？

怕奥数，怕英文，更怕周树人。"三怕"不可怕，只怕无钻研深思之心。

联考试，关升学，"三怕"已变味，叹之又惜之，只求还其育人之本真。

面对"三怕"，有人欢喜有人忧，说明过错不在"三怕"本身，倘若学生、老师、社会能转变态度，化"怕"为"爱"亦有时。

作为学生，克服恐惧心理，拥有钻研精神，"三怕"便"无怕"可言。奥数是理性思维的巅峰，英文是感性思维的极致，鲁迅先生的文章更因其深邃的思想让人难以捉摸。而"校园流行语"一传扬，更加深了学生的恐惧感，让一部分本就有"畏难"心理的考生找到了放弃的理由。此外，难易相成，正如"太极圈"中阴阳两鱼，此退彼进，此消彼长，无界无缘，在不停地变化。若树立起信心，步步追击，便可化难为易；若未战即退，避而不见，其易也难。我读《野草》，亦有如堕深谷不知前路何方之感。"'火的冰'为何物？"好的故事为什么叫人难以捉摸，"无物之阵"、读不懂的碑文、拿着草当枪喊"叭"的孩子……这一切离我们的现实生活是那么遥远，但合书而想，却仿佛又在我们身边，那种亦远亦近、亦真亦幻、若即若离的感受，若非亲自体验"妙处难与君说"。

沉浸其中，无惧无畏，方可化怕为爱。

作为老师，转变教学方法，提升学生兴趣，"三怕"可变"三爱"。曾有一些老师，把上奥数当成了打击学生信心的教学行为，把讲英文变作了消磨学生勇气的教学行为，把上鲁迅的课文当作"鸡肋"。这些不恰当的教学方法一定程度上造成了学生的恐惧心理。其实鲁迅先生的文章也不是句句都有深意，大可不必将"先点燃了一根烟"当作"点燃了革命的火炬"；奥数题不是每题都很难，不必"小题大做"，应重在训练学生的思维，让学生享受"思维体操"的快乐；英语是美丽的语言，其丰富的文化内涵，可以被当作课堂的调剂，讲述给学生。有时候，换一种看问题的方法，改变一种解决问题的方式，从"无趣"中发现"有趣"，从绝望之山中开采出希望之石，我们就能生活得轻松快乐。

改变角度，寻趣觅乐，方可化怕为爱。

作为社会，应当转变把"奥数、英语"作为升学手段的观念，一旦"奥数"等与"升学""前途""命运"挂钩，它们便化作无形的重担，压得学子喘不过气来。其实，作为社会的一员，每个人都应该以平常心面对"奥数"，既不必狂热支持，也不必极力反对，顺其自然，才是正确的做法。

坦然面对，"三怕"不可怕。

轻装上阵，"三爱"现于世！

评析：

文章以"坦然面对，何言'怕'哉"立意，并从学生、教师、社会三个角度论述如何坦然面对，变"怕"为爱，始终紧扣"奥数、英文与周树人的作品"的特点，具体分析，言之成理，持之有据，颇有说服力。文章以自己读鲁迅《野草》的切身体验，谈作为学生克服对"奥数、英文、周树人"的恐惧感的必要性，以太极圈的阴阳两鱼，此退彼进，此消彼长，无界无缘来喻证难易相成，很有创见。

文章为奥数、英语老师建言，为语文老师讲鲁迅作品支着儿，希望增强趣味性，帮助学生克服恐惧感，也很得要领。

文章抨击社会功利，把奥数、英文仅作为升学手段的做法，更是一针见血，击中要害，因为功利心带来的"目标颤抖"显然会加大学生的恐惧感。

（三）模块三：写作归纳

立论的思维角度：

《鲁迅是一种养分》　　　　（是什么）

《你，为何怕他？》　　　　（为什么）

《坦然面对，何言"怕"哉？》　（怎么办）

《功利化教育更可怕》　　　（批判性）

示例：2016年11月江西师大附中高二上期中考试作文题。

阅读下面的材料，根据要求写一篇不少于800字的文章。

被誉为中国版"搞笑诺贝尔"的菠萝科学奖，这些年在中国已举办多次了。一批看似无厘头，实则是严肃认真的研究成果被挖掘出来。

部分获奖项目：

数学奖：一根棒棒糖能舔多少次？将棒棒糖放在一根被水流冲刷的管道中，通过延时摄影拍下棒棒糖的溶解过程：不管棒棒糖原来是什么形状，其在即将完全溶解时几乎是月牙形的，直径1厘米左右的棒棒糖，大约要1000次才能舔完。

物理奖：蚊子为什么不会被雨滴砸死？研究者用水枪模拟雨滴，用高速摄像机拍下蚊子被砸的过程。蚊子拥有强壮的外骨骼，在飞行中会顺势跟雨滴一起落下，因此受到的冲击力较小，不会被比其重50倍的雨滴砸死。

语言学奖："呵呵"的网络功能研究。"呵呵"这个网络用语带有强烈的负面感情色彩。

此奖一出赢得众多网友点赞，也引发一些质疑。

对于以上事情，你怎么看？

要求：选好角度，确定立意，明确文体，自拟标题；不要脱离材料内容及含义的范围作文，不要套作，不得抄袭。

考场作文开篇示例：

真正的科技不是"菠萝科技"

鲁迅在《略论中国人的脸》中强调，中国人喜欢给自己贴标签，即使无甚价值的事，也总想方设法封个名号来。菠萝科学奖就是这样。它把握他人虚荣的心理，抓住大众猎奇的态度，以搞笑为噱头，当红一时。我不禁想问："这种无厘头的所谓研究有资格评奖吗？"

从社会的浮躁到个人的哗众取宠

一直以来，被誉为中国版"搞笑诺贝尔"的菠萝科学奖新鲜出炉后，总能引起网友的广泛关注。有一些网友还为此奖项点赞。这让人不禁想问：这背后的原因究竟是什么？

这是因为民众的浮躁心理。

积极求真，善于分析

菠萝科学奖被誉为中国版"搞笑诺贝尔"，获奖项目都是些看似无厘头而实际是经过认真研究过的成果，如"一根棒棒糖能舔多少次""蚊子为什么不会被雨滴砸死""'呵呵'的网络功能研究"等。

对这种奖项我们应要给予肯定，但不应偏离科学奖的实质，得奖者应是积极探索而得出理论的人。

范文：

搞笑诺贝尔"菠萝科学奖"以幽默的形式科普

4月11日晚，被誉为中国版的"搞笑诺贝尔奖"——"菠萝科学奖"正式揭晓，本次"菠萝科学奖"共评选出了九大奖项，研究内容依旧让人瞠目结舌：一根棒棒糖能舔多少次？为什么蚊子不会被雨滴砸死？名字偏好与幸福感的关系……

长久以来，说到科学研究，我们总习惯性地想到宇宙飞船、小白鼠、枯燥的数学公式以及戴着厚厚眼镜的科学家。但事实上，获得为好奇心而设的"菠萝科学奖"奖项，却是一些细碎的、生活化、趣味性的科研项目，它的贡献恰在奖项之外。

"菠萝科学奖"恪守的原则是既有趣又严肃，同时向好奇心致敬。从研究项目来看，所有奖项来自正规期刊发表的学术论文，组织者从中挑选出充满乐趣的部分。而评委则分成科学家评委和明星评委两部分，这既确保了获奖研究的科学性，又保证了趣味性。可以说，"菠萝科学奖"是激发全社会对科学产生兴趣的一次象征性的代言活动。

"生命力的旺盛离不开好奇心。"科普界"诺贝尔奖"——卡林加奖获得者李象益说。兴趣是最好的老师。但是，随着社会环境愈加复杂，很多时候人的好奇心和兴趣在各种现实利益面前成了牺牲品。许多科研项目既远离我们的生活，又板起一副严肃的"科学面孔"而高高在上；一些科研工作者为职务升迁、发表论文而背上功利的"包袱"；我们的孩子在传统灌输式的教育模式和高考的"夹板"下过早失去了追求自然科学奇妙现象的兴趣、创造力和想象力。因此，如何找回科学充满童趣的一面，如何让我们对科学产生最浓厚的兴趣，是这个奖项最大的意义之一。

充满乐趣的科学也是科学。那些看上去荒诞不经的研究，对人们的生活却大有益处。"蚊子不会被雨滴砸死的秘密"为微型无人机在雨中飞行奠定了强有力的理论基础；"呵呵"不光是语气词，还代表"你很 low（差劲）"，这个现象的背后是人与人复杂关系和情绪表达的社会学问题……当科研项目不仅有趣还贴近生活甚至观照现实，就能焕发出应有的魅力。

更值得注意的是，幽默的科学掩不住科学的精神实质。任何科学求证都来不得半点浮夸和急躁，更要拒绝功利。就像国际社会对"搞笑诺贝尔奖"的评价：该奖以科学的名义幽默，以幽默的形式进行科普。尽管它采用的是搞笑手段，但其中的科普内核却相当严肃，"首先令人发笑，继而让人思考"。今年"菠萝科学奖"的奖项中"ME 奖"颁给了《一坨肉的 365 天》。研究者用同一套器材在同一个位置，用一年时间，每天观察这坨"肉肉"的变化。正如获奖者张弘弢所说：

"坚持是很痛苦的，但我观察这个过程，满足我的好奇心，获得很多乐趣。"同样，心理学奖《名字偏好与幸福感》的研究成果也是建立在严谨的科学求证和大量的数据分析调查上的。可以说，无论"菠萝科学奖"使人多么捧腹，"有根有据"的科学精神都值得尊重。

在全民提升科技素养的年代，"菠萝科学奖"也许是一种别开生面的发力点，也是愉快科普的一次成功实践。

写作专题二：作文的修改

（一）学习目标

1. 明确写作专题环节一（写作）的主题是学会展开议论，本次写作专题环节二（修改）的主题侧重议论文的结构修改。

2. 学会发现作品的优缺点，并能做出恰当的点评。

3. 学会运用修改文章的符号，使作品的修改更加规范。

4. 学会在小组共同体中发挥自己的价值，培养协作能力。

5. 学会依据提出的修改意见或建议进行二度写作，使作文升格。

（二）学习重点

1. 培养自主、互助、互教的学习意识。

2. 通过对结构的修改让所写的议论文结构更合理。

3. 学会对作品按要求（结构）进行升格操练。

（三）修改流程

1. 环节一：小组共同学习修改的细则。

修改指南：

（1）横向展开议论指南。

基本特征：先提出中心论点，然后并列地从几个方面分别对中心论点加以论述。

常见类型：①分解类，将中心论点分解为几个并列的分论点，分论点围绕中心论点展开，是中心论点包含的几个方面；②阐述类，文章对中心论点从几个方面进行阐述，分论点从多个侧面阐述中心论点的内涵；③利弊类，文章对中心论点并列展开，从几个方面分别谈作用或危害。

指南角度：①是否从多角度观察、分析、认识事物，避免从同一角度选择论据；②分论点角度是否统一，不可交叉，不可重复，不可包容，不可矛盾；③分论点是否考虑轻重关系、主次关系、先后关系、时间关系等。

修改方略：①使用因果分析法。"因"是指分论点，"果"是指中心论点。即在确立了中心论点后，再来分析造成这个结果的原因。可尝试用"×××因为×××"和"×××才能（就会）×××"的句式进行修改。②使用条件法。这里的中心论点是结果，而分论点是满足结果的条件。

（2）纵向展开议论指南。

基本特征：先提出中心论点，然后按照事物的内在逻辑关系，层层深入，对中心论点加以论述。

常见类型：①分解中心论点，各论点之间的关系是由浅入深、由简单到复杂的；②按"提出问题—分析问题—解决问题"的思路安排论证结构；③按"摆现象—析利弊—挖根源—指办法"的结构。

诊断角度：①选用的纵向结构模式是否清晰？②层次间是否有内在的逻辑关系？不能随意调换顺序，如关联词语的使用；③每段开头的句子是否紧扣行文的要求，体现文章的层进式结构？

修改方略：①运用层进式关联词语，使行文结构清晰；②运用"更重要的是""更有甚者"等表达递进关系的词语来表明分论点；③可以考虑从以下角度切入：由物（自然）及人（人类），由个体（自我）到民族（国家），由浅（表）及深（里）。

2.环节二：小组内按要求进行具体的修改。

（1）小组内选出一篇符合写作专题环节一的要求以及具备升格操练的案例。

（2）小组内对选出的作品按照提供的修改成果展示表（见表2-4）认真填写。

表 2-4　小组修改成果展示表

佳作借鉴（片段）	题目：	作者：
慧眼识珠： 感　言： 签名：		
升格操练（片段）	题目：	作者：
问题诊断： 修改方案： 签名：		

要求：小组长要对组员进行明确的分工，修改时要参照提供的修改符号在原作上规范修改，对作品的点评一定要具体，可以是局部的或整体的结构修改。

3. 环节三：小组展示修改成果。

小组推选成员对修改成果进行展示。

要求：点评时要把原作展示给大家，每小组控制在 3 分钟之内。

4. 环节四：对本次修改进行小结。

（1）小组内总结本次修改的收获。要求：小组长组织本组同学积极参与，要形成简短的文字稿并指定发言人。

（2）教师依据学生在修改过程中的问题做指导与总结。

（3）学生根据本次修改学到的写作结构知识，写一篇评论。

写作靶子：

14年前，一句"常回家看看"红遍了大江南北。这个月，随着新《老年人权益保障法》的正式实施，这句话再度受到关注。而有人竟看出了此中商机，顺势推出了"代看望父母"服务。尽管这项跑腿服务有数十家网店在经营，浏览量也破千了，但成交量始终为零。多数的子女还处于观望阶段。来源：贵州都市报，2013-07-10，有改动）

请就"代看望父母"现象写一篇评论。

附录1：

作文专题环节二 评论写作

写作项目：学会展开议论。

写作靶子：

"五一"假期，被称为"江南三大名楼"——江西滕王阁，景区推出"背诗免票游"活动，游客只要能背出700多字的名篇——《滕王阁序》，就可以免费在景区游玩，受到广泛好评。请就"滕王阁景区推出背诗免票活动"写一篇评论。

写作技法：

方式一，横向展开议论。

方式二，纵向展开议论。

写作借鉴：《"背诗免票游"不仅是营销的噱头》

附录2：常见的作文修改符号

1. 删除号：用来删除字、标点符号、词、短语及长句或段落。

2. 恢复号：又称保留号，用于恢复被删除的文字或符号。如果恢复多个文字或符号，最好每个要恢复的文字或符号下面标上恢复号。

3. 对调号：用于相邻的字、词或短句调换位置。

4. 改正号：把错误的文字或符号更正为正确的。

5. 增添号：在文字或句、段间增添新的文字或符号。

6. 重点号：专用于赞美写得好的词、句。

7. 提示号：专用于有问题的字、词、句、段，提示作者自行分析错误并改正。

8. 调遣号：用于远距离调移字、标点符号、词、句、段。

9. 起段号：把一段文字分成两段，表示另起一段。

10. 并段号：把下段文字接在上文后，表示不应该分段。

11. 缩位号：把一行的顶格文字缩两格，表示另起段，文字顺延后移。

12. 前移号：文字前移或顶格。

推荐叶圣陶先生《大师教我学知识：怎样写作文》这本书：

……依据、推论、判断这三者是议论的精魂。这三者明白切实，有可证验，才是确当的议论。把这三者都表示于人，次第井然，才是能够使人相信的议论。但是更有一些事情应得在这些部分以前先给人家：第一，要提示所以要有这番议论的缘由，说出实际上的疑难与解决的需要。这才使人家觉得这是值得讨究的问题，很高兴地要听我们下个怎样的判断。第二，要划定议论的范围，说关于某部分是议论所及的；同时也可以撇开以外一切的部分，说那些是不在议论的范围以内的。这才使人家认定了议论的趋向，很公平地听我们对于这趋向所下的判断。第三，要把预想中应有的敌论列举出来，随即加以评驳，以示这些都不足以摇动现在这个判断。这才使人家对于我们的判断固定地相信（在辩论中，这就成为主要的一部分，否则决不会针锋相对）。固然，每一回议论都先说这几件事是不必的，但适当的需要的时候就得完全述说；而先说其中的一事来做发端，几乎是议论文的通例。这本来也是环拱于中心——判断——的部分，所以我们常要用到它来使我们的文字成为浑圆的球体。

写作专题三：破题与立论的操作训练

（一）自主·互助环节学习

1. 写前回顾与思考。

（1）你写议论文时最大的困惑是什么？

（2）你是否遭遇无处下笔的写作困境？

（3）你是否思考过如何破题？你的破题对策是什么？

（4）你立论的困境是什么？

（5）你是如何破解的？

2.阅读2010年大纲全国卷Ⅱ的作文题，整体感受命题者的意图。

今年世界读书日这天，网上展开了关于"浅阅读"的讨论。

甲：什么是浅阅读？

乙：就是追求简单轻松、实用有趣的阅读嘛。浅阅读很时髦的。

丙：如今是读图时代，人们喜欢视觉上的冲击和享受。

丁：浅阅读就像吃快餐，好吃没营养，积累不了什么知识。

乙：社会竞争激烈，生活节奏这么快，大家压力这么大，我想深阅读，慢慢品味，行吗？

丙：人人都有自己的阅读喜好，浅阅读流行，阅读就更个性化和多样化了，挺好。

丁：我很怀念过去的日子——斜倚在书店的一角，默默地读书，天黑了都不知道。

甲：浅阅读中，我们是不是失去了什么？

要求选准角度，明确立意，自选文体，自拟标题；不要脱离材料内容及含意范围作文，不要套作，不得抄袭。

（二）互助·互教环节学习

写作训练与指导。

评论靶子1：早恋蔓延，男孩女孩该不该"牵手"？

新闻由头：湖南小学鼓励男女生牵手，家长担心促成早恋。

日前，湖南省浏阳市一小学提出：将"鼓励男孩牵女孩的手、女孩牵男孩的手"作为一项重要内容，正式纳入该校的日常管理。据了解，该模式此前该校已经试行一年多。校方称，此举是为了培养学生"情商"，消除横亘在男孩女孩之间那道无形的"三八线"，部分家长对此表示担忧。专家认为，男女性别差异的话题不可避免，提倡男女学生之间正常交往，有利于培养他们健康的两性心理，增进男女同学之间的人际交往和互助协作能力。

第一，立论训练：从以下角度中选择一个分析。

（1）关于教育：对"鼓励男女生牵手"，请"高抬贵手"！

示例：男女牵手活动的设计很有新意，而且从心理学角度看，男女同学在一起的正常交往活动也有益无害，但谁也不敢保证不会出现意外，毕竟现在学生早恋倾向越来越明显，"爱火"已逐渐烧向小学校园。在外界近乎神经质的"关爱"下，不出问题还好，一出问题学校就得"吃不了兜着走"。正因为如此，教育创新者多战战兢兢，如履薄冰。

（2）关于家长：一"牵手"就早恋？似乎过于敏感了！

示例：如果家长能够积极地参与校方此项教育，为彻底打消男生女生间的不良朦胧意识，使他们真正理解"手牵手"的教化意义，将会达到事半功倍的良性效果。但家长采取无视、漠视或睥视的态度对之，势必使男生女生陷入"想牵"与"不敢牵"的两难之境。男生女生也就会在"质疑"中产生与校方教育目的截然相反的"想法"。由此产生的后果将远比刻意阻挠带来的后果严重。

（3）关于孩子："牵手"不易，"牵心"恐怕更难！

示例：如今的校园中，不仅异性同学之间友好牵手是一件困难的事情，而且同性同学之间，亲密无间的场景也难得一见。人与人之间的防范多于信任，我们教育孩子要时时处处防备着"坏人"。在此氛围中，童年的友善本性让位于成人反复告诫的防范意识，男女同学在不知不觉中也失去了牵手的"本能"。在这样的环境下，要孩子们牵手不易，要他们"牵心"则更难。

第二，破题训练：在上述分析的基础上结合原材料破题。

示例：一边是横亘已久的冰冷"三八线"，一边是不断向低龄蔓延的"早恋"之火，在这冰与火之间，男生女生的"牵手"陷入了战战兢兢、饱受争议的境地。那么，男生女生"牵手"是否合理？当前普遍存在于学生中的"人际缺失"和"早恋倾向"，究竟是由什么造成的？面对这些，社会、学校和家长该怎样做？

第三，小结立论与破题的方法。

评论靶子2：清华博士生辞职修车，扇了知识一耳光？

新闻由头：董冰，清华大学在读博士生，辞职前是清华大学党委保卫部副部长，校保卫处副处长，享受处级干部待遇，在北京有房有车，前途没有任何担忧。但是，他选择在苏州修电动车。如今，董冰蜗居在苏州一间8平方米的出租房里，每天骑着花30元钱买的自行车奔波在苏州的大街小巷。他的房子被抵押了，创业一旦失败，他和母亲或将居无定所。董冰在"逆向而行"。

第一，立论训练：从以下角度中选择一个分析。

（1）质疑——博士生辞职修车，长自己志气灭知识威风。

示例：劳动无贵贱，在一个多元化的社会里，从个人角度讲，董冰想干什么正当职业，那是他个人的私事，也是他的自由，任何人都无权干涉，不过，董冰的举动多少还是有些令人惋惜甚至失望。董冰辞职走人，算是解脱了，但知识分子的道义与责任怎么办呢？应该由谁接替呢？我个人以为，博士生修车，只是长了自己志气，却将知识颜面扫地，无疑会起到不良影响，引发"读书无用论"的争议——读书的价值与意义又何在呢？倘若这样的新闻人物不断出现，必然会葬送了知识的命运与前程，博士生修车的新闻还是少些为好。

（2）声援——清华博士生辞职去修车，耐人寻味。

示例：董冰的这种主动选择，对当前莘莘学子的就业提供了可鉴的范例。时下，众多大学生为就业难而头痛，尽管这有多方面原因，但不排除一些大学生好高骛远，一味地强求自身的学识价值与社会就业价值对等，结果高不成低不就。董冰的选择说明职业没有高低贵贱之分，重要的是改变就业门槛观念，在拼搏中实现自己的人生价值。

③反思——清华博士修车，值得深思的"不务正业"。

示例：如果一个社会的教育不能给高学历者提供与他们学历对应的技能和能力，那么，我们可以说，这个社会教育是失败的，起码是有待改进的；如果一个社会不能给高学历人才以学有所成、学有所用的环境，那么，我们可以说这个社会的用人体制也多多少少地出现了问题。所以，我们在思考清华博士修车是"不务正业"的同时，还有许多的问题需要认真思考。

第二，破题训练：在上述分析的基础上结合原材料破题。

示例：不同于之前名校学子"卖肉""陪聊"的新闻，清华博士生董冰去修车是完全"主动"的，没有就业艰难的压力，但也没有"怀才不遇"的抑郁。也正因为如此，很多人对董冰的选择深表不解，也有不少人为之摇旗呐喊。其实，赞同也罢，批判也罢，重要的是，这一现象有什么值得我们去思索的？

第三，小结立论与破题的方法。

评论靶子3："过年给父母磕个头"到底应不应该？

新闻由头：郑州一高校寒假留感恩作业——过年给父母磕个头。

寒假即将来临，郑州大学旅游管理学院的学生们领到了一项特殊的寒假作业：过年时给父母磕个头。这项名为"亲情寒假、感恩父母"的活动，建议学生"为父母做一顿饭、敬一杯酒、磕一个头"，用实际行动做一件让父母感动的事。"磕头是中华民族表达感恩之情的最高礼节，在春节这一传统节日里，用传统的礼节表达对父母的感恩之情是一件很有意义的事情。"发起"亲情寒假、感恩父母"活动的郑州大学旅游管理学院党总支副书记说。

第一，立论训练：自选一个角度分析。

（1）支持——感恩教育也需要"走形式"。

示例：感恩教育也需要"走形式"。课堂上、书本中的感恩教育在要实践中提升效果，必须依托某些形式。在我看来，给学生布置一项"磕头作业"，与要求学生回家帮父母干家务一样，都是一种不可或缺的、让学校感恩教育付诸实践的形式。

（2）质疑——"磕头"作业折射"教育幼稚病"。

示例：这道作业难免犯了"教育幼稚病"。一则作业颇为"天真"，从传统文化中找到最常见的感恩父母的方式，然后就认为能体现"亲情"，能表达出"感恩"；二则没有经验，作业布置者、赞同者自己是否做过，笔者不清楚。不过，至少他们对学生的心理感受不了解，对当今时代感恩内涵缺乏调查研究。拿形式化的东西当内容，断章取义地继续"传统文化教育"，这就是"教育幼稚病"。

（3）剖析——孩子，重要的是颗感恩心。

示例："男儿膝下有黄金，只跪苍天和娘亲"，其实，给父母磕头原本就是天经地义的，没必要难为情。谁也不会认为提倡磕头就是让我们复古、抱守残缺。可以确定的是，我们需要的不是磕头这一形式，而是形式背后的价值取向——表达感恩之情。如果你足够懂得感恩的话，你不磕头又有何妨？如果你不懂得感恩，你天天磕头又能如何？

第二，破题训练：在上述分析的基础上结合原材料破题。

示例：近日，郑州大学旅游管理学院给学生布置主题为"亲情寒假、感恩父母"的寒假作业，内容之一就是给父母磕一个头。应该说，郑州大学的老师给大学生们布置主题为"亲情寒假、感恩父母"这项寒假作业，其出发点是值得肯定的。学校本意在引导大学生开展弘扬传统美德，宣传"孝道"活动，无可厚非。让大学生身体力行、亲身践行中华传统美德，也是应该的。问题是，需要怎样引导和引导什么？如果对大学生硬性地规定"给父母磕一个头"，则不免有些形式化。

第三，小结立论与破题的方法。

第四，总结：

（1）破题的基本格式与规范表述。

（2）立论的基本思路与规范表述。

写作专题四：情境化命题作文导写

（一）情境化写作知多少

1.感知。

2019年新课标全国卷Ⅱ作文题：

阅读下面的材料，根据要求写作。

1919年，民族危亡之际，中国青年学生掀起了一场彻底反帝反封建的伟大爱国革命运动。1949年，中国人从此站立起来了！新中国青年投身于祖国建设的新征程。1979年，"科学的春天"生机勃勃，莘莘学子胸怀报国之志，汇入改革开放的时代洪流。2019年，青春中国凯歌前行，新时代青年奋勇接棒，宣誓"强国有我"。2049年，中华民族实现伟大复兴，中国青年接续奋斗……

请从下列任务中任选一个，以青年学生当事人的身份完成写作。

① 1919 年 5 月 4 日，在学生集会上的演讲稿。

② 1949 年 10 月 1 日，参加开国大典庆祝游行后写给家人的信。

③ 1979 年 9 月 15 日，参加新生开学典礼后写给同学的信。

④ 2019 年 4 月 30 日，收看"纪念五四运动 100 周年大会"后的观后感。

⑤ 2049 年 9 月 30 日，写给某位"百年中国功勋人物"的国庆节慰问信。

要求：结合材料，自选角度，确定立意；切合身份，贴合背景；符合文体特征；不要套作，不得抄袭；不得泄露个人信息；不少于 800 字。

2. 解读。

解读1：《普通高中语文课程标准（2017 年版 2020 年修订）》

强调"真实、富有意义的语文实践活动情境是学生语文学科核心素养形成、发展和表现的载体"，强调写作能力应该是在"真实的语言运用情境中表现出来的语言能力及其品质"。

解读2：《高考评价体系的基本内涵与主要特征》

命题的基础性，要求以生活实践与学习探索中最基本的问题情境作为任务创设与知识能力运用的载体。

命题的综合性，要求以多项相互关联活动的复杂问题情境作为载体。

命题的应用性，要求试题以贴近生活、贴近社会、贴近时代的生活实践和学习探索情境为载体。

命题的创新性，要求创设合理问题情境，设置新颖的试题呈现方式和设问方式。

解读3：《基于高考评价体系的语文科考试内容改革实施路径》

高考语文科考查载体

情境是实现考查内容和考查要求的载体，高考评价体系"一核四层四翼"的实现需要借助情境化的设计理念与实践，才能确保改革设计目标的落实落地。

个人体验情境是指学生个体独自开展的语文实践活动。基于学生的自主阅读、独立思考与自主写作实践，强调在各自不同的语文实践活动中，正确理解和熟悉掌握祖国语言文字的具体应用情境。

学科认知情境是指学生探究语文学科本体的具体过程。基于语文学科的综合性、整体性、系统性，突出学生参与语文实践活动过程的语文学科认知能力。

社会生活情境是指学生熟悉的家庭生活、学校生活和社会生活。基于语文学科特有的工具性、基础性、实践性，突出运用祖国语言文字参与社会实践的语文核心素养。

解读4：《健全立德树人　促进全面发展——2019年高考语文试题评析》

讲述奋斗故事，激励接棒青年

全国Ⅱ卷作文题"青春接棒，强国有我"，从五四青年奋起，到新时代青年奋勇接棒，再到民族复兴中国青年接续奋斗，"奋斗"的主线贯穿整个中华民族伟大复兴的历史进程。通过材料与任务驱动，营造真实的奋斗情境，让考生感知青年奋斗与现当代中国历史进程的相互关系，正面引导考生增强担当意识，激励奋斗精神。

创设情境，聚焦学科素养求创新

学科素养反映核心价值，是以情境为载体对必备知识和关键能力的综合运用。2019年高考语文命题聚焦语文学科素养，紧密衔接高中课程标准，扩展素材选取范围，突出试题的情境化设计，落实综合性、创新性考查要求，引导考生勇于探索、大胆创新。

将作答要求与人生体验相结合，创设真实的任务情境。全国Ⅰ卷作文"热爱劳动，从我做起"要求考生"面向本校同学"写一篇演讲稿，Ⅱ卷作文"青春接棒，强国有我"设置5个具体写作任务，要求考生任选其一，准确把握历史背景，在特定的情境中以特定的身份、特定的文体展开想象与思考，完成写作。这些任务要求通过设置与真实生活高度接近的写作情境，对考生的语言文字表达能力提出更高要求，也清晰指示了语文素养提升的具体方向。

解读5：《紧贴时代培根铸魂　深化改革行稳致远》

2.2 巧设情境，聚焦表达应用

文章写作是语言表达的重要形式，高考语文试题注重考查应用写作能力。应用写作着眼于现实需要和任务驱动，提倡真情实感，注重问题解决，有助于落实立德树人根本任务，有利于发挥高考的引导教学功能。应用写作的适用范围非常广，包括但不限于应用文写作，凡是涉及个人、集体、社会生活中所需要的书面交流与表达，都可以成为应用写作的考查内容。以 2020 年作文试题为例，既有过去常见的应用性文体，如全国 III 卷给高一新生写一封"如何为自己画好像"的信，全国 I 卷写一篇参加"历史人物评说"主题班会的发言稿，全国 II 卷写一篇"携手世界，共创未来"的演讲稿；也有新的应用写作形式，如新高考 II 卷作文试题要求学生以《中华地名》节目主持人身份，写一篇"带你走近_____"的主持词。试题设置特定的作文材料，有具体的情境任务，能够体现应用写作实用性、针对性的特点，能够有效规避令人诟病的所谓"高考体"写作。

3. 归纳。

命题者预先设定一个具体情境，或是一个场景，或是某一事件，或是某一身份角色，或是某一交流语境，要求考生从这一情境出发组织写作的一种作文形式。可以分为内容情境、交际情境和文体情境等。

（二）情境化命题写作的关键能力

1. 指路子。

审题立意辨情境，行文思路现情境。

2. 树标杆。

2020 年新课标全国卷 I 作文题：

阅读下面的材料，根据要求写作。

春秋时期，齐国的公子纠与公子小白争夺君位，管仲和鲍叔分别辅佐他们。管仲带兵阻击小白，用箭射中他的衣带钩，小白装死逃脱。后来小白即位为君，史称齐桓公。鲍叔对桓公说，要想成就霸王之业，非管仲不可。于是桓公重用管仲，鲍叔甘居其下，终成一代霸业。后人称颂齐桓公九合诸侯、一匡天下，为"春秋五霸"之首。孔子说："桓公九合诸侯，不以兵车，管仲之力也。"司马迁说："天下不多（称赞）管仲之贤而多鲍叔能知人也。"

班级计划举行读书会，围绕上述材料展开讨论。齐桓公、管仲和鲍叔三人，你对哪个感触最深？请结合你的感受和思考写一篇发言稿。

要求：结合材料，选好角度，确定立意，明确文体，自拟标题；不要套作，不得抄袭；不得泄露个人信息；不少于800字。

3.巧辨析。

（1）内容情境：班级计划举行读书会，围绕上述材料展开讨论。齐桓公、管仲和鲍叔三人，你对哪个感触最深？

（2）交际情境：发言者和发言对象的身份是青年学生，命题者充分发掘中华优秀传统文化资源，巧妙融入材料中，用中华优秀传统文化之光照亮青年心灵，达到以文化人的目的。

（3）文体情境：发言稿。发言的目的是打动听众，使其对发言者的观点态度产生认同，所以一定要有说服力和感染力；从形式上看，发言稿写作要结构清晰，层次简明。

4.明表达。

范文：

大有大无鲍叔

亲爱的同学们：

  大家好！非常荣幸在本次读书会上发言。齐桓公志存高远，一匡天下成霸业；管仲恪尽职守，鞠躬尽瘁成美名。然而，令我感触最深的，莫过于"大有大无的鲍叔"。

  每当读起鲍叔让贤、管鲍分金的故事，回望鲍叔的背影，我的心中总会产生一种仰望泰山、遥对长城的肃然敬意。他的识人之明、忠义之举、淡泊之至，早已化作滋润万物的阳光雨露，化作千峦万壑的松涛合奏，穿越古今，横跨天地，光照千秋。

  ……

  朋友们，今日，我们在读书会上畅谈古今，体悟鲍叔大有大无的旷世风骨；明天，就让我们将内心的深刻感触汇聚成青年意气、逐梦力量，在中华民族伟大复兴的征程上，成长为胸怀宽广、才识非凡的优秀人才。

  我的发言完毕，谢谢大家！

（三）情境化写作升格操练

1. 树靶子。

下文是某校一次考试的作文题：

阅读下面的材料，根据要求写作。

复兴中学将举办"中华名人与青春成长"征文比赛，高三（6）班为此进行了"热身"交流，李博同学介绍了自己了解的曾国藩：曾国藩的最高理想是"立德、立功、立言"，并以毕生的努力使之成为现实；他天资并不聪颖，考了七次才考中秀才，还是全县倒数第二名；他恪守"三畏"——畏天命、畏人言、畏君父，对自己要求极严；他说穷能养志气，认为"凡世家子弟，衣食起居无一不与寒士相同，庶几可以成大器"；他身为朝廷大员，但每餐只有一个菜，绝不多设……李博的发言引起了同学们的热烈讨论。

假如你是高三（6）班的一名学生，听了李博同学的讲述，你会有哪些感受和思考呢？请你选取感触最深的一点，写一篇文章参加学校的征文比赛。

要求：结合材料，选好角度，确定立意，明确文体，自拟标题；不要套作，不得抄袭；不得泄露个人信息；不少于800字。

2. 指路子。

考场作文开篇示例：

立德 立功 立言

"滚滚长江东逝水，浪花淘尽英雄。"中华上下五千年，有多少名人值得我们纪念？有多少英雄值得我们学习？作为新时代的新青年，向前辈学习是我们的义务，更是我们的责任。曾国藩正是长江中的一朵浪花。他天资不聪颖，却坚持不懈地学习；他虽为朝廷大员，但不纵享富贵。而最令人印象深刻的，便是他的最高理想：立德、立功、立言。

3. 学样子。

以德树己，携梦前行

"立德、立功、立言"是朝廷大员曾国藩的最高理想，也是他毕生追求的方向。对正值少年的我们而言，这也无疑是青春成长的航标。修养德行，提升能力，树立理想才有底气追寻心之所向。

德为万事之本。想立功，必先立德。自古以来，人们对德的重视从未改变。许多奸诈小人在历史中昙花一现，他们利用职务之便逞一时之能，可最后都逃不过被诛的命运。

生活俭朴方能成大器

曾国藩曾云："凡世家子弟，衣食起居无一不与寒士相同，庶可以成大器。"这句话放到古时十分适用，放今时有人却不以为然。

原因无他，只因这几年出现了一句话，叫"寒门难出贵子"。许多人认为更富裕的家庭更易培养出优秀的孩子。家庭条件好不仅意味着良好的生活条件，还有更好的教育资源。好的家庭条件，父母通常都是知识分子，给孩子的教育会更加全面，不仅知识丰富，素质也高；而寒门子弟对比下来自然难出"贵子"。

4. 小结。

情境化命题作文导写的必备知识与关键能力：

必备知识：各种应用文体的基本格式、语体特征等。

关键能力：辨析情境、规范表达情境的能力。

下编
基于课堂的理论探究

从 2005 年主持的江西省教育科学规划"十五"课题"阅读写作整体教学"立项，到 2010 年主持江西省中小学教育教学课题研究与实验基地工作领导小组办公室课题"自主·互助·互教课堂学习模式的探究与实践"，到 2015 年主持江西省中小学教育教学课题研究与实验基地工作领导小组办公室课题"新高考改革下高中语文三重课堂的构建策略的研究"，再到 2023 年主持的江西省教育科学"十四五"规划年度学科带头人专项重点课题"整体教学视域下高中语文三重课堂模式的构建与实践研究"结项，四项课题研究时间跨度十八年，完成了从高中语文学科读写内容，到语文课堂形式，再到语文课程的整体构建。这十八年的基于课堂的理论探究，始终聚焦高中语文教学的关键问题，武杰教授评价："当前我国语文教学已深陷'阅读技术化、写作陈式化'不良境地，学生的阅读写作因此渐离人之性情。而陈小荣老师的上述研究与研究成效无疑是冲出这一境地的选择之一，给人启发，值得赞赏。"万俊文等专家认为："'整体教学视域下高中语文三重课堂模式的构建与实践研究'课题立意符合当下双新教学新的形势，对高中语文教学的认识较为深刻，研究问题明确，论证严谨，理论基础扎实而针对性强；课题建构的"三重课堂"——高效课堂、建构课堂和发展课堂，思路清晰，层次分明，紧扣新的课堂教学模式呈现了丰富的研究内容，形成了三重语文课堂模型的操作要点与基本理念；研究方法重行动研究及案例研究，研究结论回答了高中语文学科'为什么教、教什么、怎么教'的问题，有深度，可资借鉴。"2019

年版的统编高中语文必修教材编写的亮点之一正是读写融合，这也是对一批语文教学工作者长期探究和呼吁的回应！这几项课题的研究从过程性来说都已结题，但仍然可以顺应新的形势继续做深入的研究，以更丰硕的成果为语文教学高质量提升赋能。对于一线教师而言，我们很难贡献新的知识，但我们对经验的凝练无疑是改进和优化教学的重要路径，实践性、探究性和学术性也恰是当下教育家精神的写照。课题的研究从课堂真实需要出发，为此，下编的理论探究可以在上编的课堂教学中找到实证，这正是让教改真实发生的逻辑！

第三章 高中语文阅读写作整体教学的路径

阅读写作教学一直是制约语文教学有效化的一个核心环节，也是直接影响高考语文改革的重要因素。在本章中，笔者将从高考阅读写作中出现的问题以及我国现行高中语文教材中呈现的读写教学体系出发，提出高中语文读写整体教学模式的论题。试图从"世界""写作""文本""阅读"四个要素出发，对阅读写作整体教学提出自己的认识和看法，并以自己在这方面的实践来证明其可行性。

一、高中语文阅读写作教学的困境

（一）对高考现代文阅读命题的思考

作为检测学生阅读水平高低的方式，高考阅读理解题设置的合理性是毋庸置疑的，但也一直处于尴尬的境地，考生的得分率一直偏低。原因主要有两点，一方面，考生在阅读上存在误区；另一方面，高考阅读的价值取向与学生平时的阅读出现偏差——命题者"一元命题"思维难以突破，考生"多元解读"必然会出现偏离。鉴于此，如何寻求一条破解现代文阅读的路径就大有必要。这里先从江西卷语文存在的一些现象说起。

1.2007年江西卷现代文大阅读试题。

江西卷：《泰山很大》汪曾祺（正文略）

16. 从全文看，作者是从哪些方面写"泰山很大"的？请加以归纳。(6分)

答：从不同文化人对泰山的描述，写泰山境界宏大；从不同帝王的封禅，写泰山政治文化内涵博大；从作者的认识变化，写泰山对人的心灵震撼力巨大。

17. "写风景，是和个人气质有关的"，这句话在全文结构上起什么作用？请简要分析。(5分)

答：这句话在文章结构上承上启下：一方面，它承接上文，是对上文不同文人所写泰山的归结；另一方面，它开启下文，交代了作者自认为写不了泰山的主要原因，进而转入对泰山封禅的叙写。

18. 结合原文，分析作者为什么说"泰山是一面镜子"。(6分)

答：无论是文人、帝王还是游客，泰山都照出了他们各自的不同。从杜甫、李白等后人描写泰山的诗文中，照出了他们不同的思想、才情、风格和气质；从秦皇、汉武的封禅行为，照出了他们人格夸大的一面和虚弱的一面；从作者再次登临泰山，照出了他的偏激和最终安于微小和平常。

19. 下列对文章的赏析，正确的两项是（ AD ）。(4分)

A. 作者的气质本不适合写泰山，但本文却写出了泰山之大，其巧妙之处在于作者独辟蹊径，回避了对泰山风光的描写而从文化角度去揭示其博大的内涵。

B. 文章中作者情绪由开篇的偏激转为愤懑，最后归于平和，这种情绪变化的过程实质是作者坎坷人生经历的艺术象征。

C. 作者以惯写小桥流水之笔，采用以小见大的手法，选取了泰山上的秦刻石和无字碑两处小景进行描写，成功地表现了泰山的雄伟恢宏。

D. 本文多处引用古诗、典故，提及不少名人轶事，不仅丰富了文章内涵，而且提升了文章品位，是一篇优秀的文化散文。

E. 文章感情真挚自然，有分析，有感悟，语言幽默活泼，笔力遒劲老到，与他的《胡同文化》一样，于嬉笑怒骂之中展示出作者对传统文化和现实人生的深刻反思。

2.2006年赤峰市高三统一考试语文试题。

14. 文中说，同样写泰山，李白的诗却让人感觉"底气不足"，为什么？请用一句话概述其原因。(4分)

答：因为李白心中缺少杜甫一样的"对祖国的河山无比忠悃"。（意思对即可）

15.（1）第4段讲他对泰山的不敢认同，第6段又承认泰山的雄伟，运用了什么表现手法？（2分）

答：欲扬先抑。（2分）

（2）文中说"我对泰山不能认同"，对这句话的意思该如何理解？有什么潜台词？（6分）

答：理解：我和泰山不能"物我合一"。潜台词：不喜欢泰山，不喜欢伟大。

16. 文章第9段说："泰山是一面镜子，照出每个人的价值。"写出你对这句话的理解。（4分）

答：巍峨的泰山，或正衬出人的伟大，或反衬出人的渺小。它让你认清自己在社会中的位置及作用。或答：面对泰山，你可以从对泰山的情感中清楚地认识到自己，或伟大，或渺小。（本题满分4分，学生能把握文章第6～9段，结合文中主旨，言之有理即可）

17. 概括本文的主题思想。（6分）

答：世上的事物有伟大、渺小的区别，对此该平和理性地认同。人该各安其位，体现价值。（本题满分6分，意思对即可）

两份试卷从不同的角度对文本进行了解读，都考查了"泰山是一面镜子，照出每个人的价值"这句话的理解。

两份试卷同时考查这句话，可谓英雄所见略同，说明了这句话在文中的重要性。不过我们先来看一下两份试卷给出的参考答案，对照一下就会发现，两份答案相差很大，交叉的只有一个点。换句话说，如果考生做了2006年赤峰市高三统一考试语文试题的话，他只能在2007年的江西卷考试中得2分。这是很糟糕甚至是很荒唐的事情。而出现这一现象的原因在于命题者对原文的解读角度不一样。江西卷的命题者将"从某个意义上说，泰山是一面镜子，照出每个人的价值"看作总结全文的一句话，所以就形成了三个要点，刚好也是对全文的分层概括，这是站得住脚的。而赤峰市高三统一考试语文卷的命题者却从另一个角度理解。我们先看原文后四段的内容：第6段用了一个"但是"进行语意的转换，表达了作者的认识有了转变，即对泰山的认同；第7段用了一个"同时"表并列，亦即在认同泰山的时候也认识到自己的微小；第8段用了"这是"表总括，依据"瞻前顾后"原则及语意的逻辑性，此当是对第6、第7段的概括；第9段用"从某个意义上说"引出观点，可以从两个角度理解，一是"从某个意义上说"实质上是对第8段的转述，那么就可以这样来表述"泰山是一面镜子，照出每个人的价值，是因为我在泰山受到的一次教育引发的"，从语篇的角度看这是一个因果句。很明显2006年赤峰市高三统一考试语文试题正是从这一角度理解的，所以它提供的答案就是对第6、第7、第8段的概括理解，从而形成了两个要点，这也没有错。那么问题就来了，谁是对的呢？或者说谁给出的答案更倾向于作者的表达意图呢？

2008年江西卷语文回避了一些有争议或模糊的理解，命题的规范性得以充分体现，特别是在对文章的整体阅读要求上更加明确。但第五大题现代文阅读中的第18小题还是存在一些问题。"18. 这是一篇悼念鲁迅先生的文章，作者却用了大量笔墨回忆十多年前瞻仰孙中山先生遗体等有关情况。这里运用了什么表现手法？试做简要分析。（6分）"提供的答案为衬托。用孙中山先生的伟大人格衬托鲁迅先生的伟大人格。用作者孩提时代对孙中山先生的"敬慕"衬托"微跛的孩子"对鲁迅先生的"敬慕"。这道试题从命题的意图上来说是没有问题的，但给出的答案却值得商榷。"衬托"在《现代汉语规范词典（第4版）》中的解释是"用乙事物陪衬甲事物，使其更为突出"，而对"陪衬"的解释是"（次要事物）置于主要事物附近，使主要事物更加突出"。很明显"衬托"强调突出的对象是后者。由答案去揣摩命题的意图，就存在这样的可能：命题者（读者）认为作者在文章中更要突出强调的是对鲁迅先生的敬慕。但从作者或文本来看，似乎很难判断出有这一意义，也就是说作为读者兼命题者在阅读中读出了这一意义，而这样解读又存在一定的缺陷——没有客观的依据证明。这时却要将其强加给其他的读者（考生），就有失公允。事实证明也是如此，很多考生在解答这道题时读出的意义（答案）和命题者读出的意义（答案）有很大的差距。其代价是考生丢失分数。多元阅读的尴尬在2008年的江西卷中仍然没有解决！

由此，引发了笔者对高中语文阅读教学中文本解读的多元化特征及策略的思考。

第一，多元解读要有一个相对的标准。新课标倡导对文本进行多元解读，但这个"元"必须是有一个中心、有一个参照的。一是符合文章学的自身规律，语言在特定的语境中是趋向精确而不是模糊的。我们在写作中可能都有这种经历，即写出来的内容和自己实际要表达的有差距。这是受了语境的影响。要尊重文本自身"表现"的信息，所以答题时结合具体的语境就变得很重要。二是要兼顾作者的写作意图，多揣摩其初始的表达指向。但在高考中我们却陷入了以下尴尬境地：一是提供的答案不是多元的，它会相对集中到一个思维的表达层面上去，考生不可能脱离最核心的"元"来自主答题；二是命题者如果对文本的"元"把握有所侧重，命题角度不一，考生就必然出现做了也白做甚至反受其害的情况，而考生在高考中又处于弱势，这时候就要求命题者多些宽容。其实在文学作品的阅读中，要更多地宣扬的是个性而不是权威。

第二，要立足于整体把握，谨慎小心，懂得变通。对于考生而言，千万不能带有"胜券在握"的思想，认为做了某道题就可按照命题者提供的参考答案简单地复制，必须多立足于文本、多立足于作者，甚至多揣摩命题者的命题思路。考生在高考中永远处于弱势，要多角度去揣摩，要多从命题者的角度揣摩。比如，江西卷这些年的阅读，命题者喜欢立足全文进行整体考查，重视全文的语境和整体篇章结构，这无疑为考生答好阅读题提供了一个好思路。

第三，教师指导学生进行阅读训练要重结果，更要重过程。对于一线的教师而言，在指导阅读训练时要特别注意不能拘泥于一个参考答案，应多从整体阅读的角度，如从文章的内在结构、整体思路等去指导学生。值得注意的是，一些基本的语篇分析理论是提高阅读效率的好途径。多引导学生了解命题的特征和规律，总结一些实用的方法。如指导学生依据文本形成较清晰的阅读思路，再依据题目形成清晰的解题思路，这两个思路吻合程度越高，往往答题的准确率也越高。

据此，笔者认为，历年高考阅读题尤其是现代文大阅读题的得分率很低的一个重要原因，就是缺少整体阅读思维。破解阅读低效难题，可从培养整体阅读开始。

（二）高考作文"不要套作"的启示

2008年明确提出写作时"不要套作"要求的高考试卷有：全国卷甲、全国卷乙、安徽卷、重庆卷、宁夏/海南卷、江西卷、辽宁卷、福建卷。

2007年明确提出写作时"不要套作"要求的高考试卷有：全国卷甲、全国卷乙、江西卷、宁夏/海南卷。

2006年明确提出写作时"不要套作"要求的试卷有：全国卷甲、全国卷乙。

从2006年全国卷首次提出"不要套作"，到2008年全国各地共八套试卷强调"不要套作"，不要套作的呼声越来越高，这也充分说明作文套作问题已相当严重。所谓"套作"就是指考生在临考前背好一些范文或优美的句段，在考试时套用到作文上，并牵强地与考试作文的主旨相结合的写作。"抄袭"和"套作"成了高考作文的两个顽症。

作文的套作从某个角度来看是话题作文的一个衍生物。这些年话题作文的弊端暴露得越来越明显，"反套作"实质上就是对话题作文命题的一个修正。其实，也不仅仅是话题作文存在套作问题，北京的特级教师王大绩就曾专门阐述"历年高考同一题"的观点。他认为历年高考作文都在演绎、阐述着同一个主题：传统与时尚的融合、碰撞——传统来自历史，时尚指向未来。懂得了"传统与时尚的融合、碰撞"，实际上就是懂得了人生和生活。考生应以熟悉的生活、感兴趣的事物为窗口，认识社会、感悟人生，在学会做人的同时，丰富感情、提高思想、锤炼语言，提高语文综合素养，从而驾驭高考作文。要改变传统的、就地取材的被动做法，下决心将命题放在熟悉的生活中去表现，而备考的方向就是在"传统与时尚融合、碰撞"的轴线上感悟熟悉的生活，展开联想与想象的双翼。同时要明确的是，高考作文考的是写作能力，不是审题能力。考场作文呈现题目、材料和提示语的主要用意是提示而不是限制。考场作文离题的主要原因不在于审题，离题的问题也不是仅靠审题就能解决的。离题的本质是作文内容与题目不和谐、断裂，离题的根源在于选材。选材不是来自熟悉的生活，而是从素材库中机械地套用，这必然导致材料和主题缺乏内在的关联性和整体性。所选材料要结合社会和人生经历。写作存在一个整体性，如果能够从整体上把握高考作文的写作，写好高考作文是完全可以做到的。

以江西三年（2005年、2006年、2007年）高考作文命题的情况试做论证。2005年江西高考作文以"脸"为话题，2006年以"雨燕减肥"为话题，2007年以"语文，心中的一泓清泉"或"语文：想说爱你不容易"为话题。以上这种人文性的话题很容易用一个素材来进行写作，这也是话题作文很容易"套作"的原因。比如以苏轼这一素材为例，分别可以演绎为苏轼的"沧桑与沉稳之脸"、苏轼面对逆境确能"旷达与从容"、在学习语文过程中读苏轼就像是"一泓清泉"。在阅读教材中有关苏轼的作品时就进行有关联的群文阅读，精选李元洛的《卷起千堆雪》、康震的《评说苏轼》等文章进行整体阅读，梳理出一个相对完整的苏轼印象，并熟稔他的一些人生细节，品味他的生命意识，熟记他的一些与命运、人生息息相关的诗词，在自己的写作中反复训练，从而实现整体写作。由此可见。这三年江西高考语文作文实质上就是在写一篇关于苏轼的文章，用的就是苏轼这一个人物。以"脸"为话题，写苏轼的品质、性格，只要点出苏轼这张脸就可以。以"语文，心中的一泓清泉"为题，只需写苏轼的人格魅力对"我"的影响就如一泓清泉，辅之其诗词加以佐证就足够了。"雨燕减肥"则稍微隐蔽一点儿，要对苏轼的人生有相对完整的了解，在导入上要多做文章。先概括苏轼进入仕途后因"乌台诗案"被贬黄州，又在短短的一年多的时间里，从一个八品官骤升为三品大员，最后又在短短的几个月被贬到了惠州，再贬到儋州。然后引用和他人生遭遇相对应的诗文并进行自己的解读，并切到"要不断地给自己心灵减压"这个主题上去。这样"雨燕减肥"就名正言顺了。所以如果从这个角度来看，江西卷这三年的自主命题同样也是在考同一道题。

2008年的江西卷作文却又给了我们另一个启示——思维的多样性。很多考生看到2008年的作文题时很不习惯，感觉既熟悉又陌生。说熟悉，是因为作文材料是关于发生在2007年的洞庭湖鼠灾的，如果考生经常关注社会，则对这一材料并不会陌生，因为《新闻联播》和《焦点访谈》都专题报道过；说陌生，是考生在作文训练过程中几乎没有写过类似的就社会热点阐述自己看法的文章，更多的是如上文所谈的训练如何套作，机械地背一些现成的满分作文中的材料。一旦高考避开考生平时的写作习惯和思维，需要写反套作、反速构作文时，考生作文的致命弱点（思维模式化）就暴露无遗。

其实，不论是命题者要求"不要套作"，还是考生有意地铤而走险——"套作"，都从侧面说明作文具有整体性。它既包括内容的整体性，如"关注自我"与"关注社会"的统一；也包括形式的整体性，如各种文体的规范乃至一定的模式化。如果能够真正去解决写作的整体性，就不会出现考生考前背范文，考试绞尽脑汁地"速构"乃至"套作"的情形。

由此，强调写作的整体性，也许正是解决目前高中学生写作难题的有效途径。诚如某些高考命题者所说，学生的考场作文患的是癌症，是到了该彻底救治的时候了。整体阅读写作或许正是救治的一剂良药。何况阅读和写作又是一个共同体，有什么样的阅读就会有什么样的写作。高中语文阅读写作整体教学由此提出。

（三）对我国现行语文教学中的读写阅读写作体系的思考

我国全日制普通高级中学教科书（必修）中的阅读体系见表3-1。

表3-1 我国全日制普通高级中学教科书（必修）中的阅读体系

教科书	第一册	第二册	第三册	第四册	第五册	第六册
第一单元	中国现当代诗歌，外国诗歌	中国现当代小说（一）	《诗经》《离骚》，汉魏晋诗歌	中国现当代小说，外国小说（2）	哲学论文，哲学随笔	科技论文，科技说明文
第二单元	中国现当代散文，外国散文（一）	杂文	唐诗、宋词	中国古代白话小说	文艺学论文，文艺学随笔	语言学论文
第三单元	演讲词	科技文	中国现当代散文（二）	中国现当代戏剧，外国戏剧	《阿Q正传》	《红楼梦》
第四单元	序言	文艺随笔	中国现当代散文，外国散文（三）	中国古代戏曲	西方现代主义文学	《史记》
第五单元	先秦使传，先秦散文	汉魏晋散文	宋代散文	古代散文	李白诗歌，杜甫诗歌	
第六单元	先秦诸子散文	唐代散文	明清散文	古代散文，古代文言小说	《孟子》	

依据教材的说明，第一阶段（第一、第二册）在初中的基础上，学习中外文

学作品，着重培养理解文章的能力、欣赏文学作品的能力和阅读浅易文言文的能力。第二阶段（第三、第四册）学习中国当代文学作品、中国古代文学作品和外国文学作品，着重培养欣赏文学作品的能力和阅读浅易文言文的能力。第三阶段（第五、第六册）学习文化内涵比较丰富的社科论文、科技说明文和文学名家名作，着重培养研讨、评价论文和文学作品的能力。在培养阅读能力的过程中，引导学生学会学习，形成正确的价值观的目标则贯穿于高中三个年级。这样就形成了由易到难、由浅入深的序列。

第一阶段（第一册）按照写作心理的几个方面编排，力图引导学生把握写作的规律，提高写作能力。第二阶段（第二至第五册）主要培养学生写作记叙文、议论文和说明文的能力，并引导学生尝试文学小创作。第三阶段（第六册）按照写作过程的几个步骤编排，力求引导学生把握书面语言表达的规律，提高书面表达水平。

二、阅读写作整体教学的探究

（一）阅读写作整体教学研究的现状

我国语文教学自古有读写并重的传统。唐代杜甫的"读书破万卷，下笔如有神"强调读是基础，厚积才能薄发。宋末元初程端礼提出"劳于读书，逸于作文"，揭示了读写关系的统一性，体现了读写自然结合论。近代姚恩铭研究读写之间的关系，认为"读法和作法有密切之关系。形式上有吸收文字、文章之力，内容上有启迪思想感情之能"。之后，一些专家学者不仅看到读写关系密切的一面，而且强调读与写个性化的一面。叶圣陶指出，读写是两种能力、两种活动，相辅相成。所谓阅读教学，本身自有其重要性，并非作文教学之辅。对读写关系的研究，由以读促写的自然结合型到读写既有联系又有区别的相辅相成型，认识逐渐全面、深化。

较早系统实践阅读写作整体教学的是特级教师丁有宽。全国近30万学生参加了丁有宽小学读写结合教学实验，实验效果显著。这一实验的最大贡献在于：既看到读、写各有自己的任务，又看到二者统一、重合之处，使之紧密结合，同步训练，优化过程，优化内容，优化结构，优化方法，创立了读写结合的语文训练体系。这个体系由两大部分组成。一部分是教学体系：包括体现记叙文读写规律的"五十法"（或五十项基本功）、体现读写结合对应规律的七项读写结合学习法、体现不同年级学段特点的读写结合五步训练等。另一部分是教材体系：实验教材以全面素质教育思想为指导，以大纲为依据，体现改革精神，体现工具性和教育性的统一，体现读写结合训练型的体系，注重语文能力的培养。其特色是取消专设的作文课，将作文课和阅读课融为一体，把字、词、句、段、篇训练和记叙文训练紧密结合，建立起"读写同步，一年起步，系列训练，整体结合"的训练体系。在我国，各种类型的小学语文教学改革实验不断涌现，但能做到教材与教学改革同步的很少，由农村小学发起，适用于"老少边穷"地区的教学与教材配套改革的语文教改实验更是凤毛麟角。丁有宽小学读写结合教学实验所体现的读写结合、优化训练的思想和体系，具有开创性的意义，对克服目前普遍存在的阅读教学烦琐、低效问题与读写脱节的弊端有启示和指导的意义。

在中学阶段进行阅读写作整体教学的代表是特级教师王运遂。王运遂的"读写改三课型一条龙"整体教学模式也取得了很大的成绩。"读写改三课型一条龙"整体教学模式从学生学习语文的客观心理出发，以思维训练为重点，抓住阅读写作这个中心环节，加强学生学习的自我反馈，强化思想教育功能，加强课内外的横向联系，来带动和促进语文基础知识的学习和其他语文能力的训练。着眼于培养学生自会读书和自能作文的能力，促进学生整体素质的全面提高。该模式设计了"阅读课""写作课""批改课"三种基本课型，辅以活动课、选修课，组成"读写改三课型一条龙"的教学程序，使读、写、改有机地结合起来，构成一个表示各主要因素间的关系，带动其他因素，反映语文整体的简约教学结构体，达到能"自读、自写、自改"的目的，使学生形成较强的自觉能力。

近几年来随着新课程改革的不断深入，阅读写作整体教学越来越被重视。有很多学者分别从阅读和写作的整体性做了阐述。以下列举近十五年关注整体性教学的论述。

曹明海、史洁在《语文教育与课程改革理论前沿考察》中指出，语文教育不仅是一个单纯的语文技能训练过程，而且是一个陶冶性情、建构精神、促进生命成长的文化过程。这个过程就是建立在整体把握基础上的。

潘冠海的《语文课程文化的检视与建构》提出了"人文性课程文化建构"的设计：取向上，建构关注生命的语文课程文化；过程上，建构重在理解的语文课程文化；态度上，建构分享和反思的语文课程文化。这是语文宏观上的整体性构建。

杨建设在《课改下语文知识的教学》中指出，学生在阅读时尽管将精力集中在阅读上，但是他还必须时刻在附属意识中关注"应该怎么读"的知识，并不断地将视线从知识转移到阅读上。基于知识与阅读的这种关系，知识应该是一种前置积累，阅读的知识应该是学生在阅读之前所获得的。

蒋成瑀的《介入、融合与创造——阅读教学的问答对话结构》研究了"阅读教学的问答对话结构"，提出阅读教学的对话结构应由三个层次构成：一是"介入"，师生介入文本、接纳文本的问题，阅读主体与文本主体展开对话；二是"融合"，师生对文本进行重构，置入自己的问题，交流、碰撞，达成共识；三是"创造"，师生自我反思，拓展链接，将文本应用于实践，实现对文本的超越。

王荣生的《"阅读能力"与"阅读方法"——散文阅读教学内容问题研讨的预备之一》论述了对"阅读能力"的两点认识：第一，阅读是特定取向的阅读；第二，"怎么读"很大程度上可以归结为"读什么"。研究阅读方法，研究如何培养学生的阅读能力，实际上就是要对特定阅读取向下"读什么"进行具体化的研究。

祝亚峰在《经典阅读与外国文学教学》一文中提出，文学作品的多层次性决定了文学意义的多层次性及研究方法的多元化。建议用文本细读和文本阐释相结合的方法来解读文本，细读重点聚焦于文本内部，阐释重在文本外部的拓展与延伸。

郭成杰在《也说"有一千个读者就有一千个哈姆雷特"——试用复杂结构范式理论分析阅读和欣赏的基本构成及演变》中用复杂范式结构看阅读，认为阅读的过程就是文本意义、作者意义和读者意义三者的演变过程。其中文本意义是固化在文字系统中的，因而是唯一的（即一元）；作者意义随着时间的变化而变化，表现为线性多元；读者意义在横的方面因人而异，在纵的方面因时而异，表现为网状多元。文本意义既是获得作者意义的依据，也是评判读者意义质量的参照，是最重要的。

栾贻爱、顾东臣《对新课程背景下中学作文教学现状的调查与思考》一文中的部分调查数据显示：关于作文教学的目的，有67%的教师选择"为在考试中取得好成绩"；有56%的教师从未拟订过作文教学的计划；目前的作文教学指导集中在写前，教师普遍忽视写中与写后的指导，这是作文教学研究面临的巨大挑战。

马正平在《作文教学有没有一个体系？应该是一个什么体系——21世纪作文教学需要一种什么样的体系》一文中提出，"非构思写作状态和境界"是中小学写作教学的终极目标，但在教学内容上，重点不应该放在让学生自发、自由进行"写作实践"与"阅读"上。它们虽然是写作能力生成的重要和必要途径，但却是"非教学行为"，只有"通过写作知识进行写作能力的转化"才是教学的正确路径。

马豫星在《返归"作文"的本真——"怎么写"比"写什么"更重要》中指出，写作教学中"内容与形式"两者谁更重要的老问题上开辟了一条新思路。该文区分了写作主体的三种活动层面——社会语文活动层面、语义学习活动层面和学校教学层面。并据此将"写"区分为"写作""习作""作文"三种形态，然后指出，就"作文"而言，"怎么写"比"写什么"更重要。

李真微在《开发源头，重在感悟——中学作文教学问题讨论》中提出的意见恰好相反，强调作文教学应该以解决"写什么"为主要目标，应围绕思维与情感的主线构建写作教学的"序列"。

毛荣富在《别把认知顺序弄颠倒了》一文中指出，目前的议论文写作教学存在"把认知顺序颠倒了"的根本性错误，即不是让学生从感性的材料出发，从中引出观点，而是从已有的观点出发，找一些现成的例子来印证。该文提出，应该把被弄颠倒的认知顺序再倒回来，引导学生缘事而发、因事而议、剖析事理、阐发论证。

林一平在《作文教学呼唤程序性的知识》一文中指出，我国的作文教学迫切需要重构一个符合教学实际需要的知识系统。该文强调"在写作教学中最有价值的知识是程序性的知识"。作文教学不应该只是教学生"是什么"的知识概念，还应该为学生构建一个"怎么做"的知识系统。此外，针对当前课堂教学的状况，陈军在《程序化：知识定向与认知引导——语文课堂教学科学化试探》一文中从强调语文教学程序化的角度指出语文学科应该有系统化的学科知识，学生应该遵循认知发展的"序"来学习系统化的语文知识，以此实现语文教学的程序化。

刘中黎的《从美国的语文教育看我国作文教学的误区》一文通过比较研究，指出我们的作文教学存在五大误区："忽视对生活实践的指导，写作理论先行""忽视培养学生独立、主动地收集与研究相关写作资料的能力，学生动手能力较差""奉行一套相对单一、封闭的社会价值理念，使学生的思想和心灵受到某种程度的抑制，导致学生思想观念狭隘""轻视个体而出现价值认识标准的偏差，导致文章主题的偏差与僵化""过分强调文章的道德标准，将作文教学等同于思想政治教学，抑制了学生的想象力和学习热情"。

何光峰的《美国几种常用的阅读策略简介》一文通过示例较详细地介绍了美国语文阅读教学中常用的六种策略：预测策略、有指导的阅读活动策略、K—W—L（我知道了什么—我想知道什么—我学到了什么）策略、提问策略、自我监控策略和故事结构策略。何光峰指出，实践证明，这六种常用的阅读教学策略对于提高学生，尤其是对阅读理解存在困难的学生具有重要作用。

廖冉、赵丽琴的《不要只让孩子生活在童话世界里——美国批判性阅读教学案例的启示》一文通过对美国批判性阅读教学案例的评介，呼吁中国的阅读教学应该开辟一方天地让儿童自小就树立"关注社会事务""学习与他人相处""多重视角看世界"的意识，而不能让儿童仅停留在阅读情节简单、结局美满的童话故事层面。

栾雪梅用著名思想家埃德加·莫兰的"涌现原则"和"约束原则"观照语文阅读教学，为其注入一股鲜活的力量，为其提供了正确对待"整体"与"分析"的理论依据。她在权衡整体阅读教学和分析阅读教学各自优缺点的基础上，指出任何整体主义或分析主义的教学观点都失之偏颇，语文阅读教学要以"整体"和"分析"作为教学的双翼。

程红兵在《本质论：拨开迷雾返璞归真——对中学生作文本质的探寻（续）》一文中指出，生命性是中学生作文的一个本质属性。作文是中学生个体生命整体成长性、创造性的表现。一篇作文就是一个有机整体的精神生命，作文教学就是要唤醒和呵护青少年的生命意识。

韩雪屏在《在阅读中发展思维》一文中指出，在阅读中应自觉实施认知语言策略、问题导向策略、还原语境策略、提纯概括策略、激活经验策略、监控理解策略等来锻炼思维技能。

余映潮针对语文阅读教学中提问过多、过细、过浅、过滥的倾向，提出用少量具有牵引力的"主问题"来代替数量众多的"碎问"。"主问题"是指对课文阅读教学过程能起主导和支撑作用，能从整体参与性上引发学生思考、讨论、理解、品析、创造的重要提问或问题，它可以大量减少无效提问，能整体带动学生对课文的理解品读。

针对当前多媒体技术在中小学语文课堂广泛应用的状况，成巧云提出如果将语言符号转化成画面图像，语言将丧失本身所具有丰富的精神内涵，主张阅读教学应该以文为本。

郑建华在《以读促写 读写结合》中提出要"以读促写，读写结合，实现读写互动"，通过为学生创设出"以读促写，读写结合"的情境，在写作教学中指导学生调整阅读状态，从教材中挖掘、探索、体验写作的有效方式，拓展教材，在阅读中提高作文水平四个途径来实现读写的结合。

张丽在《高中语文"读写体验"教学实践策略》中提出了"读写体验"课堂五步法，即"初读，自学交流；细读，质疑问难；研读，探究体验；精读，读写结合；延读，拓展提升"。

赖东升、张玉洪的《高中语文教学"读写结合"教学策略谈》从加工教材、积累资料，学习课文，提高技巧，写前指导，点拨思路，比照课文、以课文评作文等角度，阐述语文写作教学中如何将读写结合。

陈晓波、钱荃在《跨学科写作：研究进展与现实启示》一文中提出，兴起于20世纪70年代末美国高等教育界的跨学科写作，在国外基础教育领域也实现了长足发展。"以写促学，以学促写"是其核心要义。创设真实写作情境、精心设计写作任务、搭建合宜思维支架、渗透多样文类意识是跨学科写作值得借鉴的实施路径。

戴培在《高中语文教学"读写共生"实施路径研究》中提出，"读写共生"是阅读和写作并举的教学方法。"读写共生"以阅读为基础，以写作为目的，教师要理清阅读与写作的关系，以读为前提，以写为创造，让读与写共生、共赢。

李金云、李胜利在《深度学习视域的"读写结合"：学理阐释与教学核心》中指出当前我国"读写结合"教学存在教学思维单向化、教学内容浅表化和教学方式线性化。由此提出"读写结合"教学的核心在于从宏观层面拓展"读写结合"内涵，确立"意义建构者身份"价值取向；从中观层面共建"读写策略知识"，多元开发读写结合教学内容；从微观层面遵循"言语图式"发展阶段，整体设计读写结合教学策略。

《普通高中语文课程标准（2017年版2020年修订）》明确高中语文课程性质：语言文字的运用，包括生活、工作和学习中的听说读写活动以及文学活动，存在于人类社会的各个领域。语文课程是一门学习祖国语言文字运用的综合性、实践性课程。多次提出"整合"理念，如"语言梳理与整合""整合学习情境、学习内容、学习方法和学习资源，引导学生在运用语言的过程中提升语文素养"，以及"整体"理念，如"整体设计，统筹安排，体现层次性与差异性"，"通读全书，整体把握其思想内容和艺术特点"。在18个任务群中也明确地提出读写融合的要求。

以上文章或文件都或多或少地提出了对阅读和写作的看法和要求，阅读和写作密切的关联性正被越来越多的专家学者以及一线的语文教师所重视。

（二）对阅读写作整体教学的界定

在对整体阅读写作进行界定前，不妨先看一下课程标准关于阅读和写作的说明。

1. 关于"阅读"的说明。

（1）在阅读与鉴赏活动中，不断充实精神生活，完善自我人格，提升人生境界，逐步加深对个人与国家、个人与社会、个人与自然关系的思考和认识。

（2）发展独立阅读的能力。从整体上把握文本内容，理清思路，概括要点，理解文本所表达的思想、观点和感情。善于发现问题、提出问题，对文本能做出自己的分析、判断，努力从不同的角度和层面进行阐发、评价和质疑。根据语境揣摩语句含义，运用所学的语文知识，帮助理解结构复杂、含义丰富的语句，体会精彩语句的表现力。

（3）注重个性化的阅读，充分调动自己的生活经验和知识积累，在主动积极的思维和情感活动中，获得独特的感受和体验。学习探究性阅读和创造性阅读，发展想象能力、思辨能力和批判能力。

（4）能阅读理论类、实用类、文学类等多种文本。根据不同的阅读目的，针对不同的阅读材料，灵活运用精读、略读、浏览、速读等阅读方法，提高阅读效率。

（5）学习鉴赏中外文学作品，具有积极的鉴赏态度，注重审美体验，陶冶性情，涵养心灵。能感受形象，品味语言，领悟作品的丰富内涵，体会其艺术表现力，有自己的情感体验和思考。努力探索作品中蕴涵的民族心理和时代精神，了解人类丰富的社会生活和情感世界。

（6）具有广泛的阅读兴趣，努力扩大阅读视野。学会正确、自主地选择阅读材料，读好书，读整本书，丰富自己的精神世界，提高文化品位。课外自读文学名著（五部以上）及其他读物，总量不少于150万字。

（7）注重合作学习，养成互相切磋的习惯。乐于与他人交流自己的阅读鉴赏心得，展示自己的读书成果。

2.关于"写作"的说明。

（1）学会多角度地观察生活，丰富生活经历和情感体验，对自然、社会和人生有自己的感受和思考。

（2）能考虑不同的目的要求，以负责的态度陈述自己的看法，表达真情实感，培育科学理性精神。

（3）书面表达要观点明确，内容充实，感情真实健康；思路清晰连贯，能围绕中心选取材料，合理安排结构。在表达实践中发展形象思维和逻辑思维，发展创造性思维。

（4）进一步提高记叙、说明、描写、议论、抒情等基本表达能力，并努力学习运用多种表达方式。能调动自己的语言积累，推敲、锤炼语言，表达力求准确、鲜明、生动。

（5）能独立修改自己的文章，结合所学语文知识，多写多改，养成切磋交流的习惯。乐于相互展示和评价写作成果，45分钟能写600字左右的文章，课外练笔不少于2万字。

在对"阅读"的说明中，比较清晰地提出了学生在阅读中的主体性，也就是说从传统阅读中的文本、作者为本位到强调读者在整个阅读活动中的主体性，重阅读的生成和感悟。同时对阅读的方法和阅读的积累都有涉及，这也就构建了一个相对整体的阅读框架。在写作上分别从写作的内容、文体的要求、写作的真实性、写作的评改和写作前期的准备以及后期的完善上均做出一定说明，由此可见，写作不再是一个偶发事件，而是一个整体，注重写作的全过程，强调学生积极参与的活动。

另外在教育部制定的《全日制义务教育语文课程标准（实验稿）》中将"整体把握"放在"汉语言文字的特点"语境中严谨表述，并提升到"语文教育"的三大特点之一："语文课程还应考虑汉语言文字的特点对识字写字、阅读、写作、口语交际和学生思维发展等方面的影响，在教学中尤其要重视培养良好的语感和整体把握的能力。"整体把握是一种通用阅读教学方法，是对读物整体内容的把握。现代阅读追求的是综合效果，无论是在课堂研究课文、还是在考场应答试卷，无论是理解课文内容、还是进行语言训练，都力求统摄全文，驾驭整体。从文章学角度来看，文章是由若干部分组成的有意义联系的系统，它有自己的整体结构。具体文章中的字、词、句、段是文章的有机部分，不能让它们游离于文章之外，必须将它们作为文章的一部分来处理。只有把它们放到具体的文章中来理解，才恰如其分、合乎逻辑。

这里所说的"整体"，既立足于单篇课文的整体阅读教学，也包含了阶段性的整体读写构建。对课文进行整体阅读教学，这一点，《九年义务教育全日制初级中学语文教学大纲（试用修订版）》说得十分明确，要求教学中让学生能够"整体感知课文，体会作者的态度、观点、感情，理解课文的内容和思路，领会词句在语言环境中的意义和作用。对课文的内容、语言和写法有自己的心得，能提出看法或疑问"。《义务教育语文课程标准（2011年版）》也强调，在教学中尤其要重视培养良好的语感和整体把握的能力。教材在这方面的要求体现得更加细腻，不断地要求教师从整体的角度处理课文，进行整体阅读教学。那么，到底什么是对课文的整体处理呢？到底什么是课文的整体阅读教学呢？余映潮在《余映潮阅读教学艺术50讲》中指出，简言之，不对课文进行肢解式的教学就是整体阅读教学。复言之，运用朗读、提问、讨论、概括、复述、品评、赏析、改写等方法或手段，将学生深深地带进全篇课文之中，让他们从头至尾地阅读课文，反复认真地咀嚼课文，从整体上把握课文内容的教学，就是课文的整体阅读教学。再言之，课文整体阅读教学的最主要特点，就是确定地解决课文一至几个方面的关键问题。这一至几个关键的教学问题，能带动学生对全篇文章的阅读理解。在解决这一至几个关键问题的过程中，让学生的思维触角深入课文的每一个角落之中。

在给阅读写作整体教学下定义之前，笔者先举自己在教学中的一个实例来说明。（此处略，详见第二章《故都的秋》教学课例）

像《故都的秋》这样用一个或几个关键问题来带动全篇文章阅读的整体教学，与当前教学改革是相吻合的，是一种科学的教材处理方式。从教学过程来看，它因其完整性而大大优于肢解课文、架空分析、教师独占讲台的课堂教学；从教材处理来看，它的角度小巧灵活，不像"单元教学"那样令许多教师望而却步，因而有着重要的教改意义。

整体阅读教学的突出特点是想方设法地把学生从整体的角度引入课文，这就决定了课堂教学结构的极大改变——学生占有的时间大大增加，自学能力和自学习惯得到很好的培养，学生的朗读、思考、讨论、交流等活动成为课堂教学活动的主流，课堂教学的过程也就必然显得生动活泼。同时，阅读教学不只是需要发挥某一个方面的主体性，而是要发挥作者、教师和学生三个方面的主体性。针对阅读教学的这种理论和实践困境，著名学者王富仁提出"在语文教学中必须同时坚持三个主体性"。这"三个主体性"包含以下三个层面的意义：其一，阅读教学不能歪曲文本本身的意义，如果做不到这一点，教学就没有了必要，也没有了可能。阅读教学就是选用优秀、经典的言语文化作品（包括文学和其他作品），来滋润学生的心田。文本本身的优势性品质保证了文本作者的主体性。其二，这样是不是就否定了学生的主体性地位呢？并没有，因为学生的主体性地位，是通过与作品的对话实现的。在阅读教学中，学生主体性地位的获得首先要"倾听"文本的"诉说"，"倾听"就是对话的开始。其三，在阅读教学中，教师的主体性地位首先体现在其作为一位阅读者与文本的关系上，其有自由阅读和理解的权利，其次也是更关键的，体现在他与学生的关系上。

有鉴于此，笔者所谓的阅读写作整体教学，是指主体人（学生）在阅读写作的行为过程中既关注阅读写作内容的整体性，又关注阅读写作过程的整体性，并力求阅读写作互相参照、互相渗透、互相转化，从而切实提高阅读写作的素养与效率的教学。

其中，阅读内容的整体性是指在解读文本时重视文本的整体，力避对文本进行"肢解式阅读"的弊端，在整体感悟的基础上，寻求深层解读文本的切入点。一方面，立足于文本自身构建的意义；另一方面，又要将文本投放到一个相对的环境，如作者的创作环境、同类文章的共同价值取向环境等。在阅读过程中遵循主题初读—整体解读—文本细读—文本互读的四个相对完整的环节，在主体人（学生）的积极参与下实现文本解读意义的生成。

写作内容的整体性，是指写作对象的多层次。既关注人自身的写作价值，又积极关注社会的写作价值；既关注文体的规范写作，又重视在持续的写作训练中形成自己的写作风格和写作个性；既重视感性的写作——以灵感为媒介的自由写作，又重视理性的写作——以写作理论或范式为指导的规范写作。在写作过程中不仅要关注写作的行为，更要重视写作的全过程。这个过程包括：作品范例—作文示范—写作知识—收集材料—正式作文—作文润色修改—编辑成册。学生写作的动力来自他人对自己写作成果的认可，写作的成就感正是在写作的全过程中累积的。

（三）阅读写作整体教学结构及解析

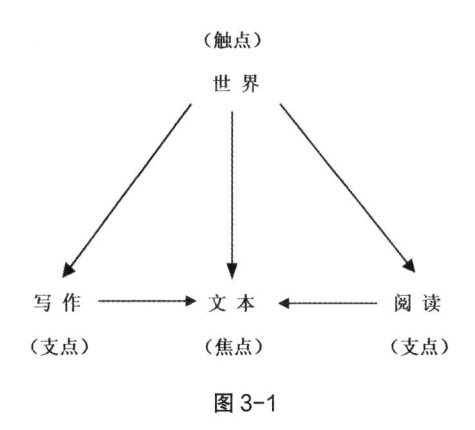

```
            （触点）
             世界
           ↙  ↓  ↘
        写作 → 文本 ← 阅读
       （支点）（焦点）（支点）
```

图 3-1

如图 3-1 所示，阅读写作整体教学以世界（生活）为触点，形成两个支点，即写作（作者）和阅读（读者），聚焦于文本，同时这两个支点共同形成阅读写作的共同体。

写作是写作者对世界观察思考的凝聚，是对世界的主观渗透过程，它包含"写什么"和"怎么写"。阅读是读者依据已有的对世界的认识理解，在阅读的过程中求得与文本对话和作者对话的行为，是对世界的主观映射，它包含"读什么"和"怎么读"。文本的整体性包含文体、内容和技巧三个层面。在读写整体教学中，读写之所以形成一个共同体，正是文本在起作用。写作要通过文本来体现，阅读要依据文本进行，阅读文本的过程就是潜在地将其转化为写作的过程，而写作文本的过程就是激发阅读的需求和强化阅读效能的过程，所以文本是整体读写的焦点，阅读写作教学的关键就是如何让文本有效甚至高效。

"世界"在整个读写教学模式中处在顶层，是因为所有的阅读写作行为都要围绕"世界"进行，世界就是生活，离开生活的阅读写作是虚幻的。而"文本"则是对世界的静态呈现。从写作（作者）的"世界"来分析，写作是写作者对世界的观察思考，作者有什么样的生活、有什么样的世界图景观念，就会映照在他的写作过程中。从阅读（读者）的"世界"来看，阅读之所以能进行并有效，是因为读者已有对世界的认识、理解、感悟。从某种意义上来说，读者有什么样的"世界"就会呈现在他对作者及其文本的认识上，"一千个读者就会有一千个哈姆雷特"也正是这个原因。阅读不会出现很大的偏离，就是因为读者和作者的"世界"有一定的内在关联。文本除了反映作者的世界，它也有自己的内在结构并由此生成相对独立的意义或者说世界，只不过它对世界的呈现是被动而客观的。也就是说，文本既是客观独立的又是主观关联的。也正是这一特点决定了读者在阅读的过程中，既要与作者对话以求得对世界的共性认识，又要与文本展开对话以探索更深层次的对世界完整性的认识。

写作在整个阅读写作教学结构中处于支点的位置，其整体性主要体现在"怎么写"和"写什么"两大层面上。"怎么写"包括：对世界进行前期的准备、写作的基本技巧与策略、写作行为的激活（灵感、思维等）、写作的全过程。在传统的写作教学中，往往是教师按一定的教学目标布置给学生一个作文任务，或课内完成或课外完成，然后文本由教师精批细改再讲评，好一点儿的则指导学生自己进行批改。这样的写作教学实际上陷入了几个误区，原因之一是学生的写作注重感性，过于强调灵感的作用；原因之二是注重写作结果的评价和处理。很多教师习惯在学生的作文修改中下功夫，这实际上是一种本末倒置的行为。在阅读整体教学中，强调写作是一个完整的过程，学生写作能力的培养是建立在系统的写作训练体系中的，重写作的结果但更重写作的全过程。这个全过程包括：文本范例（学生准备与写作主题相似的范文）—作文示范（教师指导如何写）—写作知识（写作的格式及各种相关的写作要领，每次作文训练侧重点不同）—准备活动（学生互相交流）—正式作文（形成文本）—修改润色（学生按照不同的要求进行修改）—编辑结集出版（对作文进行系统的收集整理，分享写作成果）。

阅读的整体性强调两个层面：一是横向的整体阅读，主要涉及作者单篇文章的阅读，从阅读的功能——示范性、积累性、对话性、感悟性等入手，处理好阅读的文本就是"例子"的作用。发挥示范性，迁移到写作中去；注重积累性，为写作的前期做准备；关注对话性，将阅读和写作的共性思维相互融通，转化到写作的行为中；强调阅读主体的感悟性，读者在阅读过程始终是一个有生命的鲜活的主体，从而生成更多的文本意义，为写作的思维拓展做准备。二是纵向的整体阅读，主要涉及同一阅读主题下同一作家的不同文本阅读或不同作家相关联作品的阅读，强调文本的互读。

文本是独立的，因为它是由相对独立的语言和特定的语法系统构成。语言的丰富性、语法的情景性、语篇的整体性，导致了文本是相对客观的存在，从而它可以超越作家、超越时代独立地表达世界。文本又是关联的，因为它又是写作者对世界的凝聚。文本还有另一层意义：它是可读的，就意味着它还连接着读者，所以它就成了阅读写作整体教学中的"焦点"。有鉴于此，在阅读的过程中既要尊重作者对世界的认识，又要尊重文本自身的价值，更要认可读者的自我理解，从而形成文本的多元阅读。

读者和作者是两个不同的主体，同时又是读写的行为过程互相悄然转化的两个个体。也就是说，读者和作者在阅读写作的整体性中既是一个共同的主体——对世界的体悟与解说，又在读写行为过程中扮演独立角色的个体。也正是因为两个个体在特定的条件下可以互相转换，阅读写作的整体教学才有可能发生。

三、整体读写的可能性

（一）体现了阅读、写作心理活动过程的交互性

先看阅读。从理解的角度来看，阅读大体经历由语言文字到思想，由形式到内容，由外表到内部，由部分到整体的心理活动过程。从运用的角度来看，需从探索到的中心思想出发，了解作者是怎样围绕中心选择材料、组织材料、布局谋篇、遣词造句的。这一心理过程与侧重理解的阅读正好相反。再看作文。学生写作文，首先要有内容，即作文材料，然后根据作文要求和所要表达的中心思想，选择内容，安排次序，最后考虑用恰当的语句表达内容。可见，作文的心理过程和阅读心理过程有着密切的联系，特别是与从运用的角度进行阅读的心理过程有着一致性。语文教学完全可以抓住这个一致性，实现阅读教学和作文教学的有机结合，即在运用性阅读阶段，不断引导学生从课文的写法上得到启发，从读学写，从阅读自然过渡到作文，实现阅读和作文教学的紧密结合。丁有宽老师取消形式上的作文课，在教学中自然地将阅读教学和作文教学糅合到一起，由读句写句到读段写段，再到读篇写篇，真正意义上的读写结合的作文教学就是建立在研究阅读和作文心理活动过程基础之上的。

（二）体现了文学理论的读写整体观

写作—文本—阅读，是一个系统。第一，写作是对社会生活的反映，即写作者作为主体反映作为客体的生活。反映论是揭示写作活动的基本视角。第二，这三个环节是一个心理转换过程，无论是写作还是阅读，都是特殊的心理行为，心理学的视角是其重要的一极。第三，这个三环节过程又是一个符号化的过程。写作旨在向人们传递特殊的审美信息，写作必须运用语言符号；文本是语言符号的结晶；阅读则首先要破解语言符号，符号学便成了文学理论的一种基本形态。反映论、心理学和符号学是文学理论的重要组成部分，由此可以推知读写必然是一个整体。

从文学理论的整体框架来看，它是在世界、作者（写作）、文本与读者（阅读）四要素中展开的。马克思说过，每一方表现为对方的手段，以对方为中介，这表现为它们的相互依存；这是一个运动，它们通过这个运动彼此发生关系，表现为互不可缺，但又各自处于对方之外。所以，世界、作者（写作）、文本与读者（阅读）构成了一个螺旋式的循环结构。人类生活的世界是写作活动产生、形成和发展的客观基础，它不仅是文本的反映对象，也是写作与阅读的基本生存环境，是写作者通过文本与世界产生对话的物质基础；作家则是文学生产的主体，他不仅是写作的人，更是把自己对世界的独特审美体验通过作品传达给读者的主体；而读者，作为文学接受的主体，不仅是阅读作品的人，还是与作者生活在同一世界的活生生的人，双方通过作品进行潜在的精神沟通；作品，作为显示世界的"镜子"，作为作家的创造物和读者阅读的对象，是使上述一切环节成为可能的中介。作品既是作家的本质力量对象化的显现，又是读者接受的对象。没有世界，写作活动不会存在。没有作家的写作，就没有作品，就没有阅读，反之亦然。由于这四个要素处于一个有机整体中，它们必然相互依存，无法孤立对待。而且在整体活动中，主体和对象的关系始终是处于发展与变化之中的。也就是说，既是主体对象化，又是对象主体化。阅读和写作是互为主体和对象的整体。

整体阅读重在研究课文意义的诠释与还原转向研究学生的体悟与再创。

我国传统文学教学模式是受苏联凯洛夫的"五个环节"理论影响形成的，这一模式因其极强的操作性被广泛应用于我国的文学作品阅读教学中，也导致了我国传统阅读教学中出现重教轻学，把阅读教学当作文学分析学，割裂了分析与综合的关系。

20世纪，西方文论批评经历了三次重要的理论转型：作者中心论、文本中心论和读者中心论。而接受美学正是在这三者的演变中提出了人们所忽视的读者与阅读接受问题。接受美学强调作品的意义只有在阅读过程中才能产生，诚如汉斯·罗伯特·姚斯（接受美学的主要创立者和代表之一）所指出的，一部文学作品，并不是一个自身独立、向每一个时代的每一个读者均提供同样观点的客体。它不是一尊纪念碑，形而上学地展示其超时代的本质。它更多地像一部管弦乐谱，在其演奏中不断获得读者新的反响，使文本从词的物质形态中解放出来，成为当代的存在。

因此，"尊重主体""张扬体验"也就构成了整体阅读的新内容。

（三）体现了语言渐进性的规律

语言是按一定方法构造的，是有规律可循的。词、句、段、篇都有其构造的方法。用语言规律指导语文教学，可以减少盲目性，提高自觉性，做到事半功倍。这是我们比前人高明的地方。传统的语文教学停留在自然主义的多读多写上。不仅要重视多读多写，而且要研究读什么、写什么，读多少、写多少，怎么读、怎么写，怎样才能使学生喜欢读、喜欢写……特别是在怎样读、怎样写上，要用语言规律进行指导。基于用语言规律指导的自觉性，针对高中阶段笔者探索出了以议论文为主体的"六段十三句"作文训练体系，形成了句段篇整体作文模式。

（四）体现了学习迁移原理

认知迁移理论认为，人类记忆是高度结构的贮存系统。人类是以一种系统方式贮存和提取信息的。迁移的可能性取决于在记忆搜寻过程中遇到相关信息的可能性。转化理论认为，学习迁移是一个转化的问题。产生迁移的原因，并不是两种情境之间存在作为零碎成分的相同要素，而是由于两者之间存在相同的关系或模型。学习定势理论认为，迁移取决于通过练习而获得的定势或学习能力。迁移是能力的迁移。基于上述学习迁移理论，加强新旧知识的联系，可以温故知新，将已学内容迁移到新的学习内容上去。注重规律、规则、模型的重要性，有助于超越简单累积的零碎知识，实现结构、能力的迁移。在学习迁移理论的指导下，笔者归纳出由句到文纵向的对应扩展训练的方法，归纳出议论文读写横向的对应规律。结合了这些方法、规律而形成的可操作的模式具有稳定性，有助于读与读、读与写之间学习的迁移。

（五）体现了认识论原理

认识一个人，首先是认识他的全貌，而非他的手和脚；读一篇文章，也应首先全面概括地了解文章的基本内容，从宏观上整体把握文章的主旨和感情，在做完微观的局部分析后，再回到整体上来。只有这样，才算是真正地整体把握、理解了文章。因为有了第一步的整体感知，就可以大大地缩短阅读时间，学生知其然后知其所以然，也就更了然了。

整体是"本"，具体是"末"。刘勰在《文心雕龙·章句篇》中写道："夫人之立言，因字而生句，积句而成章，积章而成篇。篇之彪炳，章无疵也；章之明靡，句无玷也；句之清英，字不妄也；振本而末从，知一而万毕矣。"如果说"振本而末从"讲的是写作，强调了"整体构思"，那么"知一而万毕"则讲的是阅读。"一"就是整体，"万"就是具体，它强调了阅读分析的关键是"整体把握"。

阅读一篇文章，只有对整体内容有了认识，才算是读懂了。鲁迅先生说："……倘要论文，最好是顾及全篇，并且顾及作者的全人，以及他所处的社会状态，这才较为确凿。要不然，是很容易近乎说梦的。""顾及全篇"，整体把握文章，是正确认识一文、准确评价一文要做的头等要事。

四、高中语文阅读写作整体教学的途径与实践

（一）"以读促写"的整体教学模式

"以读促写"的整体教学模式，是指通过阅读活动带动写作的教学。它有两个途径：一是依托现有的课文安排组织教学，充分利用"课文就是例子"的原则，将课文当作指导学生阅读的范例，进而拓展为学习写作的例子；二是以专题的形

式拓展阅读的空间与维度，积极提高学生的阅读素养，在专题学习中，坚持读什么专题就写什么专题的指导思想。

1. 以必修教材为依托的"以读促写"模式（见表3-2）。

表3-2　以人教版高中语文必修1（2007年第2版）为例

单元	阅读篇目	写作任务
第一单元	沁园春·长沙	以"我读_____"为题，自选角度写一篇700字左右的评论
	诗两首	①试依照《雨巷》一诗的情境，展开合理的想象，描述一下你心目中的"丁香一样的姑娘"的形象。不少于200字。 ②丁香花纤小文弱，清香幽雅。古代诗人以此立意，写出不少古今传诵的名作，丁香因此成了古代诗词中人们熟知的意象之一。请查找有关资料写一篇探究丁香意象的短文。也可以选择你喜欢的某一个意象来写作
	大堰河——我的保姆	生活中不乏像大堰河这样勤劳善良而又命运悲苦的社会底层劳动者。请你去观察生活，搜集有关素材，写成一首诗或一篇短文
第二单元	烛之武退秦师	有人说烛之武是一个"辩士"，他虽然一字未提郑国的利益，却成功说退了秦师。请以"应该为别人活着"为主题（也可自选主题），写一篇辩论词。（500字左右）
	荆轲刺秦王	①将"把易水送别"一段改写为散文片段。（300字左右） ②2012年春晚由黄宏等表演的《荆轲刺秦》耐人寻味。请结合课文和荆轲刺秦的有关资料（如《史记·刺客列传》），写一篇关于荆轲刺秦的评论，也可以写你对荆轲的认识。（700字左右）
	鸿门宴	任选一题写作： 写作一：许多读者认为项羽是因为在鸿门宴上不杀刘邦而失去天下。你同意这个观点吗？写一篇读后感，谈谈你的观点。（不少于700字） 写作二：以"我所知道的项羽"为题写一篇文章。（不少于700字）

（续表）

单元	阅读篇目	写作任务
第三单元	记念刘和珍君	以"纪念_____"为题，写一篇700字左右的文章。要求：综合运用多种修辞手法
	小狗包弟	阅读巴金的作品，了解巴金的一些生平事迹，以"永远的巴金"为题写一篇感想。（不少于700字）
	记梁任公先生的一次演讲	在我们的学习生涯中，遇到过不少的老师，有不少老师的课或许给你留下了难忘的印象。请以"记_____老师的一堂课"为题，写一篇文章
第四单元	短新闻两篇	写作一："这是一个二十多岁的姑娘，长得丰满，可爱，皮肤细白，金发碧眼。她在温和地微笑着，似乎是为着一个美好而又隐秘的梦想而微笑。当时，她在想什么呢？现在她在这堵奥斯维辛集中营遇难者纪念墙上，又在想什么呢？"这不仅是作者的疑问，也是给读者提出的问题。请你写一段文字，描述一下她的内心活动。 写作二：以发生在身边的校园事件为材料写一篇新闻。要求：严格按照新闻的格式写作
	包身工	描写一段有关劳动场面的作文，注意要有适当的环境描写和细节刻画，同时表达你对劳动的有关思考与认识
	飞向太空的航程	了解太空的相关知识，发挥想象和联想，以"假如火星有生命"为主题，写一篇文章，文体不限。（不少于700字）

2.以专题阅读写作为方向的"以读促写"模式。

（1）第一阶段（高一）：以现当代诗歌的读写为主。

在诗歌的读写整体教学过程中，引导学生以诗歌的立意和意象的经营为主，在读的过程中领悟写作的途径。举诗歌的立意为例。

专题：激发诗情，巧妙立意。

立意的高低直接影响一首诗的质量，一首经典的诗歌更多的是在立意上有独特之处。以下从阅读分析几首小诗入手，来把握如何立意。

示例1：

窗外

康白情

窗外的闲月

紧恋着窗内蜜也似的相思。

相思都恼了，

她还涎着脸儿在墙上相窥。

回头月也恼了，

一抽身儿就没了。

月倒没了；

相思倒觉得舍不得了。

写作启示：诗人一反传统模式，将月与相思充分人格化，使两者相互依恋，产生一种人际关系，将通常是诗人与月的关系中的诗人一方隐去，直接去描写月与相思的感情纠葛，使整首诗的意境独特。

示例2：

山里的小诗

冯雪峰

鸟儿出山去的时候，

我以一片花瓣放在它嘴里，

告诉那住在谷口的女郎，

说山里的花已开了。

写作启示：作者将时空抽象化，从而表达其中无限的情思。立意的深远巧妙就在于最后一句"说山里的花已开了"——空灵却包藏着无穷的意蕴，巧妙留白。

示例3：

泥土

鲁藜

老是把自己当作珍珠，

就时时有怕被埋没的痛苦。

把自己当作泥土吧，

让众人把你踩成一条道路。

写作启示：这首诗写得朴素而清丽，给人以哲理性的沉思，运用巧妙的比喻，使人们在珍珠与泥土的对比之中获得良好的教益，避免了枯燥的说教，又摒弃了华丽的装饰。这正是作者立意的高妙之处。

示例4：

三代

臧克家

孩子

在土里洗澡；

爸爸

在土里流汗；

爷爷

在土里埋葬。

写作启示：这首诗立意的独特之处，是作者将自己的感情隐藏在所描绘的对象背后，三个排比句的组合，既可以是空间的并列，也可以是时间的承续。如果是前者，读者可设想：爸爸作为家中的强劳力，正在地里拼命劳动，养家活口，所以他就不能照顾在泥地里爬滚的孩子，更无暇顾及葬在土里的父亲！如果是后者，揭示的残酷现实则是：今天"在土里洗澡的孩子"，在"明天就该在土里流汗"，而那时爸爸又将"在土里埋葬"了。年复一年，一代复一代的悲剧就永续循环了。

示例5：

断章

卞之琳

你站在桥上看风景，

看风景人在楼上看你。

明月装饰了你的窗子，

你装饰了别人的梦。

写作启示：这首诗立意上的深远在于哲理的思考：宇宙万物息息相关，互为依存。诗中表达的是相对、平衡的观念，又借助平常的意象来揭示。

示例6：

季候

邵洵美

初见你时你给我你的心，

里面是一个春天的早晨。

再见你时你给我你的话，

说不出的是炽烈的火夏。

三次见你你给我你的手，

里面藏着个叶落的深秋。

最后见你是我做的短梦，

梦里有你还有一群冬风。

写作启示：这首含蓄的短诗，用人们熟知的春夏秋冬四季的冷暖嬗递来隐喻恋人对"我"的情感变化，以及"我"在心理上的不同感受，立意也是很巧妙的。

示例7：

春水（三三）

冰心

墙角的花！

你孤芳自赏时，

天地便小了。

写作启示：哲理性是这首诗立意上的亮点，而且哲理依附于形象，与形象融合在一起。短诗运用拟人的手法，赋予墙角的花以人的心理活动，塑造了生动的形象。而在创造这一形象时又自然地蕴涵了一定的哲理，从而实现了"墙角小花"这一感性形象的升华和深化。

示例8：

雁子

陈梦家

我爱秋天的雁子，

终夜不知疲倦；

（像是嘱咐，像是答应）

一边叫，一边飞远。

从来不问他的歌

留在哪片云上，

只管唱过，只管飞扬——

黑的天，轻的翅膀。

我情愿是只雁子，

一切都使忘记——

当我提起，当我想到，

不是恨，不是欢喜。

写作启示：以"雁子"为题材的诗歌大多表达的是游子思归，而作者在立意上却撇开了这一层去表达心中一种理想的人生境界。雁子从来不去追求生命之外的其他东西，它要求的只是自我生命的实现。由此作者感叹："我情愿是只雁子"，忘记尘世生活的一切，将所谓的"恨"和"欢喜"抛在脑后，超越它们，还原为一个无拘无束的真我，不再有身心的疲倦，在生命的"无为"中去实现"有为"。

示例9：

江南（一）

徐迟

火车在雨下飞奔，
车窗上都是水珠，
模糊了窗外景色。

火车车窗是最好的画框，
如果里面是春雨江南，
那就是世界上最好的画。

清明之后，谷雨之前，
江南田野上的油菜花，
一直伸展到天边。

只有小桥、河流切断它，
只有麦田和紫云英变换它，
油菜花伸展到下一站，下一站。

透过最好的画框，

江南旋转着身子，
让我们从后影看到前身。

写作启示：这首诗是诗人在雨中乘火车时，透过车窗遐想春雨江南时节田野上如画的美景，抒发对江南原野特有的感受及眷恋之情。在立意上，诗人通过选取小的角度呈现广阔的生活画面，放弃了从整体把握和正面描写，从车窗出发，觉得车窗是"最好的画框"，而画框里春雨江南将是"世界上最好的画"，使诗歌取得了"容万里之势于尺幅之内"的艺术效果，也激发了读者的想象。而虚与实的处理又更含蓄地表现了诗人对江南特有的情思。

（2）第二阶段（高二）：以古典诗词的读写为主。

在这个阶段，最重要的不是停留在古典诗词文本层面的阅读，而是以文本为焦点，一端连接作者，通过文本中的内容读作者的人生，由此连接读者，感悟诗词与作者，并学会如何表达。从近几年高考中的满分高分作文来看，具备诗词底蕴的作品有优势，由此又有了一个现实的目的，就是通过大量的阅读来积累素材和语言。

整体框架：

第一部分是古典诗词（包括唐诗、宋词、元曲）的纯文本阅读，以感性阅读为主。按作家专题编选，原则上能反映一个作家的整体创作。

第二部分是个性化阅读，主要是名家对诗词的非鉴赏性的阅读。通过对作者的世界和文本呈现的世界进行解读而走进诗词，更好地和诗词的作者及文本进行对话。

第三部分是诗词底蕴作文的创作策略，按句、段、篇分格逐步进行。

教学案例： 李清照专题阅读教学。

文本阅读：

①常记溪亭日暮，沉醉不知归路。兴尽晚回舟，误入藕花深处。争渡，争渡，惊起一滩鸥鹭。（《如梦令·常记溪亭日暮》）

②蹴罢秋千，起来慵整纤纤手。露浓花瘦，薄汗轻衣透。见客入来，袜刬金钗溜。和羞走，倚门回首，却把青梅嗅。（《点绛唇·蹴罢秋千》）

③绣面芙蓉一笑开，斜飞宝鸭衬香腮。眼波才动被人猜。一面风情深有韵，

半笺娇恨寄幽怀。月移花影约重来。(《浣溪沙·闺情》)

④昨夜雨疏风骤，浓睡不消残酒。试问卷帘人，却道海棠依旧。知否？知否？应是绿肥红瘦。(《如梦令·昨夜雨疏风骤》)

⑤念武陵人远，烟锁秦楼。惟有楼前流水，应念我、终日凝眸。凝眸处，从今又添，一段新愁。[《凤凰台上忆吹箫·香冷金猊》(节选)]

⑥红藕香残玉簟秋。轻解罗裳，独上兰舟。云中谁寄锦书来？雁字回时，月满西楼。[《一剪梅·红藕香残玉簟秋》(节选)]

⑦生当作人杰，死亦为鬼雄。至今思项羽，不肯过江东。(《夏日绝句》)

⑧窗前谁种芭蕉树，阴满中庭。阴满中庭，叶叶心心，舒卷有馀清。伤心枕上三更雨，点滴霖霪。点滴霖霪，愁损北人，不惯起来听。(《添字丑奴儿·窗前谁种芭蕉树》)

⑨薄雾浓云愁永昼，瑞脑销金兽。佳节又重阳，玉枕纱厨，半夜凉初透。东篱把酒黄昏后，有暗香盈袖。莫道不销魂，帘卷西风，人比黄花瘦。(《醉花阴·薄雾浓云愁永昼》)

⑩小风疏雨萧萧地，又催下、千行泪。吹箫人去玉楼空，肠断与谁同倚。一枝折得，人间天上，没个人堪寄。[《孤雁儿·藤床纸帐朝眠起》(节选)]

⑪临高阁，乱山平野烟光薄。烟光薄，栖鸦归后，暮天闻角。断香残酒情怀恶，西风催衬梧桐落。梧桐落，又还秋色，又还寂寞。(《忆秦娥·临高阁》)

⑫风住尘香花已尽，日晚倦梳头。物是人非事事休，欲语泪先流。闻说双溪春尚好，也拟泛轻舟。只恐双溪舴艋舟，载不动许多愁。(《武陵春·风住尘香花已尽》)

⑬寻寻觅觅，冷冷清清，凄凄惨惨戚戚。乍暖还寒时候，最难将息。三杯两盏淡酒，怎敌他、晚来风急！雁过也，正伤心，却是旧时相识。满地黄花堆积。憔悴损，如今有谁堪摘？守着窗儿，独自怎生得黑！梧桐更兼细雨，到黄昏、点点滴滴。这次第，怎一个愁字了得！(《声声慢·寻寻觅觅》)

这十三首作品贯穿了李清照的一生：少女时代的清纯娇羞，青年时代爱情的缠绵幸福，晚年的凄苦孤寂。

整体阅读诗歌的方法：

一读文脉——扫除字词障碍，读出层次，读懂大意。
二读情感——读出关键字，倾注情感，获得感悟。
三读境界——读出生活，读出性情，深入文本与之对话。

拓展读写：

《乱世中的美神》（梁衡）

《压倒须眉》（李元洛）

《持不同政见的弱女子》（余秋雨）

《千春阅尽怎了得》（翟永明）

《风住尘香花已尽》（安意如）

《评说李清照》（康震）

整体读写成果示例：

示例1：

诗意的读写

江西师大附中 2015级（18班）徐慧

原文：

遣悲怀（其三）

[唐] 元稹

闲坐悲君亦自悲，百年都是几多时。

邓攸无子寻知命，潘岳悼亡犹费词。

同穴窅冥何所望，他生缘会更难期。

惟将终夜长开眼，报答平生未展眉。

① 读作者：

元稹（779—831），字微之。居京兆万年（今陕西西安）。早年家贫，举贞元九年（793）明经科，十九年（803）书判拔萃科。曾任监察御史，因得罪宦官及守旧官员，遭到贬斥，后官至同中书门下平章事，以暴疾卒于武昌军节度使任所。与白居易友善，常相唱和，共同倡导新乐府运动，世称"元白"。诗作平浅明快中呈现丽绝华美，色彩浓烈，铺叙曲折，细节刻画真切动人，比兴手法富于情趣，后期之作伤于浮艳，故有"元轻白俗"之讥。

②读文本：

首联"闲坐悲君亦自悲"，承上启下，以"悲君"总括前两首，以"自悲"引出下文，由妻子的早逝，想到了人的寿命的有限——人生百年，也没有多少时间了。颔联引用邓攸、潘岳的典故，邓攸心地善良，却终身无子，这就是命运的安排；潘岳《悼亡诗》写得再好，对于死者来说，也没有什么意义，等于白费笔墨。诗人以邓攸、潘岳自喻，故作达观无谓之词，却透露出无子、丧妻的深沉悲哀，颈联却从绝望走向希望，寄希望于死后夫妻同葬和来生再做夫妻，但是再仔细思考，这是一种虚无缥缈的幻想，是难以指望的，因而更为绝望。死者已矣，过去的一切无法补偿，诗情愈转愈悲，不能自已。最后在尾联道出一个无可奈何的办法："惟将终夜长开眼，报答平生未展眉。"这是诗人在对妻子表明心迹，以长开眼报答妻子的未展眉，造语寻常本色中见奇崛匠心，意谓彻夜失眠，为伊憔悴终不悔也。

③读生活：

道是深情最无情

提起元稹最先想到的应该是他与好友白居易合称"元白"，一句"垂死病中惊坐起"让后人对他与白居易之间的友谊浮想联翩。但在当时，最吸引人眼球的还是元稹的三段情史：青梅竹马崔莺莺，糟糠之妻韦丛，红粉知己薛涛。而这组《遣悲怀》正是元稹于其妻子韦丛死后所写，表现的正是对妻子的悼念之意。

元稹一生四次被贬，中唐以后三大乱局藩镇割据、宦官专权和牛李党争，他都被卷入其中。因为多次被贬，所以他的作品以艳诗和悼亡诗为主。但他被现实主义文化思想所影响，早年间为了韦丛抛弃崔莺莺，更赋诗三首称其为妓，在韦丛病重之际，与薛涛纠缠不清，最后利用宦官势力官至丞相。我们无法知晓他心里究竟爱谁，更无法推测他以怎样的心情写下了《崔莺莺传》和《遣悲怀》，但我们无法否定其诗作所具有的文学价值。

一提到悼亡诗，第一反应必然是苏轼的《江城子·乙卯正月二十日夜记梦》，其中"小轩窗，正梳妆"让无数人泪目，而元稹的《遣悲怀》让蘅塘退士写下"古今悼亡诗充栋终，无能出此三首范围者"。陈寅恪对此评价更高："抒其情，写其事，缠绵哀感遂成，古今悼亡诗一体之绝唱。"那么为什么这首《遣悲怀》能得如此之高的评价呢？

《遣悲怀》一改元稹往日色彩华美的手法，多运用白描手法，从夫妻的细节生活所写，以今昔对比，物在人亡的鲜明对比让丧妻之痛表现得更加淋漓尽致，"诚知此恨人人有，贫贱夫妻百事哀"，更进一步加深了悲痛之情，窃以为在三首《遣悲怀》中，写得最好的地方在于"惟将终夜长开眼，报答平生未展眉"，这一联与苏轼的"小轩窗，正梳妆"有异曲同工之妙，都会让人突然产生一种淡淡的悲哀，这种悲哀会始终萦绕。我无法用任何的文字去表达内心的感受，唯有无尽哀痛之情，而元稹作为未亡人也只能用"长开眼"去报答妻子的"未展眉"，真是痴情缠绵，哀痛欲绝。

示例2：

原文：

临江仙

［明］杨慎

滚滚长江东逝水，浪花淘尽英雄。

是非成败转头空。

青山依旧在，夕阳几度红。

白发渔樵江渚上，惯看秋月春风。

一壶浊酒喜相逢，

古今多少事，都付笑谈中。

① 读作者：

杨慎（1488—1559），明代文学家，字用修，号升庵，四川新都（今成都市新都区）人。少年时聪颖，十一岁时能作诗，十二岁时拟作《吊古战场文》《过秦论》，人皆惊叹不已；入京作《黄叶》诗，为李东阳所赞赏。1511年，殿试第一，授翰林修撰。禀性刚直，每事必书，武宗微行出居庸关，上疏抗谏，世宗继位，任经筵讲官。1524年，从臣因"大礼议"违背世宗意愿受廷杖。杨慎谪戍云南永昌，居云南三十余年，死于戍地。杨慎存诗约两千三百首，所写内容极为广泛。因他居滇三十余年，所作大多为思乡怀旧之作，对文、词、赋、散曲、杂剧都有涉猎，他的词和散曲写得清新绮丽。

②读文本：

上阕：从古来多少英雄是非成败写起，犹如大浪淘沙转眼成空。头两句化用杜甫《登高》诗"不尽长江滚滚来"和苏轼《念奴娇·赤壁怀古》词"大江东去浪淘尽，千古风流人物"，抒发对历史变迁，英雄随时光消逝的感慨。"是非成败转头空"是对上两句的总结，表达出作者的旷达超脱，青山、夕阳象征自然界和宇宙的亘古悠长，尽管历代兴亡盛衰循环往复，但青山和夕阳都不会随之改变，流露出一丝人生易逝的悲伤感，景语中富哲理，意境深邃。下阕：写老翁的生活情趣，他是"隐者一壶浊酒"，以秋月春风为背景，显示出作者淡泊、高雅的襟怀和朋友之间的志趣相投。最后两句点明"白发渔樵"并非胸无点墨的老翁，而是通晓古今、博学多识、知权达变的高士。他把古今多少英雄的是是非非、恩恩怨怨、成败荣辱都化作可助酒兴的谈资，在笑谈中，纵论古今品评人物，白发渔樵在谈笑间固守的宁静与淡泊，正是作者所追求的。

③读生活：

一阕临江仙，半年辛酸泪。

《三国演义》的开篇词"青山依旧在，几度夕阳红"深入人心，但很多人并不知道这首题为"临江仙"的词并非出自罗贯中之手，而是明朝才子杨慎的手笔。

《临江仙》之于杨慎，如《水调歌头》之于东坡，窃以为当属明词第一，升庵本人不仅被时人誉为最聪颖的人，更是当时读书最多的人，更被政坛文坛双料"盟主"、大学士李东阳收为门生，但却因为当时著名的"大礼议"事件被贬谪云南，充军三十余年，嘉靖帝六次大赦天下，每一次都会附加上除"杨慎外"，使其终生不得归家，在七十一岁之际抱憾而终，死前写下了这首《临江仙》。

如同李商隐死前写下《锦瑟》，升庵死前绝笔《临江仙》，其中所包含的情感注定是复杂的，这是一首咏史词，借历史兴亡抒发人生感慨，全词基调慷慨悲壮，意味无穷，升庵试图在历史长河的奔腾与沉淀中探索永恒的价值，在成败之间寻找深刻的人生哲理。有历史兴衰之感，有人生沉浮之意，但细细品来，却发现《临江仙》更多的是升庵在死前的释然，他开始明白父亲为什么辞官归家，明白了"端做闲官，只做闲官"的内涵，他开始宽恕他的政敌，最终"以古今多少事，都付笑谈中"解脱了自己。是非成败都不过过眼烟云，倒不如寄情山水，秋月春风为伴。

（3）第三阶段（高三）：以中国传统文化为主体的读写整体教学。

第三个阶段首先要通过对中国文化的综述，让学生了解中国文化的概貌。然后通过专题细读，深入了解深层次的中国文化。最后通过比较阅读，从横向扩展对中国文化的理解。这样在文本的阅读上构建了一个整体。写作是在反复的阅读过程中依次进行，也就是读什么专题就引导思考什么话题从而尝试写作，从而构建了读写的整体。

整体阅读框架：

① 中西文化的比较（综述）。

专题阅读：唐君毅《与青年谈中国文化》

参考阅读：a.钱穆《略论中国哲学》

b.冯友兰《中国哲学的精神》

② 中西对"情"的观点的比较（综述）。

专题阅读：吴森《情与中国文化》

参考阅读：a.冯友兰《论风流》

b.周汝昌《雪芹"痴"意》

③ 中西艺术的比较（综述）。

专题阅读：韦政通《中国文化概论·艺术》

参考阅读：a.方东美《中国艺术的理想》

b.沈福伟《中西文化交流史》

c.王伯敏《中国绘画史》

④ 中西方的政治观、中西方人的性格特征的比较（综述）。

专题阅读：金耀基《中国的传统社会》

参考阅读：a.钱穆《略论中国政治学》

b. 张岱年《中国文化传统简论》

c. 黄宗羲《明夷待访录》

d. 刘泽华《中国传统政治思想反思》

⑤东西方主流思想派别对人生价值的看法（综述）

专题阅读：殷海光《人生的意义》

参考阅读：傅伟勋《学问的生命与生命的学问》

写作成果展示：

谦卑之上

江西师大附中　2015级（17）班　程琦航

"打草稿，并不是字越大越好。"透过老子的"三宝"来看，一曰慈，故曰人生不是草稿，不以对待刍狗之心对待人生方能勇于尽己所能；二曰俭，即节俭、蓄力，故而一张A4的容纳量方堪比B4；三则曰不敢为天下先，便是出于一种把自己看小的谦卑之道。三者层层相及，又相互贯通，或许有些为人处世之道在其中。

谦卑之道主要体现于不敢为天下先的态度，但于前两者也有所呈现。"慈""勇""以天下为刍狗"，有些矛盾。其实以人为刍狗，那是站在自然的角度思考。人若要自比苍天，以苍生为草芥，不是所谓的慈。但如果"为无为，味无味"，以不作为逆天，以拟水流勇往东顺势，或可曰之为慈为勇，以自身为刍狗。而"俭"中的谦卑之道，体现的是一种谨慎、长远的眼光。使用物资不知节俭，难免最终手短；年少轻狂挥霍青春，难免老来蹉跎彷徨；身强体健却缺乏保养甚至把自己掏空，难免招致百病……有时生活就是如此无奈，最大限度的自由往往来自更多的束缚，这也是"道"的矛盾之所在。

三曰"不敢为天下先"，便显得既慈又俭了，而又不止于此。不为先，固然可出于自保的考量，安时处顺平安为大，但更多的可能还是因为对自身的不可量力而宁居其后，它突出的似乎是一个"敢"字。我们不知天命如何安排，更不知自己是人是仙抑或是魔，便不打破天下常理或为之不可为，所以显得懦弱，但这其实未尝不是一种自持与自信。"合抱之木，生于毫末。"庄子曾记叙的栎社树，不为天下之木先，谦卑守己，方亭亭如盖"成器长"。不敢为天下先，既有慈目自视顺应时势之理，又有俭以自宽积蓄长源之道，更有谦恭自持委以求全之意。

且不论老子的"小国寡民"等思想在当时是否缺乏历史观与全局观，这所谓"三宝"在个体上能否成为放诸四海皆准的处世利器，但至少谦卑这一点是显得非常睿智的。"成器长"并不一定是每个人的目标，有的人可能毕业后只想去西部支教，甚至躲进丛林里盖木屋，但"谦卑""不敢为天下先"至少是每个社会成员都应理解的，无论是敬畏自然还是尊重生命，都是对自己的一种交代，也是对刍狗的交代。

"自伐者无功，自矜者不长"，莽撞野蛮处下，谦恭自知处上。蒙民不知，咥其笑矣。

不敢为天下先——不止于勇气

江西师大附中　2015级（17）班　臧雨茗

春秋时的先哲老子提出自己的"三宝"，一曰慈，二曰俭，皆是中华民族的传统品质，可三曰不敢为天下先，这倒令人费解——在历史进程中，敢为天下先者往往留名青史，不过留下名声的好坏总归与成就的事业正邪相应；可敢于做第一位吃螃蟹的人，这样的精神至少是我们所弘扬的。这位智叟提出如此观点，意在何处呢？

因此，首先我们不得不先参考老子的生活背景。尽管记载中关于太上老君的篇幅未免玄而不可信，但他超脱凡俗有着仙风道骨的形象却应该是不太夸张的。春秋时期诸侯争霸之势初见端倪，"尊王攘夷"的口号还喊得起劲，可平静之下的暗流汹涌，私下的土地、权钱、美色交易无不预示着混乱的爆发——而这些，老子必能以智慧琢磨透了。所以诸侯的势力悄然扩张，却没有一位领导者集结大兵公然进犯他国，为何？试想齐国若因国君一时私利冲昏头脑而发动了哪怕只是一次普通的公开进攻，那么打着"周礼"旗号仁义的诸侯必会以此为契机联合抗齐，瓜分齐国的同时又能展示本国的正义——何患之有？所以在混乱自己降临之前，"敢为天下先"就意味着打破平衡，虽然是将各自的心声付诸行动，但是免不了招致杀身之祸，何苦而为之？

所以说，在老子的时代，人们不敢为天下先很多时候并不是因为没有勇气站出来，毕竟攻城略地的快感和荣华富贵的诱惑是强力的助推剂，而是在权衡时机利弊之后选择了智慧与理性，所以老子才会说，不敢为天下先，故能成器长，保全自己，顺其自然，我自按兵不动。

其次，是活生生的教训让人不得不望而却步。先贤孔子知其不可为而为之，言多而遭祸端，虽敢为天下先，可终无所用于国治礼法，倒为后世统治者控制百姓提供了良好的工具，这自然不算成功，或者说，成器长。道家的智慧是无为，不争。故不争，则天下莫能与之争；故不敢为天下先，方能存于世久而后逐渐为天下先，二者近也。

由是观之，为天下先的好坏评判，并不绝对。对于那个农耕社会，国小而散，个体卑微，敢为天下先是勇气，更是鲁莽和无知，不敢为天下先才是智与力量。而当今时代中所鼓励的"敢为天下先"，是基于个体水平，针对创新意识与创造而谈的。时局的变化已是沧海桑田，"敢为天下先"这句话是保留了下来，但它诞生的背景无法再现，最多由其背景去感悟那一份不止于勇气的智慧，以及用符合现代社会的理念去解读当下的"敢为天下先"。

（二）以写带读的整体教学模式

以写带读的整体教学，是通过学生系统掌握写作的一些基本要领，如不同文体的写作要素，不同题型（话题作文、命题作文、材料作文等）的写作要求，不同题材的写作特点，在写作前进行相对应的文本阅读。先模仿再独立写作，通过不断地深入阅读来修正调整自己的写作，从而达到提高写作水平的目的。

高中时期，要重视对学生的写作能力的整体构建，避免写作的随意性、偶发性（指教师或因完成写作任务随意地布置学生作文，或因课程安排的突发因素布置学生作文），构建明确、清晰、有序的写作教学任务和内容。对不同阶段的写作要有不同的安排。这样三年下来，学生就能形成相对稳定的写作能力，从而实现写作思维的严密与完整、写作方法技巧的逐步完善、写作语言的规范与成熟。通过三年有序的整体读写训练，就可以减少学生考前大肆背范文的现象，并能够有效解决让高考作文命题者头痛的"套作"问题。

1. 高中三年写作训练的整体框架。

规范写作训练（高一）—消解格式训练（高二）—重建格式训练（高三）。相对应的阅读框架：读文质兼美的范文（注重文体意识）—厚积薄发阅读（延伸阅读的宽度和深度）—经典作品阅读（明确阅读的指向）。以"写"为主线，通过"写"发现问题，不断地用对应阅读修正完善写作，从而达到阅读与写作的整合。

2. 写景状物散文读写整体教学案例。

（1）教师阅读指南：

①《冬日漫步》（梭罗）

②《一日的春光》（冰心）

③《看雪》（赵丽宏）

④《雪》（鲁迅）

⑤《雪》（梁实秋）

⑥《雪》（鲁彦）

⑦《夜雪》（白居易）

⑧《白雪歌送武判官归京》（岑参）

⑨《十二月一日三首（其一）》（杜甫）

（2）学生自主阅读整理。

① 课外搜集：

a. 描绘景物的色彩、形状和声音，让景物具有立体感。

b. 调动自己的视觉、听觉、触觉和味觉等多种感觉描摹景物，突出其可感性。

c. 变换观察角度，让景物形态具有全景感。

d. 刻画景物变化，突出景物形态的丰富性。清人许印芳说："盖诗文所以足贵者，贵其善写情状。天地人物，各有情状，以天时言，一时有一时之情状；以地方言，一方有一方之情状；以人事言，一事有一事之情状；以物类言，一类有一类之情状。诗文题目所在，四者凑合；情状不同，移步换形，中有真意。"景物的形状因着时间、空间的变化各有不同，善描绘者当细心观察，多方描摹，用心感受。

e. 虚实结合，扩大想象空间。写景应形象逼真，如若亲见，对景物的描写又不可太实,还要加上作者的独特感受,加工创造出情景交融、引人联想的深远境界。

f.运用比喻、对照等手法,突出景物特点,从客观事物的整体出发,不拘一格地从多方面加以描绘。

② 课内整理:

例1:《荷塘月色》

a.景物描写中要有抒情。"什么都可以……不想。"

b.物与人的关系。物:"荷塘……淡淡的。"人:"路上只……自由的人。"由物写人,寓情于景,赋予物以动感,更加写出了荷塘的特色。

例2:《故都的秋》

a.运用烘托、对照手法。作者除了直接描写故都的"秋"之外,还着意以南方的"秋"为对照,烘云托月似地映衬出故都秋的浓度与特点。如第二、第五、第六自然段。

b.运用多种表达方式。作者在结构上采用了叙述、描写与议论、抒情相结合的方法,因情生景,借景抒情,将"物"与"我"完美地统一到"意境"这个极点上。

c.巧用排比句增强感染力。

例3:《囚绿记》

a.本文是一篇叙事抒情散文,一条情感线贯穿其中,叙事自然朴实,情感诚挚朴素。

b.借物抒情,以小见大。于平淡中包藏深邃的意蕴和丰富的哲理,在常见绿色中凝聚了自己的感情和民族精神。

层次分明,波澜起伏。

写作成果展示:

滨江的雪

江西师大附中　2012级(19)班　陈诺

在滨江的第四个年头里,我遇见了这场令我最难忘的雪。

一早起来,匆忙洗漱没来得及拉开窗帘看看窗外,谁知下楼便发现迎来了今年的第一场雪。起初并不是我所期待的鹅毛大雪，而当我亲眼见证雪花落在大地上时，已是早读课的时候了。眼前薄薄的一层雪覆盖在小路上和草地上，界限分不太清。我想起了在电视上听到的一句广告："多一点，再多一点！"要是这雪再多一点就好了，我暗自祈祷。这时老师走了进来，哄闹的人群渐渐安静了下来，第一节课开始了。

我故作认真地听老师讲的每一句话，其实心里一直在惦记着窗外的景色和雪花。不知不觉，我望着窗外出神。直到玻璃上漫起白白的水汽，我才反应过来要认真听讲。没过多久，老师让我们小组自由讨论，我二话没说和同桌聊起了今天的雪，我擦了玻璃一角的水汽，刚好可以看到窗外漫天飞舞的雪花和小道上的雪景。我兴奋地说道："你看你看，雪越下越大了。"一团团雪花像羽毛一般在空中飞舞，老天似乎听见了我的愿望，用魔法让雪花为我们表演了一场无声的华尔兹。我们像身处于童话世界，自由自在。白雪将大地全部笼罩，小路和草地已完全看不出痕迹，只有一片白色，安静的雪地。在雪地里，我望见一棵叶子已全部掉落的树，它裸露在这场雪中，显得如此落寞。与这欢快飞舞的雪花相比，格格不入。突然我看见一团雪花飘落在窗台上，就在我刚想看清它的模样时，它便消失在我的视线中了。

第二节课下课，老师允许我们下去玩一会儿，人群立马拥向楼道，大家在叽叽喳喳地谈论着这场雪。我走在后面，心中充满了憧憬与喜悦，当我的脚第一次踏上雪地的时候，那感觉是无法形容的。我们在雪地上小跑，用心感受这雪带来的一切。耳边有风吹过的声音，眼前纯净无瑕，我贪婪地呼吸着清新的空气，体会雪带来的凉意。不远处的一块石头上面盖着一层雪，我俯下身去，清楚地看见了雪花的形状，是一片小且薄的冰晶，有棱有角，散发出特别的光芒。

回到教室后，我依旧不能平静下来，小路上还有不愿离去的同学在玩耍嬉戏。一切的烦恼都被这场雪埋没，随雪花飘走，然后消失……我想，这场雪，是我新年里收到的最难忘的礼物。

滨江的雪

江西师大附中　2012级（19）班　龚江玲

雪如期而至，撒遍了每个角落。

静静地趴在窗口，惬意地玩味这雪景。远望，雪密集地铺满了每个缝隙。似乎在玻璃的那一侧是个纯洁的世界。雪总是带给人这样的感觉，它的纯白神圣总会让人感慨万千。树叶这微小的空隙也被它占有了。纯白缀在翠绿上，树叶更加焕发出生命的光芒和青春的色彩，娇嫩欲滴。雪还在纷纷扬扬地下着，自天空向地面飘舞的雪花似鹅毛般轻盈飘落，在风的吹拂下，摇摆了起来，显得愈发动人。我不禁欣喜了起来，江南要下如此大雪终究是不容易的。

中午，按捺不住自己激动的心情走向操场。脚刚踏入雪中，便又想起了什么似的，慌张地把脚缩了回来，然后小心翼翼地检查刚刚脚下的雪有没有变脏，幸好还没有。我不忍玷污这雪，更不忍破坏这个纯净的世界。于是我又可以安然地踏雪前行。雪是松软的，踩上去会发出"咯吱咯吱"的响声。每次刚踩下去，雪便会向下凹陷，像是被什么吸住了，脚还会继续下坠，直到踩到了实地上，心里便轻松了。踏雪过后，雪上会明显地出现凹痕——脚印。这种仿佛要向下坠而又清楚感触到地面的感觉恐怕只有踏雪才有的吧！

风逐渐大了起来，雪飘落的轨迹倾斜得更厉害了。它甚至还调皮地钻进了我的帽子里，在我的脸上挠痒痒。走到操场上，仿佛自己置身于天地之间这广袤无垠的纯白世界了。这震撼的场景令我大饱眼福，心里满是快感。

看着低年级的小朋友那敏捷的动作、欢快的笑容，而在这人潮中却没几个高年级的学生。伸出手接住在空中飘舞的雪花，我不禁感叹：我们的童年和可以任性的时代一去不复返啦！手上略感到雪的冰凉，心里也不由得伤感了起来。

是啊，我们都已经长大了，已不再是当年那个任意妄为、天真烂漫，有着可以疯狂的资本的孩子了。以前的那些无忧无虑的欢乐不属于现在的我们。现在的我们背负了太多，明白了什么是责任，不像孩童时期如雪一般纯白洁净。现在的我们要成为当代青少年的模样，就算内心还有"还童"的欲望，也不会去做任何被同龄人耻笑为"白痴"的事。这是何等的悲哀！背负得太多，心又如何翱翔？

虽然旧时光一去不复返了，但是我们依旧可以珍惜即将要成为过去的此刻。

拥抱今天，珍惜此刻。望着眼前的雪景，又尝了尝雪，它在舌尖融化成湿润而微甜的雪水，滋润了我的心田。我不禁会心地笑了，打开我内心的窗户，融于雪景，在雪地中嬉戏了起来。

雪如期而至，叩响了心灵之门。

通过这两个模式的教学，学生的阅读写作能力有了大幅度的提高，更重要的是对语文有了新的认识。最初在南昌市第十九中学进行试验的2006级（9）班的语文成绩每次都保持在年级前列，尤其是全年级的高分基本上出自这个试验班。而且所有的教学任务都在课堂完成，坚持课外不布置作业，不多加辅导课。这说明阅读写作整体教学确实大大提高了语文学习的有效性，是行之有效的教学模式。随后在江西师大附中2012级（19）班开始新一轮的读写整体教学探索，在长达十五年的阅读写作整体教学中，学生的整体读写素养有了明显的提升。

阅读写作教学的研究探讨一直都是语文教育界关注的热点，但也一直很棘手，需要一个漫长的不断构建的过程。一方面，阅读写作教学自身的繁杂使得人们很难找到一条清晰而高效的教学途径；另一方面，阅读写作主体（学生）自身的浮躁也增加了寻找正确路径的难度。这些年"重视阅读"的呼声很高，也正从一个侧面暗示着阅读的迷失，写作又备受高考作文的一些不良倾向影响，出现大量的"套作卷"和"空壳卷"。写作心态不健全，一方面，学生不愿花大力气去切实提高自己的写作素养；另一方面，指导写作的教师急功近利，不愿静下心来系统地指导学生进行作文的规范训练。写作低效、畸形，致使高考命题者直言不讳地指出中学作文已是病入膏肓，得的是"癌症"。伴随着这些年阅卷现场严厉打压不合要求作文的呼声，一场捍卫作文尊严的战斗也拉开了帷幕。这是没有胜负的战斗，因为胜负都是对中学语文的摧残。

正因有这样一种焦虑，笔者试图通过思考阅读写作在高考中存在的问题，以及中美两国语文在阅读写作上的差异对比，提出高中语文阅读写作整体教学的观点，从心理学、文章学、文艺理论等方面寻求理论的支撑，试图给阅读写作整体教学做出界定，同时构建阅读写作整体教学的框架。更重要的是，试图结合笔者自己在教学中的实践来阐明阅读写作整体教学的可行性和有效性。诚如笔者曾言：高中新课程标准的实施，对从事语文教育的工作者来说最大的价值不在于对它进行批判、抵触或是阳奉阴违，而在于对既定的东西进行努力的构建并加以修正，让新课程改革更健康、更有效、更适合教学。由此笔者也盼望广大语文教师对阅读写作整体教学有更多积极的构建。

项目、情境、主题一体化的读写整体教学探索：

融"项目·情境·主题"为一体的读写整体教学探索

陈小荣

从清末"诗界革命"中黄遵宪写下"我手写我口，古岂能拘牵"的诗句，到叶圣陶先生提出更直接、鲜明的"我手写我心"的主张，诗文必由己出，可以说是人所共知的基本写作原则。如果诗文中写的不是自己想要说的话，而是从他人那里或明或暗地抄袭而来的文字，写作就失去了存在的意义。正因为如此，高中语文教材的编写者历来都十分重视让学生抒写自己的生活体验。人教版高中语文必修1（人民教育出版社2007年3月版）的写作训练有四个专题，侧重的是记叙文的训练。其中，第一个专题便是"写触动心灵的人和事"。在执教2012级（2015届）学生时，我发现学生的写作不仅文体意识淡薄模糊、章法混乱，而且宿构、套作严重，作文缺少生活气息，"无病呻吟"的感伤、颓败情绪充斥其间。为了扭转这种不良文风，我进行了第一次写作尝试，指定写作主题（以"幸福"为主题，由物的描写引发对幸福的思考），给定写作情境（以教室北面的"幸福园"为描写对象，作文内容要围绕幸福园展开，以幸福园为写作的触发点），约定写作时间（写作周期为一个月。其中前两周以日记形式进行片段写作，第三周整理前期写作成果，并进行拓展阅读，第四周写一篇完整的作品，不少于800字），并将优秀习作经讨论、修改后编辑成作品集留存。应该说，这次学生的写作体验是成功的，作品集让师生和家长看到了大家在写作中的思考感悟过程，也留下了学生时代对母校的美好回忆。

时隔九年，2021年秋季，江西进入了与"新高考"衔接的又一轮课改，同时开始使用新的高中语文教科书。面对新教材的教学理念和结构编排，我将其与自己一直在探索的高中语文阅读写作整体教学改革相融合，立足于新教材必修上册第七单元的教学内容，进行了读写整体教学的再设计，让 2021 级学生再次走进校园里的"幸福园"，开启新的教学之旅。两届学生相隔近十年的同情境、同任务写作，让我看见了学生更真实的精神世界。

表 3-3 为 2021 级学生读写结合学习的设计思路：

表 3-3　　2021 级学生读写结合学习的设计思路

项目	思路
任务	确定写作主题—开展与主题相关的阅读—对写作对象进行一个月的观察思考—课前分享阶段性写作成果—以小组为单位集中进行修改评价—成果汇编
情境	以高中楼北面的幸福园为写作对象，所有的写作内容要围绕幸福园展开。以幸福园为写作的触发点，学生选择不同的时间段和不同的天气进园观察感受，先以日记的形式写片段感受
主题	1. 以统编高中语文教材必修下册第七单元人文主题"自然情怀"为依据； 2. 以"幸福"为具体的写作主题，由物的描写引发对幸福的思考
素养	1. 立足语文学科的"审美鉴赏与创造"核心素养，通过阅读自然情怀的作品，感受作者的审美旨趣，再迁移到写作中，将个体的人生经历通过自然情怀主题的写作呈现出来，表达个体的审美旨趣； 2. 呈现中学生发展核心素养中的人文情怀和责任担当，通过不同年级不同届别的学生对校园特定场景的跨时空的写作，唤醒学生的校园情怀
阅读	1. 从教材出发，深度阅读朱自清《荷塘月色》、郁达夫《故都的秋》等篇目，梳理写景状物以及情感抒发的技巧，理解文章所表现的审美倾向和审美趣味，为写作的迁移做好知识的准备； 2. 读有关"幸福"主题的文章，教师推荐阅读毕淑敏的《提醒幸福》、周国平的《幸福》、列夫·托尔斯泰的《托尔斯泰谈幸福》等文章； 3. 读夏丏尊、叶圣陶著《文话七十二讲》第二十九讲《情感的流露》和第三十四讲《景物描写》，积累写作知识
写作	先以日记形式写不少于 5 个片段，每个片段不少于 200 字，要有描写和感想，再对这些片段进行综合性的整篇文章写作

2012级学生写作成果展示：

魏敏哲专栏：

幸福日记（节选3则）

2012年9月20日，晴

踏上这条不知名的小路，一块石碑静静地立在左侧。草香环绕中，碑上的刻字——幸福，吸引了我的视线。用手摸着不平的碑面，我陷入了沉思：幸福到底是什么？每天当晨曦的第一缕光芒驱走无边的黑暗，无论看过多少遍，心中的激动都难以自制。生命的感觉真的就是幸福——一种难以名状的幸福。抚摸着凹凸的石面想：是否幸福也需要磨砺？子女的幸福多半建立在父母的打拼之上；老人的天伦之乐依靠年轻时的资本；英雄的成功证明了付出血汗的必要。为了这象征生命的血色的幸福，学会感恩，感恩阳光带来温暖，感恩微雨滋润万物。每个清晨醒来时都提醒自己：青春真好，生活真好！面对人生之路上正候着你的未知的磨砺，微笑着说一声：既然无法躲避，那么——早安，午安，晚安！日子一天天消逝，幸福的路也从脚下延伸……

2012年9月21日，雨

路过"幸福"碑，又走上这条石径。不知怎的，听着雨打在伞上的滴答声，心反而平静了下来。此时的雨并不算太大，但也淅淅沥沥地洒满天地间。闭上眼，听着雨的私语，感受着时光在身边穿行。外在的世界多半是喧嚣的，很少有机会像此刻这样"停下来"，既不受拘束，又没有烦恼。用心去聆听万物，也接受自然的安抚。在雨的波纹中，仿佛周围就是一个自成的小世界，自然的气息像母亲温柔的手抚慰我早已疲惫的身心，像梦一般驻留心上。虽然梦与现实总是迥若霄壤，但在这个宁静雨天，我仍感觉这条小径是值得驻足的。闻着鼻翼间若有若无的馨香，听着不知名的鸟儿在冒雨歌唱，再拾起一颗石子，抚摸它的表面，遥想它历经的沧桑……

2012年9月26日，晴

头顶的骄阳有些灼人，千万缕阳光奢侈地铺洒在路面上，使得这条原本幽静的小径也变得"热情"了起来。似乎有一股热流从脚心逆流而上,直至内心深处。将右手捂在左胸,感受着自己青春生命的欢愉律动。抬眼望去,那青灰石碑上如火的"幸福"二字也正嗞嗞"燃烧",有些晃眼,却并不刺目,仿佛与青葱的树木融合为一个整体。这里,有参天的大树、娇嫩的葱兰,还有那平凡无奇的绿草。树梢展喉鸣啭的雀鸟,在圣洁阳光的照耀下,全笼上一圈淡淡的光晕,只可远观而不可亵玩。感慨造物主的巧手,竟创造出了如此之多的蓬勃生命。不知不觉,已走到小径的尽头,但我知道,我的人生之路还很长。隐约能看见树梢那一团亮丽的火焰,那是幸福在闪闪发光?……

幸 福

盛世繁华下,有太多的人迷失了方向,可曾有谁停下匆匆的脚步,感受身边那平凡的幸福?

——题记

那碑,那苦,那份幸福

一条朴实平凡的路,印着世间沧桑。一块石碑静静地立在那儿,在浓绿的草木花香中,如火焰般鲜红的"幸福"二字烧灼了我的视线。无意识地用手抚摸着那抹灰白,并不光滑,难道"幸福"仍在等待苦难的磨砺吗?邰丽华,一个聋哑女孩。然而,在无声的世界里,她并没有放弃追求。由她领舞的《千手观音》带给我们多少心灵上的震撼。没错,她是幸福的。但当我们看完这惊世一舞,能否联想到邰丽华十多年间所付出的血与泪?冰心有言:"成功的花,人们只惊慕她现时的明艳;然而当初她的芽儿,浸透了奋斗的泪泉,洒遍了牺牲的血雨。"梅花香自苦寒来,也不是一句空话——我们只有受得了磨砺,才能迎来姗姗而至的幸福。

那雨,那心,那份幸福

走在这条石径上,听着那如梦如诉的雨声,心在此刻却突兀地静了下来。闭上眼,感受着时光在身边穿行,在淅淅沥沥的漫天飘雨中,终于有机会停下来,休息一下——是不受拘束的,没有烦忧的,就这么随遇而安。守住一颗平静的心,与这条道上的草木融为一体。用心去聆听万物，去治愈内心的伤痛。在雨的波纹中，仿佛自己周围就是一个自成的世界，自然的氤氲像母亲温柔的怀抱，包容着疲惫的我，像梦一般地驻留在心上，虽然生活与梦总是迥若霄壤，但不可否认，在这个宁静的雨天，在这条普通的小径上，我由衷感受到了幸福。闻着若有若无的草木清香，心寻得了避风港。我默默踯躅，不舍离去……

那月，那水，那份幸福

"高处不胜寒，起舞弄清影，何似在人间。"月，昏暗中被晕湿化开的那一团冷冷的光辉，看那月的灿烂，似挥霍，又似礼赞。它并没有抛弃任何一个人，永远用那清辉温暖孤独或迷惘的心。走在这条银白色光影闪烁的路上，静静地注视着前方那贮满光辉的池塘。模糊却又清晰地看见鱼儿在水里悠游，时不时用那绸缎似的尾巴摇出一圈圈涟漪。"子非鱼，焉知鱼之乐？"但我仍觉得，这一泓月色下的水泽，便是它们最舒适的港湾。人亦如鱼，总希望拥有那份渺小的幸福，在亲情里，在友情里，在爱情中。

人生在世，说长，悠悠数万日，遥遥无期；说短，春夏几十秋，弹指一瞬间。让我们抛却世间浮云，寻得生命的真谛，感受那份平凡的幸福！

［魏敏哲为江西师大附中2012级高中（19）班学生］

教师专栏：

陈小荣的幸福日记

2012年9月19日，晴

从"幸福"碑出发，是一条人为的曲折青石小径，这种曲折让本是平面化的林子有了立体感。很多时候，幸福正是在曲折中才显宝贵。如果能一眼望穿，唾手可得，这种幸福可能不可长久并不足珍惜。"幸"是一个象形字，是一副手铐的形体，故其本义是镣铐，很多情人送对方一副手铐，可谓知其本义了。有人说幸福的生活就是戴着镣铐跳舞，因为不容易被离心力甩出去。幸福也当是一种善。楚太后伯嬴晚年来到鲁国与孔子相邻而居，她对孔子说，我每天听到你们的读书声心里就安宁踏实，睡得着觉。太后曾对孔子动过杀机，是孔子的善感化了她并让她在血雨腥风中找到一处温馨的港湾。所以这里的树是幸福的。它们天天沐浴在琅琅书声中，又得天地之精气，乡野之纯朴。而人也是幸福的，远离喧嚣，完成各自年龄段该走的路程，内心宁静，树影相伴，得自然之平和而求人生之充实与单纯。

2012年9月20日，晴

幸福的定义：①（名词）使人舒畅的境遇和生活；②（形容词）生活、境遇称心如意。在这里的金鱼幸福吗？是不是一定要给它们一片海洋它们就幸福？也许一入海就丧生成了其他鱼类的果腹之物。在教室里读书的学生幸福吗？是不是一定要给他们一片自由的天空他们就幸福？要知道人生是一种过程，在不同的阶段当有不同的人生归属。幸福是自己定义的。早晨睁开眼，我活着，有一缕略带凉意的秋阳拂面，洗涤夜梦的晦暗，此刻当是幸福的！是人的无限膨胀的欲望让幸福渐行渐远。所以，我们更应该把幸福变成动词，去追寻、体味、珍惜乃至创造。

2012年9月21日，雨

早上开车从市区赶到滨江，雨是昨夜下的，下雨我就失眠，所以对夜雨就特别敏感。路过幸福园，碑上的"幸福"二字显得特别鲜艳，这是雨洗出来的。今晨湿气很重，雾蒙蒙的，整个天地都小了，人在天地间就更显卑微。日常的狂妄自大，在这突然显得逼仄的空间里，茫然而微不足道。回到宿舍拿来相机，把今晨园子里的雨、雾，园子里的树木花草，池里的金鱼一一地拍摄下来，留作存照，望学生的写作有真实的对证。池里的金鱼是主角，它们聚集在水面上亲吻着雨水。水之于鱼就如肌之于肤，在鱼的世界里，幸福就是一汪浅浅的水。"幸福"碑旁是一处椭圆形的土坡，这里的草木长得异常茂盛，这得益于旁边是厕所，其下是化粪池。这里最肥沃，却也最冷清，人们是不愿到这里来欣赏风景的。而长在路旁，时时被人惦念欣赏的，又往往长于贫瘠的土地上，还要遭遇随时可能的破坏。你说，它们谁幸福呢？山沟里的树占尽了水资源的优势疯狂地往上生长，无非为了更多的阳光，所以不惜一切代价，但一场风暴一场大雪它们就首当其冲。山顶上的树呢？它们仅靠上天的恩赐汲取着有限的养料，但阳光是慷慨的，它们站立在山顶阅尽无限风光，虽然它们长得一律矮小而丑陋，但这就是山顶的树，它们从活着的第一刻起就是在另一个高度上成为一棵树！你说，你是愿意做山沟里的有朝一日可能参天的大树还是愿意做在山顶顶天立地的小树呢？幸福是多么难于选择啊！

2012年9月22日，雨

园子有两个出口，分别有两块石头。从东出发左边矗立的是"幸福"碑，由西进入在道旁左侧是一块大的椭圆的石头，上面用篆书刻着鲜红的"杏坛"二字，和东边的"幸福"遥相呼应。两个出口，两种路径，颇耐人寻味。一条是从"幸福"出发，"杏坛"是终点；另一条是以"杏坛"为起点，"幸福"是终点。这其实是作为一个教育工作者奋斗的两条路径。想到孔子的一生，孔子终其一生想要做的是施政，想在鲁国实现他的政治愿景，却如"丧家之犬"在其他国家流离十多年，历经人间沧桑，连命都差点儿没有保住，直到晚年才回到风雨飘摇的鲁国，在"杏坛"上找到让后人敬仰的存在。我们一直在追寻幸福，但我们的起点却可能不是杏坛，我们太容易被世俗所侵扰。这也不是我们的错，我们想崇高但更多时候我们缺乏让自己崇高起来的勇气。在一个教师尊严被日益侵犯的年代，教师的幸福真的是难以言说。所以我们也不可避免地以"幸福"作为出发点，一路追寻幸福，在追寻中我们坚持下来，在"杏坛"里遇到了幸福，并把它作为人生的归宿，但一定有不少人在这条路上走失。是我选择了杏坛，还是杏坛选择了我，这也是我曾追问过的。我不崇高，因为我曾经把教书作为自己最后的选择，即便进了教育行业也一直挣扎着如何不做教师，但我把每一堂课当成最后一堂课上时却意外地获得了很多，并让我有了勇气在杏坛上站立下去。另一条路是我们从杏坛出发，一路跋涉，找到幸福的归宿。这是要有足够的气魄的，但在一个缺少教育家办教育的当下，我们多数人把教师当成一种谋生的职业，所以这条路更是艰难，要让幸福和杏坛直线连接甚至等同，也许是一种奢望，但我们还是要心存这样一个梦想！

2012年9月24日，雨

秋天的雨总是下得不够痛快，但下一场凉一场的感觉又是分明的。节气上今天已是寒露，一看到这个词心里就会感应到秋天已向纵深蔓延。连日的秋雨让园子里的秋天更加深沉了，少了浮躁，多了静默。碑上的"幸福"二字分外亮丽，原来碑是凹凸不平的，"幸福"二字就像寒冷的季节里依偎在母亲怀里的孩子，雨浸透了碑的边缘，却未渗到"幸福"上。于是想到，我们总是深爱着秋天，但我们过于看重秋天的形式，如枝头的果实、田野的金黄，却忽略了那漫长渐进的过程。而让我们感受到过程的恰恰是秋雨秋风，是它们让秋天变得成熟而有韵味。幸福也应是一种过程，生活中的一些挫折痛苦正是幸福的参照物。另外幸福也是需要呵护的，它很脆弱，有时就像襁褓中的婴儿。只有对幸福付出越多，幸福之花才能够绽放得持久热烈。

2012年9月25日，晴

雨后初晴，一池秋水澄澈了很多，池里的鱼也像睡醒了，灵动了不少。池旁有五棵垂杨树，不知道栽种时是不是想到了陶渊明，陶公因在门前栽了五棵柳而世称五柳先生。垂杨依水而生多妩媚温顺，陶公爱柳，也许骨子里就是不愿去抵抗世俗的。先生定是深谙庄子的思想，要自由就要做一棵无骨的垂杨，越柔软才能越刚强。陶公弃官归隐是不是幸福已不重要，陈翔鹤的《陶渊明写〈挽歌〉》弥漫的尽是妥协无奈。弃官是因为官可做可不做，可做是指能实现知识分子的一种政治愿景。学而优则仕真是一服慢性毒药，让一批知识分子深陷仕途的泥淖不能自拔！但做官是要能屈能伸的，陶公的性情想必是能伸不能屈的，所以对他来说，做官就是末路，那就留个"不为五斗米折腰"流传千古吧。可不做是指陶公做官的初衷是解决温饱问题，既然这样不如"种豆南山下"。我们假设有一千斗米在陶公面前，让陶公在物质上没有拒绝的理由呢？可惜只有五斗米，当生计都是问题时，折腰就没有价值了，所以陶公的不幸福是错位了。不可同日而语啊，王维也想隐退，却在庙堂与草堂之间行走，寻找一个平衡点。可惜陶公的天平是失衡的，这一失衡就造就了这么一个永远活在知识分子心中的田园诗人。当初苏轼被贬海南时，他选择了以水的姿态匍匐地在地上生存，变成了一棵垂杨，风来顺风扬起，雨来让雨滑过，他天天钻研陶公的诗作，仿其写作风格，一个豪放旷达、历尽政治斗争险恶的政治家终于穿越时光、洗尽戾气和陶公相聚，成为一个民间的苏轼！

2012年9月26日，晴

池边上和垂杨夹杂而植的是九棵垂丝海棠，我对海棠的全部印象竟是来自史铁生的《秋天的怀念》。在这篇散文里对海棠花的描写却成了史铁生与母亲的生死绝唱。对一种植物的情结有时候竟是这么怪异。大学时就特别喜欢史铁生的作品，读他的《我的遥远的清平湾》《命若琴弦》《务虚笔记》，一种心灵的挣扎到最后绝望后的平静常常震撼着我。做了教师后，每次讲《我与地坛》时都会有一念想，若是史铁生能够和学生对话几句，让今天的学生真切地感受痛苦，让学生走进地坛，真诚感受生命的真实与虚无，那该多好啊！可是这样一种念想却在2010年12月31日终结了，那一天我在网上得到了史铁生的噩耗时却又松了一口气，他终于可以在另一个世界陪着他的母亲看海棠花开了。2012年在我做出我人生的一个抉择时，评判我的竟然是写一篇关于史铁生死亡的作文。那天晚上在教室里我还是没有忍住泪水，我把对史铁生多年的感受淋漓尽致地呈现在那份卷子里，以表达我的敬畏之情。如今，我在这里和海棠相遇，也是秋天，却没有花开。它静静地在天地间等待着、守望着。来到这里工作一个月了，我也在等待、守望吗？又等待、守望什么呢？当我做出这一艰难的选择时，也正是那一刻才体会到庄子在山阴道旁濮水边上"持竿不顾"道出"吾将曳尾于涂中"的无奈与超脱。一个相位摆在了庄子面前，他没有动心；一个中层职务摆在我的面前，我心动是因为我终于能在另一个高度实现我的教育梦想，但我还是转身离去，或许是内心还不够强大，难以对抗现实。每天路过这"幸福"碑，都要暗暗问自己：我幸福吗？我舍弃一个追求了十几年的梦来到这里真的会幸福吗？当我在教室里面对一副副新面孔心无杂念地高歌时，我该是幸福的。因为此刻，我沉浸在教育的童话中！然而现实又总是坚硬的，唯有前行，与幸福相约，在路上……

幸福在路上

陈小荣

幸福园坐落在师大附中滨江校区教学楼的东北角，后面是女生宿舍，东边是球场，是一个半封闭的园子。以东面的幸福碑为起点，在幸福碑的左边是一个七八平方米的土堆，正东醒目位置上是一棵银杏，在它两边各种了一棵樱花树，朝南间植了五棵合欢树、七棵枫树、五棵桂花树，靠近中庭的东边是两棵樱花树，树下是成片簇拥的金丝桃。幸福碑右边依次是两棵樱花树、一棵修长的阴香树、一棵桃树，北面的绿化带是一排栀子花树，沿着绿化带种了八棵阴香树，往南靠近东北角有六棵桂花树，再由东向西间植八棵雪松。在园子的西北角有一块约两米长的观赏石，上面刻了"杏坛"两字，旁边还有一块很小的圆石依偎着，不离不弃。杏坛石北有银杏树一棵，西有樱花树两棵，南有樟树一棵，偏东北角是五棵枫树。中庭是一棵旺盛生长的五指银杏树，还有三根竹篙斜撑着，享受着特别的呵护，银杏树下面有一棵不起眼的铁树。中庭南面往东是七棵海桐，往西是一排栀子花树，中间往外突出的是一棵樟树，北面是并排的五棵海桐，靠中庭的西北转角处是一棵正怒放的复羽叶栾树，粉红色的花瓣在枝头宁静安详地绽放。五指银杏和这棵复羽叶栾是园子最显赫的。最西边是一个依教学楼而设的直角形水池，池里有二三十条金鱼，其中一条硕大的金鱼俨然是这个池子的主人，只可惜褪去了红妆。西北出口有桂花两棵，阴香树两棵，还种了一排金丝桃。沿水池北面种植了五棵垂杨和九棵垂丝海棠。这就是幸福园里大概的景观。

　　为了这段文字，我已酝酿了一个月，多次下决心，直到今天才得成文。我不怕大家笑话，甚至更不怕我的学生嘲讽。我在今天之前，确切地说是在今天下午一点之前，我还是说不出这园子里大部分植物的名字。我如果想应付学生的话，本可以编造一些植物的名字，而且敢断言这些学生绝不会发现，因为在他们眼里，生活已不再是真实的，他们活在应试教育的空间里，已然分不清这个世界的真实与虚构。但我还是放弃了这样做，我布置这样一次写作训练，就是想撕开这个令人窒息的口子，让他们回到真实的世界中来感受真切的生命气息。于是我吃罢中饭毅然决定带上电脑驱车前往江西农业大学，电脑里有我前段时间陆续拍摄的照片，而之前我已通过在上海的学生陈颖联系上了在江西农业大学读书的学生陈恩，这个高中曾被糟糕书写纠结了三年的学生非常热情地又帮我找了一个专门研究植物的同学帮我，于是我在江西农业大学的一个教学楼里终于认识了幸福园里存在多年的所有植物。我惊讶地知道了在幸福碑旁化粪池上栽种的竟然是我无数次想念过的合欢树，这棵史铁生笔下充满悲情而诗意的合欢树！知道了栀子花树，知道了那棵独领风骚的树竟然有这么一个神话般的名字——复羽叶栾。我为自己重新认识了这样一个神奇的世界而欣喜若狂。这里的每一棵树将不再是孤独的，它们从此有了被人唤起的名字。我们不再陌生，从我此刻轻轻呼唤你的名字开始！我与你的相互认识、相互感念从这一刻起有了新的意义。

然而，这一刻是多么难啊！促成我下这么大一个甚至赎罪般的决心的缘由却是这条短信：陈老师，国庆快乐！我是梅雅琪，刚刚才得知老师的新号码。很感谢老师的教导，老师的教学方式让我受益匪浅。我学的是汉语言，上课常常想起老师，真的很感谢您。祝老师工作顺利，心想事成！看到这条短信时我已离开我奋斗了十一年的学校一个多月了，可是就是这个学生一直让我内心不安，她今年高考尽管很努力但还是没有上二本。在高一组织的一次"我所知道的方言"活动中，正是她带领她班上的全体同学用抚州方言朗诵了一首深情赞美我的诗，并在最后用方言喊出：陈老师，你很帅，我爱你！那一刻让我终生难忘，我无言以对、泪流满面是因为我愧对他们的爱。因为我一直从内心抵触这个班，虽然我坚守着自己的职业道德和良知，在课堂上精心上好课，但每次下课后都匆忙逃离，而这一切只源于我对他们的班主任的抵制。我一直痛苦着却没有勇气去化解这个结，一直到他们高三毕业，我教了他们两年多却还叫不出他们班大部分学生的名字。两年多，这种没有感情的教学深深地刺痛着我、折磨着我，以致我对他们再三邀请的各种庆祝活动乃至毕业庆祝都一律回绝。我一直在逃避，我错过了去认识这群处于花样年华的学生，并走进他们鲜活的世界的机会。我就这样冷漠地路过，尽管我深知这不是我想要的过程，而我却无法撕破这个自己织造的茧。今天，我终于有勇气把它写出来，并以此来记住这群学生，是因为我对教育还充满无限的憧憬，我希望在这条路上前行时，能够追寻到真正的幸福，而不再一路地错过！

知道了它们的名字后，我再次来到了这个园子，我用笔在纸上记下每一棵树的位置，它们的朝向，它们的数量。虽然我在今天之前已在这里走过不下 100 遍了，但所有的亲切却还是从我抚摸这一棵棵从此有了名字的树开始的。从这一刻起，它们的生命将融入我的生命。我们将一起去迎接马上到来的霜降、立冬乃至整个漫长的冬天……但终会有春天的，我们将共同去创造一个属于我们的春天。在路上，在幸福与杏坛之间，是有一条若隐若现的路径的，就为我叫出了你的名字，就为幸福在路上！

2021 级高一学生写作成果展示：
陈思涵专栏：

幸福园日记（节选四则）

2021年12月27日，晴

下午一直在帮忙裁剪班上同学的分数条，而后匆匆赶去食堂吃了碗馄饨，从食堂出来的时候，天已经全黑了。科技楼与男生宿舍之间的空当，好像比真实的距离更广阔。所有人都公平地在这低垂的暮色下变成影子，有人忙着去打球，有人赶着回家。上楼前临时起意，改道去幸福园转了一圈。来滨江已三年有余，我却是在近几周的语文课上，才得知鱼塘旁边那小园子的正式的名字。

关于这园子的记忆，说起来已经有点模糊了，记得初中时从"凤外"走到滨江，印象最深的地点其实不是那儿，而是校训路。（"凤外"是作者小学时的母校凤凰外国语学校的简称，滨江则指作者正就读的江西师范大学附属中学滨江分校）读了史铁生的《我与地坛》，课外又读了白先勇的《树犹如此》，接着是归有光的《项脊轩志》：这些名篇中都有写树的脍炙人口的文字。陈老师在语文课上介绍过幸福园里的植物，让我印象最深的是樱花树。初三那一年清明过后，和同学自老食堂而出，向操场去散一圈步再回教学楼上晚自习的路上，便会看到开得正盛的樱花。现在，听说老食堂被改成了图书馆，樱花树也早已只剩光秃秃的枝干。

于是，当这种空旷的感觉在我心中蔓延时，我突然意识到：《我与地坛》也好，《树犹如此》也好，《项脊轩志》也好，树的故事，终究是人写下的，是人的故事。

2021年12月28日，阴

傍晚走出教学楼的时候，除了从温暖到寒冷，那瞬间产生的温差带来的不适应，更多的是我的头脑有一种冷彻清醒的感觉，好像我只要深吸一口户外的空气，就可以忘掉教室里学习上的一切不如意。

关于滨江，我能写些什么？关于幸福园，我又能写些什么？记得当时得知"复羽叶栾"这个神话般的名字，我便迫不及待地想要去辨认它、认识它。真正站在那高大的树木前，那种未知的激动已经消散，转而被一种无言的情绪替代：原来这就是复羽叶栾啊，原来我多次见到的行道树有这样一个美丽的名字。它确实有个显著的特征，能让我在茫茫树丛中一眼找到——复羽叶栾的叶是拥在树枝尖端的，形如一个个灯笼或铃铛，叫你只看上去就觉得听到了清脆的响声。

又想到早起时看到的滨江的天空，上高中住校后我才拥有观赏滨江的晨曦的机会。太阳还没升起来时，天色是混沌的，灰蓝和暗红交织混杂，像一只洗水粉颜料的水桶。后来那点明蓝在地平线处过渡成橙红色，于是我知道新的一天真的到来了。

幸福园，是我除了文字与音乐外用来逃避现实的第三种选择。那里时常让人觉得静得不可思议，风吹过时又是刺骨的冷。或许本该是这样的：树木是静的，只有人是喧闹的，因而人在面对这沉默的自然造物时格外坦诚，不必揣测是否哪里有冒犯。在宿舍桌上写下这句话的时候，我才恍然意识到，以我十几岁的年纪譬喻园内年长我几十岁的树木是一件极其傲慢的事。可我不会永远十几岁，没有人永远十几岁，但永远有十几岁的人在滨江。

2021年12月30日，阴

从图书馆门口右边的窗户望出去，刚好可以看到幸福园。虽然大部分景色被馆前的樟树挡住，但仍然能够捕捉到银杏和复羽叶栾的部分枝杈。想起十二月联考的第一天，上午考语文和物理，进教学楼前特意去拜了拜那棵"五子登科"的银杏，可惜物理成绩仍然不理想。在绿植间发呆散步，因为成绩落泪，又重新打起精神上课，没有什么惊天动地的大事，这可能才是青春最平凡的样子。听坂本龙一《圣诞快乐，劳伦斯先生》时看到评论：青春与对青春的感觉不能并存。立刻联想到菲茨杰拉德借笔下主角说出的那句话："我们这些薄暮中的年轻职员啊，正在虚度一生中最灿烂的年华。"

记得中考前看考场那天的中午，大家一起在老食堂吃饭，有同学突然说："这可能是我在滨江吃的最后一顿饭了。"我们那么快乐，最终还是不可避免地要分别。但记忆是可以化形为文字的，可能这也是我应聘图书管理员的缘由。那本2017年的留言本上有刘策主任的签名、文科班学生立志上北大的誓言和青涩的心事，有这样的记录留存于纸上，属于那一届学生的记忆就不会消亡。这幸福园的银杏、樟树、复羽叶栾见证了一届届学生来又去，那些老旧的回忆，几乎让人落泪。但我置身其中，却总是感到未来的不确定：我什么时候会遇到"谁"呢？什么时候会成为"谁"呢？

2021年12月31日，阴

无论这一年经历过怎样的艰难险阻，我最终是走到了今天——2021年的最后一天。中考也好、体考也好，那时紧张的自己好像根本不曾存在过，我已经是第四次在滨江参加元旦联欢活动了。

好几天前的雪似乎只是南昌开的一个不痛不痒的玩笑，最近再没有飘雪的预兆，或许我在滨江这短暂的生活中都没有机会见到银装素裹的校园、银装素裹的幸福园了。

断断续续地利用课余时间读史铁生的散文集《我与地坛》，终于翻至《想念地坛》，史铁生在末尾写道："我已不在地坛，地坛在我。"我能否有一天洒脱地写出"我已不在滨江，滨江在我"呢？以前待过的教室大抵正在被更年轻的心愿装饰、庆祝，正如我已无法在幸福园内找到那棵合欢树曾经存在过的痕迹。树犹如此，人何以堪？

滨江有很多草木仍然是我想写的，却因为语言的贫瘠无法付诸纸笔：垂丝海棠、雪松、广玉兰、八角金盘……会有那么一天，我的笔能够记录校园内所有植物的名字吗？在幸福园内有意无意地逛了这么久，写了近千字的东西，我多少该成长些了。

且记今日的自己，深知昨日的浅薄。新的一年须将更加努力，读更多的书，变得更加强大。但行好事，莫问前程。又是从零记数的新的篇章向前走，坚定地向前走。

写到这儿也差不多了。滨江，明年再见！幸福园，明年再见！

我与杏坛

陈思涵

我不爱冬天的杏坛，它太萧条、太冷清，娇艳的花儿全部凋谢，只留下在寒风中发抖的枯木，以及我觉得颇为乏味的常绿的樟树。我也不爱它的另一个名字——"幸福园"，所以宁可称呼它为杏坛。然而，我还是常常到杏坛去。

它见证我入学，见证我经历惊心动魄的中考后又重新返回已就读了三年之久的校园。这近千天的光阴的流逝好像并未对它造成什么影响，行道旁的樱花树总是在应季盛大地开着，海桐的叶总是绿得圆润饱满。从石板路向杏坛内走去，我领悟到它名副其实，不辱没"杏坛"二字，也为此处银杏树之繁多而惊叹。与园中最高、最大的"五子登科"银杏树相呼应的，是那棵名字如同神话诗篇的复羽叶栾。它的叶拥在树枝尖端，形如一个个小灯笼，令人看上去便觉得听到了清脆的响声。

我常常什么也不带，只空着手去杏坛走一遭。园内极静，只有北风在枝叶间穿过发出沙沙声。我来杏坛，可能是为了回忆、为了纪念、为了逃避，也可能只是为了再来认识认识这里的草木。踱步在石板上，我好像在紧张的学习生活中找到了喘息的机会，可以任思绪自由飘荡：未来、生命、文字……置身其中，白先勇的《树犹如此》浮现心头："那是一道女娲炼石也无法弥补的天裂。"这些树木亘古沉默，无法纾解我内心的迷茫。归根究底，杏坛的安静是注定而公平的。草木的故事，最终是人的故事。

意识到这点后，我开始留意不同时段的杏坛。太阳还未升起时天是混沌的，灰蓝和暗红交织混杂，最后在地平线处过渡成橙红色，杏坛就氤氲在晨曦的雾霭中，无限静谧；而傍晚时分，大批人从教学楼中鱼贯而出，天色已经接近全黑，可又偏偏给人广阔浩大之意，所有人都公平地变成这低垂暮色下的剪影。杏坛的走道上有人赶着回家、有人奔去打球，踩碎婆娑的树影。那些摇曳的叶片和细瘦的枝杈被镀上古铜般的暗光，而一抬头，教室的灯好像永远在这夜色中闪耀。

我曾以为杏坛是我心中复杂想法与情感的集合体，是我挣扎、踌躇又活在当下的象征。杏坛是静的，只有穿行其间的人是喧闹的，因而人在面对这沉默的自然造物时格外坦诚，能够毫无负担地和盘托出自己的疑问。我什么时候会遇到谁呢？什么时候会成为谁呢？它们不语，只扮演着完美的聆听者。树犹如此，人何以堪？我能做的只有怀抱青涩，踟蹰前行。

终有一天，我足够成熟、足够有勇气在这逆水行舟的旅途中坚定向前，我也可以像史铁生那般写道："我已不在杏坛，杏坛在我。"

［陈思涵为江西师大附中2021级高一（16）班学生］

教师专栏：

教育即生长

陈小荣

　　快十年了，这个园子并没有发生大的变化，还是那些树，只不过有的死了，还立在这里。

　　2012年9月我来到滨江，路过高中部教学楼后面这个园子，因为那块刻了"幸福"二字的石碑，我把这里称作幸福园，也是那年9月，我带领高一（19）班的学生走进这个园子，开启了一场别开生面的写作，和学生一同写五则有关园子的日记，然后再写一篇有关这园子和"幸福"话题的完整文章，那年汇编成册的《幸福在滨江》成了很多人的回忆。2021年冬天，我跟学生讲《我与地坛》，新教材把史铁生的这篇文章选回来了，而史铁生已离开人世十一年。多年后再次和史铁生的作品深度对话，感触很多，那棵合欢树又出现在我视野里，似乎它一直就在游荡，它等什么呢？ 忽然我觉得应该让学生去园子里看看，我把2012级学生的那次写作经历告诉了他们，我希望时隔九年后的他们也有自己的发现，我给了他们一个月的时间去走走看看记记，我甚至决定以后的每届学生都有这么一次写作经历，记住他们在这里生长过，让这个园子成为滨江的永恒记忆。

　　一个月后我读到了陈思涵的《我与杏坛》："它见证我入学，见证我经历惊心动魄的中考后又重返生活了三年之久的校园。这近千天的光阴的流逝好像并未对它造成什么影响，行道旁的樱花树总是应季盛大地开着，海桐的叶总是绿得圆润饱满。""终有一天，我足够成熟、足够有勇气在这逆水行舟的旅途中坚定向前，我也可以像史铁生那般写道：'我已不在杏坛，杏坛在我。'"我看见了他们鲜活生长的样子，我看见了这满园子的他们按照各自的方式或悲伤或喜悦。在从教二十年的这个冬天，我一直在思考教育即生长。

　　我们到底需要什么样的教育？我们到底能给学生的生长带去多少阳光雨露？还是从那棵合欢树说起吧。2015年初夏我为它写过一首诗：

　　悼念一棵合欢树

在滨江

在幸福碑旁

我见过你

虽然，我早知道有这么一个名字

活在这个世界里

直到我在农大的教室里

才知道原来你长得并不伟岸

甚至还有点稀疏

甚至还不美观

而你却静静地

活在我的视野里

我固执地认为

这是一场蓄意已久的阴谋

在那个冬天的早晨

当这里不再响起晨读的声音

当一切都在严寒的包裹下

小心翼翼地呼吸时

你被伐倒了……

因为你不够庞大

不足以让大地发出轰鸣

甚至连你身旁的樱花树和金丝桃

都以为你只是因为寒冷打了一个趔趄

当然刺破苍穹的银杏

在那个黄昏就知道了这个阴谋

赣江的船只
桥上的火车
村庄的狗吠
依旧各就各位
悲哀似乎只是冬天打皱的表情
散不去也凝结不成冰

想不到
你活着是一棵向上的树
倒下却被裁成了一堆残枝
送进了垃圾场
多想你能冒起一股青烟
袅袅升腾

没有奇迹,我们守望奇迹
第二年的春天
我看见你在烟雨中
延伸自己的新生
你肯定是宽容了冬天的错误
肆无忌惮地闯进夏天的灿烂
却改变不了再一次地倒下……

第三年的春天
我看见你被布谷鸟的啼叫唤醒
沿着树桩向上
向上长成一棵树的模样
你显然是低估了他们砍伐的记忆
被连根拔起的同时

还在树根上浇了柴油
从此，我日日走过
看到的只有幸福碑上越来越清晰的裂痕
……

前天，春光明媚，我没有看见你
昨天，风雨大作，我没有看见你
今天，在教室里，我和一群学生
悼念你，那棵生长过的合欢树

园子里的那棵合欢树在学生写过它的第二年就被砍了，被砍的理由是因为它不美观还容易招惹虫子。又过了两年，连操场边上那棵也被砍了，操场边那棵合欢树很多人都有深刻的记忆，运动会上很多人都在它底下乘过凉，开的花也非常好看，但它还是被砍了。这回倒不是因为它不美观，而是因为虫蛀严重。从此滨江不再有合欢树。园子里的那棵合欢树，我目睹它被砍后连续两年坚强地想重生，但最后还是失败了。败在我们没有一颗宽容的心！同样，教育没有宽容是多么可怕！我们总是习惯打着一切为了学生好的旗号，经常训斥，野蛮地压制，"就是不要出乱子"。我们很少去听他们生长的声音，很少给他们试错的空间，而且你很难说我们错了，因为我们都是为了学生好！我每天路过园子想起合欢树，都执着地思考教育如果从容点、宽容点会不会是另一番景象。

我常想，真正的教育应该是万物生长的教育！

也包括园子里的那块石头。那块石头大概是五年前因为场地改造被随意地安置在了靠近合欢树的边上。那里阴暗潮湿，显然和刻在它上面的"紫气瑞云"（行草的原因让很多人误以为是"紫气东来"）不相匹配。记忆中那块石头在球场旁，好多小孩子经常爬到上面去，也经常有人把鞋子等放在上面晾晒，因为有阳光，因为它大智若愚般等着你去坐一坐或靠一靠，那块石头也常常让我想起。但自从被移放到园子里后再也没有小孩爬上去过，在树丛里，它开始阴暗地生长，身上布满了绿苔、鸟屎，那四个字也暗淡无光。紫气是向阳而生的！这五年里，我不知道这石头如果有生命会想些什么，而一种魔念却在我心底生长，我希望它重见阳光！我就这样想了五年，这五年里我也在积极地思考教育的阳光怎样去照进学生的世界。酝酿了一个冬天，终于在春天里，我让它回到了原来的位置，虽然我干了越俎代庖的事，但看到它朝着太阳升起的方向静静安卧，我似乎又看到紫气氤氲，我想我是值得的。

陈思涵在 2021 年 12 月 31 日的日记里说："好几天前的雪似乎只是南昌开的一个不痛不痒的玩笑，最近再没有飘雪的预兆，或许在我滨江这短暂的生活中都没有机会见到银装素裹的校园、银装素裹的幸福园了。"事实上，滨江在春天里迎来了一场大雪，这场雪下在那块石头回归后的第三天！

结语：

从 2012 年到 2022 年，十年的时间跨度。参与笔者的教改实验的，是两个班级的 100 多名学生，但限于篇幅，只摘编了魏敏哲和陈思涵两位同学的部分习作。魏、陈两位同学（其实，她们是有近十岁年龄差距的"大姐姐"和"小妹妹"）的随笔，既有共性，也有个性。共性是她们都认真地观察过、思索过、记述过，且都文字清丽，笔端贮满深情。不同的是，"大姐姐"似乎更关注自我心境的抒写，而"小妹妹"则在写幸福园（杏坛）时，既状物写树，又留意于校园人事的记录。她们的写作，与一些高考优秀作文的交集似乎并不多，但也因而少了"匠气"，多了生活的诗意与真情。我觉得，这正是弥足珍贵的东西。

从 2012 年到 2022 年的十年间，学生换了，教材变了，教学的理念也更新了，教育的环境发生了大的变化，我们教师没有理由不去改变课堂，以实现语文课程育人功能的最大化；但十年间又有很多东西并没有变，它需要我们去发现、去擦亮，比如人性的真诚、教学的宽容、教与学的共生共长。唯其如此，我们的教学才见真实的生命，才会更有力量。

第四章　高中语文"自主·互助·互教"课堂学习模式的探究

  2020年10月时任教育部党组书记、部长陈宝生在全国基础教育综合改革暨教学工作会议上做《深化基础教育综合改革全面提高基础教育质量》讲话提出，要鼓励学校和教师积极探索基于情境、问题导向的探究式、综合化教学模式，促进学生自主、合作、探究学习。这为中学开展课堂教学模式的探索明确了方向。2009年在完成了读写整体教学这一核心探索后，笔者开始着手思考语文课堂的高效性，如果"阅读写作整体教学"解决的是高中语文内容维度研究的话，"自主·互助·互教"模式则是立足高中语文学习形态的探索。2010年，笔者申请到了江西省中小学教育教学课题"'自主·互助·互教'课堂学习模式的探究与实践"，并于2012年顺利结题，以下内容即"自主·互助·互教"课堂学习模式的相关成果。学案是该模式的核心，在设计中把读写整体教学的成果融合在一起，这也实现了课题研究成果的贯通性。2021年秋季江西省进入新高考模式，同时开始使用统编高中语文教材，为此笔者重新启动必修和选择性必修导学案的编写，并在江西师大附中2021级（16）班试用，故在学案示例中添加了统编高中语文必修和选择性必修教学的示例，时隔十年后的再编写融入了新高考、新课程和新教材的理念。

一、"自主·互助·互教"课堂学习模式的要义

  "自主·互助学习"的教学模式从2006年起已在山东省的一些学校试点。作为全国首批新课程改革的实验学校，潍坊五中全国率先迈出了小组有效合作学习的改革步伐，山东省济南市长清区试验小学的"小组自主互助学习"也取得了显著成效。

  其中洋思中学、杜郎口中学、宁津县的教改经验，都引起广泛关注。"自主·互

助学习"教学模式有了规模性的影响，而各地的有关这一课堂教学改革的经验与反思也在不断地被总结。江西省从2008年秋季高中开始进行新课程改革，如何创建与新课程改革相适应的高效的课堂教学模式，外省的经验更多的是集中在起始年级，如洋思中学先是在初中进行，后逐步推广至高中。而在高中阶段，因受高考的影响和制约，课堂教学模式未能有大的推进。笔者在2009年秋季开始在高一年级试点高中语文"自主·互助·互教"课堂学习模式，经过一轮的教学实践，已初步形成了较为完备的体系。在这一过程中，又不断地学习外省的经验，并结合自己一直在教学内容上推行的高中语文阅读写作整体教学改革。在"自主·互助·互教"教学中，努力探索完善教学形式与教学内容的有机结合，既借鉴外省的成功经验，更要形成自己的特色。通过三年的努力，取得了一定成绩，为深入研究探索"自主·互助·互教"课堂学习模式奠定了良好基础。

"自主"，是指在教师的预设下（以学案为载体），学生自己预先对课堂所学内容进行有目的性的学习，在学习的过程中可借助工具书等初步地解决疑惑。自主学习的过程包含以下三个层面：一是自我解答疑惑；二是发现属于自己的学习问题；三是对问题的解决提供方案以备展示。通过自主学习要实现"不学不讲"的课堂理念。

"互助"，是指在自主学习的基础上，学生之间互相帮助解决自主学习过程中的疑难问题，或对某一知识进行充分的交流，以达成相对的共识。教师也可以积极地参与学生的讨论，但其身份更多的是倾听和指导，不是判断和总结。互助学习过程包含以下三个层面：一是学生广泛交流讨论疑惑或心得；二是学生对所学知识进行深入的探讨和设疑，即对教师的预设进行修正或拓展延伸；三是学生对问题的交流探讨形成共识，并做好展示成果或疑问的分工，确保下一环节的高效推进。通过"互助"学习要落实"不议不讲"的课堂理念。

"互教"，是指学生在互助的基础上进行学习成果的展示，通过学生教学生、教师教学生的形式，对课堂必修达标的知识进行广泛展示，通过展示形成共识。教师适时点拨小结，引导学生循序渐进地掌握知识。互教是课堂的核心，是激发学生学习动机的有效途径，也是增强学生学习信心的方法，更是激发学生学习成就感的好平台。互教学习过程包含以下三个层面：一是学生教学生；二是教师教学生；三是共同小结。"互教"学习要落实"不教不结"的课堂理念。

"自主·互助·互教"课堂学习模式的理念是：自主在先，互助互教主导，做课堂的真主人；倡导：不学不讲，不议不讲，不教不结。

二、"自主·互助·互教"课堂学习模式的核心

学案的开发和使用是"自主·互助·互教"课堂学习模式的核心，它关联三环节教学的落实与检测，学案也是教师转变课堂教学理念——由教到学的载体。

设计好教案是上好一堂课的重要前提。传统的教案教学普遍存在以下两种倾向：一是教学的单向性，以"教师为本"，即以教师和教材为中心，教师更多的是考虑如何把课本知识内容讲得准确无误、精彩完美，同时重点突出，难点到位，而忽视了学生的学习情绪、学习的主动性和自主性；二是教案的封闭性，即教案是教师自备、自用，是专为教师的"教"而设计，而忽视了学生如何"学"，缺少公开性和透明度。学生在上课前对教师的教学意图无从了解，只能是一种被动接受，这样的教学与发挥学生的主体性、提高学生素质的要求是很难相适应的。

"自主·互助·互教"学案是建立在教案的基础上，针对"自主·互助·互教"课堂学习模式开发的一种学习方案。它能让学生知道教师的授课目标、意图，让学生能有备而来，给学生以知情权和参与权。在教学过程中，教师扮演的不仅是组织者、引领者的角色，而且是整体活动进程的调节者和局部障碍排除者的角色。

诚如捷克教育家夸美纽斯所言，找出一种教育方法，使教师因此可以少教，但是学生可以多学。"自主·互助·互教"学案就是立足于这一思想，同时也体现新课改的要求：教师是学生学习的促进者，帮助学生决定适当的学习目标，并寻找达到目标的最佳途径；指导学生形成良好的学习习惯，掌握学习策略，发展学生的基本认识能力，提高学生的学力水平；创设丰富的教学情景，信任学生的学习能力，激发学生的学习动机，培养其学习兴趣，充分调动学生的学习积极性，营造一个轻松宽容的课堂氛围；为学生提供各种便利，为学生服务；营造一种接纳、支持、宽容的学习氛围，给学生以心理上的支持；作为学习的参与者，与学生分享自己的感情和想法；和学生一道寻找真理，能够承认自己的失误；对学生的评

价，不再是分等级的"筛子"，而是激发前进的"泵"；不把知识作为"绝对的客观真理"强加给学生，将学生学习知识的过程真正当作一个主动建构的过程。

"自主·互助·互教"学案的作用：教师由学生学习的指导者变为学生学习的策划者、组织者、促进者、引导者，从而在根本上改变学生的学习方式。所以"自主·互助·互教"学案对学生的自主学习产生了以下作用：①学案是学生自主学习的路线图和导航图，为学生高效自主学习提供了有效途径；②学案是课堂知识结构体系的直观图；③学案是学生课堂展示的依托材料；④学案是学生课堂学习的成果本；⑤学案是自我反思小结档案袋；⑥学案是今后回归课本复习的资料。"自主·互助·互教"学案设计的质量决定了学生的学习质量，要让学生能够通过教师设计的学案增长知识、形成能力。因此，编写学案的第一要求就是教师有驾驭教材的高度和娴熟度。

通过编写"自主·互助·互教"学案这一教学策略，力图解决"以学生为中心"的问题，变"被动学习"为"主动学习"。实现两个前置，即学习前置和问题前置，使学生能够在学案的引导之下，通过课前自学、课堂提高、课后链接等环节的调控，降低学习难度，并提高课堂学习的效率。而教师则借助"学案"这一策略，能够将教材有机整合、精心设计，合理调控课堂教学中的"教"与"学"，从而极大地提高课堂教学效率。"自主、互助、互教"等学习活动，能够使学生真正成为课堂学习的主人。

三、"自主·互助·互教"课堂学习模式的理论依据

1. 潜能开发理论：脑科学研究证实，每个人都是富有潜能的创造者。中小学阶段是发展学生智力、开发学生潜能的最佳时期，只要教育恰当、引导得法，完全有可能将青少年头脑中蕴藏的智慧潜能进一步开发出来。

2. 合作学习理论：教育社会学认为，同辈团体是影响课堂教学效率的一种重要的现实因素，小组合作学习是一种动态的集体力量。要使学生小集体成为认识的主体来发挥作用。

3. 主体性学习理论：马克思认为，人只有通过主体活动，才能对客观世界发

生作用，才能主动地认识客观事实，并在这一过程中发展和完善人本身。

4.需要层次理论：美国心理学家马斯洛认为人的需要是多种多样的，同时又是发展变化的，每个人都有获得优势的需要。通过满足人们的优势需要来调动人们的积极性，具有更稳定、更持久的力量。可见，将学习合作小组成员按档次比例优化组合，开放设疑、质疑、释疑等参与活动的空间，均能及时、准确地把握并满足成员在不同时候的优势需要。

5.期望理论：由美国心理学家维克托·弗鲁姆提出，这一理论可用公式表示为：激发力量＝效价×期望值。其中，"激发力量"是指调动一个人的积极性，激发人内部潜力的强度。"效价"是指被激励对象把目标价值看得多大。"期望值"是指导致某种结果或满足某种需要的概率。这一理论说明：一个人把目标的价值看得越大，预判能实现的概率越高，那么激起的动机就越强烈，焕发的内部力量也就越大。可见教师要激发学生的积极性，就必须同时提高学生的效值和期望值。在小组合作学习中，学生一旦成为学习主人，就会有效地提高学习的效值和期望值。由此可见，小组合作学习能有效地唤起学生的学习热情，及时调动学生学习的积极性，增强学生主动共同探求知识奥秘的动力。

6.内在动机激发论：学习动机是影响学生学习活动的重要因素，它贯穿于学习活动的始终。内在动机激发论将学习动机看成学生承诺为达成学习目标做出的努力。这一理论的倡导者们（如美国明尼苏达大学"合作学习中心"的约翰逊兄弟等人）认为，学习动机是借助人际交往过程产生的，其本质体现了一种人际互动，建立起积极的彼此依赖关系。激发动机的最有效手段，是在课堂学习中建立一种"利益共同体"机制。这种"利益共同体"可以通过合作性的目标结构、学习任务分工、学习资源共享、角色分配与轮换、责任到人与集体奖励等方式实现。例如，合作性的目标结构的提出就基于这样一种设想：个人成功与小组成功要捆绑在一起。因此，一方面，我们在帮助他人的过程中实际上也在提升自己；另一方面，提高自己的学习成绩也有利于他人。另外，运用学习任务分工，可使得每个小组成员都能意识到自己对小组的贡献是别人所不可替代的。还有，像集体奖励，实际上也保证了小组的成功不是基于一两个人的努力，而是依赖大家同心协力去争取。而在传统的小组学习中，则往往依据小组中个人的最高分进行班内或组间排名，这显然会极大挫伤学习能力较差的学生的积极性。

　　7.交往需要满足论：需要满足论的倡导者（如美国著名教育家威廉·格拉塞等人）认为，学有成效、学业达标，首先得有学习的意愿。问题是，学习意愿从哪里来？交往需要满足论者认为，学习的意愿来自基本需要的满足。学校是满足学生需要的重要场所。我们不能想当然地认为学生到学校里来，只是背着一只大口袋来填装知识的。学生到学校里来学习和生活，都在寻找种种方式满足自己与人交往与合作、友谊、自尊等需要。可以说，这些需要的满足程度极大地影响着学生对学习的喜爱程度、努力程度和达标程度。只有创设良好的条件满足而不是千方百计压制学生的上述需求，才能激发他们的学习主动性和积极性，才有可能帮助他们取得学业成功。许多学生正是因为在课堂教学中得不到认可、接纳，也不能表现出对别人的影响力，才转向课外活动、校外小团体等，以寻求满足自己需要的机会。因此，在合作小组中开展互助学习，小组成员之间相互交往与合作，彼此尊重，共享成功的快乐，是满足学生基本需要的有效途径。

　　8.认知发展促进论：认知发展促进论的倡导者（如苏联心理学家维果茨基、瑞士心理学家皮亚杰等）认为，儿童认知发展和社会性发展是通过同伴相互作用得以促进的。维果茨基曾指出，人的心理是在人的活动中发展起来的，是在人与人之间的相互交往过程中发展起来的。在儿童的发展中，所有的高级心理机能都是两次登台的：第一次是作为集体活动、社会活动，即作为心理间的机能。第二次是作为个体活动，作为儿童的内部思维方式，作为内部心理机能。人的高级心理机能发展是借助人们的交往实现由外而内的内化过程。在"最近发展区"这一概念中，维果茨基强调了它是儿童独立解决问题的实际发展水平与在成人指导或能力较强的同伴的合作中所体现的潜在发展水平之间的差距。所以，教学创造的"最近发展区"不仅体现在教师的教中，同样也体现在与能力较强的同伴的合作中。通过内部的讨论、协调等，小组达成某个问题的共同意见与解决办法，这是心理发展的社会关系渊源。皮亚杰及其追随者也都认为，像语言、价值观、规则、道德和符号系统（读、算）均只有在与别人的相互作用中才能掌握。他们坚持主张增加课堂合作学习的时间，使得学生在学习任务上彼此合作，以便产生有益的认知冲突、高质量的理解和恰当的推理活动，从而提高学习成绩。

9. 知识建构学习论：知识建构论认为，人的知识结构的形成，一方面离不开个人主体的活动，另一方面也离不开主体交往。从根本上来讲，人的知识是社会生活中不同主体之间建构的产物。因此，建构性学习方式是与人的交互作用的本质相关的。人的交互作用的本质，是指个人在知识的建构中必须依靠意义的共享与协商，人际关系最基本的形式应该是合作而不是权威型的命令或控制。建构主义者十分重视合作学习，这些思想也是与维果茨基等重视交往在儿童心理发展中的作用的思想相一致的。知识建构离不开知识的精细加工。如果信息要在记忆中保持及与原有的信息发生联系，那么学生必须介入对材料的认知重构或精细加工的活动。例如，写一篇单元小结或提纲比纯粹的抄写笔记更为有效，因为写小结或列提纲本身要求学生重新组织材料及理清要点、重点。精加工的最优方式之一被认为是向同伴解释说明。关于同伴互教活动的研究发现，教者与被教者双方均能从中受益。教人者越多，自己学到的越多，掌握得也越牢固，正可谓"水尝无华，相荡乃成涟漪；石本无火，相击而生灵光"。

10. 教学交往属性论：教学过程的本质由两种根本关系决定，交往关系（主体—主体）和认识关系（主体—客体）。教学是一种特殊的认识过程和交往过程，然而长期以来，人们对教学过程的理解仅停留在前者，忽视了探究教学的交往属性。随着对学生社会交往与合作能力的重视，这种局面才得以初步改观。目前，人们基本达成以下共识：教学是一个人与人相互作用的系统，是教师（或教师集体）同学生（或学生集体）彼此之间或各自发生交往的过程。只有在交往中，才能谈得上培养人，诸如传授知识、掌握技能、养成规范乃至发展个性等。交往不只是手段和途径，交往还是教学存在本身。教学交往不仅有直接的交往，也有间接的交往。直接交往体现在师生、生生之间面对面接触，而间接交往主要是学生自学。要使教学交往尽可能充分和完整，应该尽量多地采用直接交往，尤其是学生小组内的直接交往。同理，教学交往不仅要重视师生交往，更要着眼于生生交往。课堂小组互助合作学习为保证交往结构的完整性提供了一系列机制与现实途径。

11. 组织方式变革论：如果我们承认教学是一种师生、生生之间开展交往的特殊活动方式，那么，教学组织形式的本质便是活动主体之间展开交往的时空结构。追溯学校教学发展史，教学组织形式历经变革，实际上反映的是人类社会生产组织方式的频频转型，因为教学组织形式同人类社会生产组织方式有着天然的联系。在农业社会中，社会生产劳动是单干的，因而学校教学组织形式也是以个别教学为主。资本主义大工业生产方式确立之后，集约化、批量化、高效率的生产劳动取代了原有的小生产劳动方式，所以，以群体教学为特征的班级授课制便应运而生。当发达国家进入后工业社会或信息社会，劳动组织开始走向小型化，劳动中互相协作、彼此直接交往的机会大大增加，劳动者的人际关系、技能状况将对其劳动机会产生直接影响。这就要求未来的雇员在学校中熟悉小组合作学习方式，掌握小组交流与决策的技能。因此，一些学者已对未来学校教学组织形式变革做出以下预测：小组学习，即作为一个小组展开学习，将是正在出现的教育结构的一个最重要的支持系统。交往与合作教学的兴起可以说是对这些呼声的积极响应。它倡导的教学交往是民主、平等的交往，尤为可贵的是，合作学习强调充分挖掘生生相互交往的建设性力量。因此，尽管大家都认识到个别化教学是未来学校的重要组织特征，但是，这种"个别化"绝不是"单干劳工"或"个人自学"的同义语。实际上，它是一种有高度自主性的小组互助合作学习。

12.集体公益劳动论：集体公益论的倡导者苏联教育家季亚琴科认为，集体教学的根本特点是将学生从原有的知识"消费者"转变为"公益劳动者"。因此，"即学即教"成了集体教学的一项新原则。把自己所学的教给别人，这是自我教学和自我发展的最重要手段，因此"人人教我，我教人人"并非强加给学生的外在标准，而是学生自我寻求发展的内在要求。虽然这与前面提到的精加工理论有交叉之处，但季亚琴科更看重的是集体劳动的公益性质，在集体教学中，某个人懂得的东西，其他所有人也应该懂得，集体知道的一切应该成为每一个人的财富。

13.团队意志凝聚论：团队意志凝聚论强调小组集体活动的重要性，不过，更强调小组加强凝聚力量的作用。该作用可通过小组建设、小组评议以及小组任务专门化等多样化途径发挥。反过来，它也有利于发挥小组每位成员的积极性，以最大限度地做出个人独特的贡献。

14.课堂教学技术论：教学技术论的倡导者（如美国教育心理学家斯莱文等）认为，影响课堂学习质量及社会心理氛围的因素主要有三个，即任务结构、奖励结构和权威结构。任务结构之一是教学组织形式，包括全班教学、分组教学或个人自学。在分组教学中，又有同质分组和异质分组之别。奖励结构中，奖励的对象可分面向全班、面向小组或面向个人的。在面对全班或面向小组的集体奖励中，又可以区分出竞争性奖励和合作性奖励。在竞争性奖励结构中，总是"我赢—他输"；合作性奖励则不然，一个人的成功同时也帮助了另外一些人（如小组成员）取得成功。权威结构相对较为简单，主要是指由教师控制学生的活动还是由学生自己控制的活动。在以上三种课堂结构中，合作学习将分组教学作为主要教学形式，且分组观念一改以往的同质性，而强调异质性。在奖励结构中，合作学习将以往表面上面向全体学生实际上却鼓励个人间竞争的奖励形式，变为面向小组的合作性奖励，这是合作学习发挥其独特功能的最关键之处。在权威性结构中，合作学习强调了以学生自我控制活动为主、教师指导协助为辅。

从前面的论述中可见，小组互助合作学习的各种理论依据之间会不同程度地存在某种重叠之处，这也说明了它们各自并不是相互独立、冲突，而是相辅相成的。各种理论都是从各自角度出发，解释为什么这种富有创新的组织形式有其独特魅力。全面深刻地理解这些理论，将有助于我们进一步认识各种具体操作的源头活水。

四、"自主·互助·互教"课堂学习模式学案案例

（一）《人教版必修5学案》（普通高中课程标准实验教科书2007年第2版）第一单元

单元课程目标：

1. 积累并了解小说的三大特点。
2. 理解作品蕴涵的情感及作者的意图。
3. 学会细读文本，抓住细节，体会小说刻画人物的艺术特色。
4. 探究人物形象的思想意义。

《林教头风雪山神庙》

自主·互助环节学习

1. 通读课文，基础累积。

字音：

字形：

词语：

2. 整理有关作家、作品知识。

作家：

作品：

3. 自主设疑（一问一得）。

（1）文本自问：

（2）心得共享：

互助·互教环节学习

1. 这是一篇关于_____的文本。（主题初读）

2. 概括文本的情节，整体把握文意。

3. 文本的题目是"林教头风雪山神庙"，请找出有关"风雪"的描写，进行赏析。赏析角度：如何写？表达效果是什么？作用是什么？《祝福》中也有几处关于"雪"的描写，请对比赏析，探究其共同点及作用。

4.《林教头风雪山神庙》写到林冲路遇李小二，金圣叹批点："如酒生儿李小二夫妻，非真谓林冲于牢城营有此一个相识，与之往来火热也，意自在阁子背后听说一段绝妙奇文，则不得不先作此一个地步，所谓先事而起波也。"请在原文中找出起类似作用的细节做评点。

5. 文本情节发展属双线并进型，再读课文，探讨以下问题：

（1）文本正面描写的内容是什么？其中贯穿了一条怎样的线索？

（2）林冲的性格转变是怎样完成的？侧面描写的内容是由什么线索贯穿的？

6. 读写结合：

(1)以"我读_____"为题,自选角度写一篇500字左右的评论。

(2)环境描写是小说不可或缺的一部分,请揣摩文本的相关段落,自定主题,写一个环境描写的片段。

《装在套子里的人》

自主·互助环节学习

1. 通读课文,基础累积。

字音:

字形:

词语:

2. 整理有关作家、作品知识。

作家:

作品:

3. 自主设疑(一问一得)。

(1)文本自问:

(2)心得共享:

互助·互教环节学习

1. 这是一篇关于_____的文本。(主题初读)

2. 概括文本的情节,整体把握文意。

3. 别里科夫在生活和思想方面都有哪些有形的和无形的套子?别里科夫为什么要把自己装在"套子"里?

4. 探究别里科夫的"婚事",说说作者为什么不提他有什么爱情,以及作者安排"婚事"的意义。

5. 小说的结尾有何深意?

6. 文本运用了哪些艺术手法来刻画别里科夫这一人物形象?这一典型艺术形象有什么特点?

7. 我们今天读这篇作品的意义有哪些？能够引发我们哪些思考？

8. 读写结合。

（1）请以同事的身份为别里科夫写一份悼词，在别里科夫的葬礼上发表致辞。

（2）用夸张讽刺的手法描写某一人物，要求能突出人物的性格特征。200字左右。

《边城》

自主·互助环节学习

1. 通读课文，基础累积。

字音：

字形：

词语：

2. 整理有关作家、作品知识。

作家：

作品：

3. 自主设疑（一问一得）。

（1）文本自问：

（2）心得共享：

互助·互教环节学习

1. 这是一篇关于_____的文本。（主题初读）

2. 如何理解题目"边城"？

3. 作者在谈及《边城》时曾说："我要表现的本是'人生的形式'，一种'优美、健康、自然，而又不悖乎人性的人生形式'。"这句话是把握其作品内蕴的一条重要线索。请结合小说所表现的质朴的人物性格、古老的风俗习惯等，谈谈对这句话的理解。

4. 联系文本，谈谈作者是怎样表现人物心理活动的。

5. 文本用了不少笔墨来描写龙舟赛，其用意是什么？

6. 揣摩句子的含意。（依据示例另找三处做分析）

示例：两人都记起顺顺家二老的船正在青浪滩过节，但谁也不明另外一个人的记忆所止处。祖孙二人便沉默地一直走还家中。

7. 曹文轩在《回到婴儿状态的艺术——读沈从文小说〈边城〉》一文中用"婴儿状态"来概括《边城》的艺术特色，并指出边城的世界是一充满"柔情"与"纯真"的世界，也是一个充满"隔膜"与"孤独"的世界，试谈谈你的看法。

8. 有人说《边城》是降格艺术的一个经典，所谓"降格"是指当生活中的人处在悲苦中时，艺术中的人却只应该处于忧伤中。在生活中，这个人可以号啕；而在艺术中，这个人却只应该啜泣。试联系小说中翠翠这一人物形象做分析。

9. 读写结合。

从以下题目中任选一个，写一篇文章，不少于 800 字。

题目1:《山水中走来的沈从文》

题目2:《边城的诗意与凄凉》

（二）《统编高中语文教材必修上册学案》（2019 年版）第一单元

1. 样例

《沁园春·长沙》

自主·互助环节学习

必备知识：

（1）语言建构。

字音：

字形：

词语：

（2）文化积累。

（3）质疑思辨。

互助·互教环节学习

关键能力：

（1）这是一首关于_____的诗歌。（主题初读）

（2）在这首写秋景的词中，诗人表达了怎样的思想情怀？

（3）这首词的融情入景、情景交融的特点是怎样体现出来的？

（4）这首词的语言极富表现力，具体表现在哪里？

（5）用自己的话描述这首词所描写的湘江秋景，看看诗人主要通过哪些意象来表现自己的情感和思绪；词的下片转到"忆往昔峥嵘岁月稠"，围绕"同学少年"表现了诗人怎样的思想情怀？

（6）对比阅读辛弃疾的《沁园春·送赵景明知县东归，再用前韵》谈感受。

伫立潇湘，黄鹄高飞，望君未来。被东风吹堕，西江对语，急呼斗酒，旋拂征埃。却怪英姿，有如君者，犹欠封侯万里哉。空赢得，道江南佳句，只有方回。

锦帆画舫行斋。怅雪浪粘天江影开。记我行南浦，送君折柳，君逢驿使，为我攀梅。落帽山前，呼鹰台下，人道花须满县栽。都休问，看云霄高处，鹏翼徘徊。

《立在地球边上放号》《红烛》《峨日朵雪峰之侧》《致云雀》

自主·互助环节学习

必备知识：

（1）语言建构。

字音：

字形：

词语：

（2）文化积累。

（3）质疑思辨。

互助·互教环节学习

关键能力：

（1）《立在地球边上放号》为什么要描绘滚滚洪涛？

（2）《立在地球边上放号》："力的绘画，力的舞蹈，力的音乐，力的诗歌，力的律吕哟！"怎样理解这段话的深刻含义？

（3）《峨日朵雪峰之侧》中"这是我此刻仅能征服的高度了"中"此刻"和"仅"两个词有什么含义？

（4）《峨日朵雪峰之侧》最后一节作者用雄鹰、雪豹和蜘蛛的意象有何意图？

（5）《立在地球边上放号》和《峨日朵雪峰之侧》两首诗有何异同？

（6）从诗歌题材的特点来看，《红烛》是一首什么题材的诗？这种诗有什么特点？

（7）《红烛》中李商隐的诗句"蜡炬成灰泪始干"放在开头，有什么作用？

（8）《红烛》以问答的形式展开抒情，一共有几处问？问什么？

（9）诗歌《红烛》，诗人在问问答答中，情感经历哪些变化？

（10）《红烛》的第2、第3节中诗人在对红烛的认识上有哪些困惑？为什么会产生这些困惑？诗人最终是怎样理解红烛的？

（11）《致云雀》分了几个层次来歌咏云雀？请画出全诗的结构图（思维导图）。

（12）谈谈《致云雀》中云雀的形象特征及其象征意义。

（13）谈谈《致云雀》中表现云雀形象采用的写作手法。

《百合花》《哦，香雪》

自主·互助环节学习

必备知识：

（1）语言建构。

字音：

字形：

词语：

（2）文化积累。

（3）质疑思辨。

互助·互教环节学习

关键能力：

（1）通读《百合花》，划分段落，概括大意。

（2）研讨"百合花被"和"百合花"在本小说中的地位和作用。

（3）讨论："百合花"仅仅是新媳妇心灵和性格的象征吗？与小通讯员与我有关吗？全篇主题是什么？

（4）茅盾评价《百合花》说："我以为这是我最近读过的几千个短篇中间最使我满意，也最使我感动的一篇。""有它独特的风格……清新、俊逸。这篇作品说明，表现上述那样庄严的主题，除了常见的慷慨激昂的笔调之外，还可以有其他风格。""人物的形象是由淡而浓，好比一个人迎面而来，愈近愈清，最后，不但让我们看清了他的外形，也看到了他的内心。""结构上最为细致严密。""结构谨严，没有闲笔。""节奏感"。请结合小说的具体内容选择其中一两个角度进行阐述。

（5）孙犁评价《哦，香雪》这篇小说时说："这篇小说，从头到尾都是诗，它是一泻千里的，始终一致的。这是一首纯净的诗，即是清泉。它所经过的地方，也都是纯净的境界。"你能从哪几个方面印证他的评价？

（6）文学评论家王彬彬说："随着时间流逝，铁凝《哦，香雪》越来越散发出醉人的馨香。"试探究《哦，香雪》有哪些馨香。

2. 单元核心概念学习

意象的选择与青春的旋律：

（1）整体阅读单元文本，完成下列表格（表4-1）内容。

表 4-1　单元学习任务单

作品	作者	时间	背景	意象/形象	内涵	青春旋律
《沁园·长沙》	毛泽东					
《立在地球边上放号》	郭沫若					
《红烛》	闻一多					
《峨日朵雪峰之侧》	昌耀					
《致云雀》	雪莱					
《百合花》	茹志鹃					
《哦，香雪》	铁凝					

（2）探究意象的选择与主题之间的关系。

（3）活动：和你的父辈、祖辈共读毛泽东《沁园春·长沙》，感受不同时代的人对伟人的情怀，并描述各自眼中的青春姿态，完成表 4-2。

表 4-2　不同时代的人对伟人的情怀及眼中的青春姿态

对象	对伟人的情怀	眼中的青春姿态
祖父（祖母）		
父亲（母亲）		
我		

（4）活动：青春的表达。参照所给示例，把本单元学习的内容围绕"青春"这个主题进行整合表达，至少化用三位作家的作品，形成排比。以小组为单位，每位同学模仿主体部分的一节，示例如下，小组整合成一首完整的青春赞歌，在班上进行朗诵展示。

示例 1：

啊，朋友！如果你问我青春是什么？

青春它就是毛泽东笔下的"鹰击长空"的豪迈

与"鱼翔浅底"的自由

……

示例2：

哦，朋友！如果你问我青春是什么？

青春一定不是沉迷于"王者荣耀"的不能自拔

……（列举三种负面青春）

而是毛泽东"恰同学少年""指点江山"的澎湃

……（列举三种教材中呈现的青春）

3. 单元读写整合

推荐阅读：《习近平的七年知青岁月》（中共中央党校出版社出版，中央党校采访实录编辑室著）

写作：青春之美，在人的一生中是弥足珍贵的。结合本单元的学习篇目和推荐阅读作品，写一首有关青春的诗歌。汇总同学的诗作，全班合作编辑一本诗集作为青春的纪念。

（三）《统编高中语文教材选择性必修上册学案》（2019年版）第三单元

1. 样例

《大卫·科波菲尔（节选）》

自主·互助环节学习

必备知识：

（1）语言建构。

字音：

字形：

词语：

（2）文化积累。

（3）质疑思辨。

互助·互教环节学习

关键能力：

学习活动一：概括情节

（1）本文线索是什么？

（2）梳理课文结构。

学习活动二：赏析形象

（1）示范分析米考伯先生的形象。

（2）自主分析米考伯太太的人物形象。

学习活动三：感知视角

（1）本文选取什么样的叙述角度？具有什么样的作用？请简要进行分析。

（2）作者以"童年"的视角进行分析，它的利弊体现在哪里？

学习活动四：鉴赏环境

（1）知识回顾：小说中的环境描写具有什么作用？

（2）小组探究：请同学们以组为单位，画出文中有关环境描写的语句，讨论并分析这些环境描写的作用。

学习活动五：探究主题

联系写作背景，谈一谈本文的主题是什么。

《复活（节选）》

自主·互助环节学习

必备知识：

（1）语言建构。

字音：

字形：

词语：

（2）文化积累。

（3）质疑思辨。

互助·互教环节学习

关键能力：

学习活动一：概括情节

学习活动二：批注文本

（1）教师示范批注：对玛丝洛娃7次"笑"的描写。

（2）学生成果展示：对玛丝洛娃4次眼神的描写。

学习活动三：探究形象

（1）探究玛丝洛娃形象的典型性。

（2）探究为什么作者好几部作品的主人公都以"聂赫留朵夫"命名。

学习活动四：探究主题

（1）探究"复活"含义。

（2）探究人性理想。小组合作探究，作者在两个主人公身上寄托的人性理想分别是什么？

（3）研读文本，探讨主题。

《老人与海（节选）》

自主·互助环节学习

必备知识：

（1）语言建构。

字音：

字形：

词语：

（2）文化积累。

（3）质疑思辨。

互助·互教环节学习

关键能力：

学习活动一：概括情节

学习活动二：鉴赏形象

（1）学生分组讨论，结合故事情节说一说人物。

（2）请从文中选择印象最深的心理独白，通过对心理独白的分析，概括出老人形象的精神特点。

（3）老人实现了他的愿望，捕到了鱼，但是，尽管他费尽力气，勇敢搏斗，最终得到的却是一副残骸。有人说，老人成功了，也有人说，老人失败了，你认为老人到底是失败还是成功了？

（4）从上面的分析中，你认为桑地亚哥是一位怎样的老人？

（5）概括硬汉精神。

（6）你认为文中的哪个句子可以被视为"硬汉宣言"？这宣言有什么深刻含义？

学习活动三：分析技法

（1）回顾小说中人物描写相关知识。

（2）作者是怎样刻画桑地亚哥这一人物的？

学习活动四：拓展延伸

（1）海明威笔下的老人所具有的硬汉精神，影响了一代美国人，海明威也被誉为美利坚民族的精神丰碑。这种"硬汉精神"在中国有吗？你能想到哪些具有硬汉精神的中国人？

（2）如果你是海明威，你能坚持到第几回合？

（3）给桑地亚哥写一则颁奖词。

《百年孤独（节选）》

自主·互助环节学习

必备知识：

（1）语言建构。

字音：

字形：

词语：

（2）文化积累。

（3）质疑思辨。

互助·互教环节学习

关键能力：

学习活动一：概括情节

（1）理清人物关系。

（2）复述故事。

（3）划分结构层次。

探究：小说中哪些情节表现"魔幻"的特点？这些情节是否有深层含义呢？

学习活动二：分析形象

（1）布恩迪亚是一个什么样的人？请结合文本简要分析。

（2）乌尔苏拉具有怎样的形象特点？请结合文本简要分析。

学习活动三：鉴赏技法

（1）了解魔幻现实主义。

（2）探究"魔幻现实主义"在本文中的表现。

学习活动四：探讨主旨

（1）本文是《百年孤独》的节选部分，你认为文中所写的"孤独"体现在哪些方面？

（2）由此我们可以看出标题具有怎样的含义？

（3）主题归纳。

学习活动五：读写结合

2014年4月18日，《百年孤独》的作者、诺贝尔文学奖得主、哥伦比亚作家马尔克斯在墨西哥逝世，享年87岁。马尔克斯不仅因丰富的文学创作在世界文坛上占有重要的位置，还以深刻独到的美学追求著称于世，请参照示例为他写一段墓志铭，对其作品或成就进行评价。要求：至少使用一种修辞手法，不超过50个字。

2. 单元整体读写融合

阅读下面材料（见表4-3与表4-4）的内容，根据要求写一篇文章。

表4-3　统编高中语文教材必修（上、下册）教材中国小说人物群像

作品	主要人物
《百合花》	小战士　新媳妇
《哦，香雪》	香雪　凤娇
《祝福》	祥林嫂　"我"　鲁四老爷　四婶　柳妈
《林教头风雪山神庙》	林冲　店小二

表4-4　统编高中语文教材选择性必修上册外国小说人物群像

作品	主要人物
《大卫·科波菲尔》	大卫·科波菲尔　米考伯先生　米考伯太太
《复活》	玛丝洛娃　聂赫留朵夫
《老人与海》	桑地亚哥
《百年孤独》	乌尔苏拉　布恩迪亚　丽贝卡

重读以上小说，综合分析各篇小说人物形象特征以及作者寄寓的主题，查阅相关资料，选择某一个角度，以"中外小说人物群像"为主题写一篇文学评论。

第五章　整体教学视域下高中语文三重课堂模式的构建与实践

2012年9月，笔者选择高一（19）班作为高中语文三重课堂改革的先行试点班级，2013年9月，又以高一（18）班作为推广班级，经过三年的研究与实践，三重课堂改革取得了一定的成效。2015年9月，笔者担任高一（17）班（理科培优班）班主任，开始了第二轮的整体教学视域下高中语文三重课堂模式构建与实践，进行了更加完整和扎实的探索。2018年9月，笔者开始在高一（17）班（理科平行班）进行三重语文课堂模式的再探讨与再实践。到2021年9月总计完成了三轮完整的教改实践。实验班级从文科班到理科培优班再到理科平行班，学生样本较丰富，教改实现了语文素养与高考成绩的同步提升。从2005年的"高中语文读写整体教学"的研究，到2010年"自主·互助·互教"课堂的研究，再到2015年"整体教学视域下高中语文三重课堂模式构建与实践"的研究，笔者基本完成了由教学内容到课堂形式再到语文课程构建的三部曲。在长达十六年的课堂实践—研究—实践过程中，笔者逐渐认识到：将语文课提升到课程的高度，从而对语文课堂进行整体构建，以践行"立德树人"的核心教育价值，还有很长的路要走。

一、高中语文课堂教学的问题、问题根源与出路

（一）问题：现行的高中语文课堂教学与"新高考改革""新课程标准""新高考评价体系"有很大差距，语文学科的育人功能发挥不充分

2018年9月10日，习近平总书记在全国教育大会上指出，要努力构建德智体美劳全面培养的教育体系，形成更高水平的人才培养体系。要深化教育体制改革，健全立德树人落实机制，扭转不科学的教育评价导向，坚决克服唯分数、唯升学、唯文凭、唯论文、唯帽子的顽瘴痼疾，从根本上解决教育评价指挥棒问题。

要在增强综合素质上下功夫,教育引导学生培养综合能力,培养创新思维。

2019年2月,中共中央、国务院印发《中国教育现代化2035》,提出了推进教育现代化的八大基本理念:更加注重以德为先、更加注重全面发展、更加注重面向人人、更加注重终身学习、更加注重因材施教、更加注重知行合一、更加注重融合发展、更加注重共建共享。

2019年6月,国务院办公厅印发的《关于新时代推进普通高中育人方式改革的指导意见》中提出要深化课堂教学改革。提高课堂教学效率,培养学生自主学习能力,促进学生系统掌握各学科基础知识、基本技能、基本方法,培养适应终身发展和社会发展需要的正确价值观念、必备品格和关键能力。积极探索基于情境、问题导向的互动式、启发式、探究式、体验式等课堂教学,注重加强课题研究、项目设计、研究性学习等跨学科综合性教学。

2020年,中共中央、国务院印发的《深化新时代教育评价改革总体方案》提出,改革学生评价,促进德智体美劳全面发展。树立科学成才观念。坚持以德为先、能力为重、全面发展,坚持面向人人、因材施教、知行合一,坚决改变用分数给学生贴标签的做法,创新德智体美劳过程性评价办法,完善综合素质评价体系,切实引导学生坚定理想信念、厚植爱国主义情怀、加强品德修养、增长知识见识、培养奋斗精神、增强综合素质。深化考试招生制度改革。改变相对固化的试题形式,增强试题开放性,减少死记硬背和"机械刷题"现象。

上述一系列的重要讲话和文件都要求我们转变当下的教育观念。新高考改革的实施、新课程标准的颁布和新高考评价体系的发布也在推动着课堂教学的变革。

新高考改革是一项系统而复杂的工程,呈现在语文课程上的影响必定是深远而巨大的。2019年统编高中语文教材的指导思想和编写体例都明确地传达了语文课堂中对单篇文章一讲到底的方式难以承担育人重任的信号。新的教材、新的育人背景,需要有新的课堂理念。2017年推出的新课程标准,进一步明确了语文课程是一门学习祖国语言文字运用的综合性、实践性课程,工具性与人文性的统一是语文课程的基本特点,语文课程应引导学生在真实的语言运用情境中,通过自主的语言实践活动,积累语言经验,培养思辨能力。这一切是现有的扁平化的语文课堂难以达成的。新高考评价体系2019年出炉,"一核四层四翼"既是对高考的评价，同时也是对语文日常教学的指导。必备知识、关键能力、学科素养和核心价值如何在语文课堂教学中呈现，这都将是对现有语文课堂教学的巨大挑战。

1.高中语文教学"三不""三化"现象突出。

"三不"现象：一是高中语文课堂价值目标"不完整"。高中语文课程应同时具备育人价值和社会价值。作为新高考的主要科目，其育人价值等为本体价值，对于语文教育而言，这是对应高考改革的应然价值选择。以三维目标为例，作为对个体能力发展的多向度解读，在具体的教学过程中因为对课程标准解读不深刻，难以在不同维度的目标之间建立联系，更难以针对三维教学目标选取恰当的教学方式，从而架空了部分内隐性、抽象性较强的目标，将语文学科能力发展等同于简单的知识获取和机械的技能训练，导致三维目标相互分离割裂，忽视学生在高中阶段如何通过有序的语文课程学习培养成"完整人"的价值追求。二是高中语文教学内容"不确定"。一方面受制于"课时教学"，语文学习内容窄化，过于拘泥在现有的教材中进行碎片化的教学；另一方面受贪多求全的影响，过度倚重量的积累而忽视在积累过程中促进学生的思维发展。这都增加了教学的"不确定"性。三是高中语文学科能力素养"不充分"。语文学科四种核心素养之间、听说读写四项能力之间、语文学习与现实生活之间彼此分离、缺乏整体性，为求"教得完整"而忽略"学得充分"，语文学习的实践性转化难以在有限的课堂教学中达成。

"三化"现象：一是课程结构"碎片化"。在日常的高中语文教学中忽视语文课程纵向和横向的关联与建构。在纵向上，高中语文教学很难自觉地将语文课程按照年级分为不同层级，形成一个适应高中不同阶段的课程阶梯；在横向上，不能将语文课程按照一定标准进行合理分类，从而形成自然而紧致的高中语文课程"纹理"，让语文课程有逻辑而立体地"落地"，导致语文课程的杂烩。二是知识学习"浅表化"。语文课堂充斥着很多低效的知识设问，教师沉迷于"异口同声"式的虚假繁荣课堂，问题与问题之间缺少逻辑关联，教师预设的更多的是"静态"问题，导致课堂缺乏挑战性，深度学习不够。三是教学思维"同质化"。必修课程与选修课程缺少鲜明的定位，起止年级的新授课和高三复习课同化，综合实践活动课程与常规课程教学在价值选择与能力培养上忽视差异性。

2.阅读和写作教学普遍分离。

叶圣陶先生曾说，教材无非就是个例子。这个"例子"既可以是从文本阅读角度来说，也可以是从写作指导来说，但在我们的日常语文教学中却不注重读和写的关联性。美国教材的一个特点就是主题式教学，文本有时以专题形式出现，导向很清晰，通过系统的阅读和写作，使学生对某一个知识要点的掌握系统而条理。我国的高中语文以人教版为例，目前我们使用的教材是在试验本（1997—2000）和试验修订本（2000—2003）的基础上修订而成的，它在体系的安排上比以往的教材有较大的调整，如强调阅读写作的统一、重视读写说。但相对美国的教材体系，我们在整体设计与实施上仍有很大的提升空间。为此笔者提出：所谓的阅读写作整体教学，是指主体（学生）在阅读写作的行为过程中，既关注阅读写作内容的整体性，又关注阅读写作过程的整体性，并力求阅读写作互相参照、互相渗透、互相转化，从而切实提高学生阅读写作素养的教学。显然，当下的语文教学读写整体意识淡薄，只见树木不见森林的现象普遍存在。

3.优质的生态型语文课堂亟须重构。

现有的语文课堂教学从"满堂灌"到"满堂问"再到"满堂转"，教学观念上看似有大的转变，但仍然未构建语文课堂应该具有的良好生态。课堂独白——课堂上缺乏实质性的交流与对话，导致整体关联的缺失，从而破坏了语文学科核心素养个性与共性的螺旋式发展生态；去情境化——教师为了更好地讲解与灌输知识，从而将知识与复杂变化的环境分离，缩减了语文学科核心素养复杂进化的可能性；个人主义——受"一切为了孩子"等话语的影响，语文学习过程中以促进学习者个体发展为最高境界，出现"只要学不死，就往死里学"等恶性环境，由此导致多元意义建构的缺失，从而消解了核心素养的公共属性。以上现象亟须我们重构以价值共生、素养导向和学习共同体为本质的优质生态型语文课堂。

（二）问题根源：单一的语文课堂教学改革常见，而将语文课堂上升到课程的高度，以立德树人为价值导向，进行整体设计并按照新课程理念积极构建的少有

这些年改革语文课堂的呼声很高，也不乏教师提出各种概念式课堂的构想，不过语文教师眼里只有语文课而缺少语文课程的现象还是极为普遍。在具体的高中语文教学中，如何尊重学生发展的差异性，注重学生发展的丰富性和重视学生发展的过程性等方面，可供借鉴和操作的课堂模式非常有限；在如何改变语文效益低、教师教与不教考试成绩差异不大、学生学与不学影响不大等现象方面，有效的示范还很不足。这就导致教师在真实的课堂上不作为，学生学习语文的驱动力不强；教师的自我中心意识强，沉浸在个人的语文王国里不能自拔，对新形势、新理念被动接受甚至消极对待，穿新鞋走老路现象普遍存在；或因没有可操作的模式而又不愿意付出探索的努力，对语文教师是语文课程建设的主体认识不够。

（三）出路：积极顺应"三新"对语文课堂的变革，以整体教学为核心理念，积极探索有效的语文课堂模式，实现语文课程的育人价值最大化

笔者认为，应开发适合"三新"观念的语文课堂教学模式，将语文听说读写整体能力与学科核心素养细化到课堂教学中。积极探索语文课堂教学的高效，突出语文作为学科必须具有的科学性，扭转语文教学的随意性。

将新高考评价体系纳入日常教学的评价中来，以"一核四层四翼"作为语文课堂教学的方向标，旗帜鲜明地提出"怎么考"就"怎么教"，以"立德树人"为核心价值考试评价，就必须以"立德树人"为核心价值教学导向。应开发一个既能适应新高考改革，又能彰显语文学科独特属性；既能培养学生的语文核心素养，又能兼顾学生发展核心素养的培养全面的人的课堂模式。应探索可操作的语文活动，研发立足学生自主学习的学案，建构完整的语文必备知识和关键能力的选修课程，来改变课堂的低效、无序。应重新认识新课标背景下的语文，从综合性、实践性的学科角度出发，创设一些特色课程，提升语文课堂的丰富性。应提升教师自身专业素养，转变教育观念。

二、高中语文三重课堂模式的理论基础

高中语文教学"三不""三化"等现象长期存在的根源，是整体教学理念的缺失。无论是高中语文课程的价值取向、教学内容的重构，还是学习方式的优化，

都需要用整体教学理论来引领。

（一）整体主义与整体教育

整体主义是后现代主义的基本概念，它提出用整体观点来看待事物。赫拉克利特在《论自然》中最先提出世界是整体的观点："世界是包括一切的整体。"康德在《纯粹理性批判》中提出，知性在表现一个被分割的概念领域时，与它在把一物思考为可分的时候，所遵循的是同一个处理方法，而且，正如划分的各支在被划分的概念中相互排除但又结合在一个领域中一样，知性也把一物的各部分想象为：每一部分都拥有其独立于其他部分的实存，但却又是一个整体中结合着。他指出知识具有整体性，教育应该充分考虑知识与知识之间的融通。

（二）杜威、陶行知的整体教学理念

杜威在《学校与社会·明日之学校》中指出，不是坚定地把教育的各种因素作为整体来看，我们就只能看到种种相互冲突的名词。"儿童和课程仅仅是构成一个单一过程的两级。正如两点构成一条直线一样，儿童现在的观点以及构成各种科目的事实和真理，构成了教学。"他在《我们怎样思维·经验与教育》中提出了教学法的要素"情境、问题、资料、方法、观念"——五步教学法。这一教学法统一了教学与生活、儿童与知识、教师与学生以理论、实践等要素，体现鲜明的整体性思想。

陶行知在《答朱端琰之问》提到，生活教育就是教学做合一。"教—学—做"的整体性，教育通过"做中学"促进学生思考，从而帮助学生掌握知识。陶行知的整体教学思想对目前"教师仍是为教书而教，重视单纯传授书本知识，忽视在做上教；教学内容仍以书本为中心，不注重与学生的生活实际相结合，教学方法仍以教师为主，学生的自主性不够"的现状有很高的指导价值。

（三）心理学的整体课程观

1.人本主义心理学的整体课程观。

罗杰斯在《自由学习》中提出，教育不再被认为根本上是或仅仅是一种学习

过程，它现在也是一种性格训练，一种人格训练过程。只有学会如何学习和学会如何适应变化的人，只有意识到没有任何可靠的知识，唯有寻求知识的过程才是可靠的人，才是有教养的人。现代世界中，变化是唯一可以作为确立教育目标的依据，这种变化取决于过程而不取决于静止的知识。培养适应变化的"完整的人"应成为教育的目标。他提出了"以人为中心"的教学理论。在"有意义学习"理论中，罗杰斯分析了有意义学习的四个要素：第一个是个体参与的质量，即人的整体身心——无论是情感还是认知；第二个是参与的自发性；第三个是渗透性，即有意义学习或体验式学习可以影响学习者的行为、态度乃至人格；第四个是学习者对事件的评价。在"自由学习"中，他列举了11种促进学习和教师自己自由学习的途径或方法：①从真实的问题开始；②提供学习资源；③明确学习目标；④教学连续体；⑤契约的作用；⑥利用社区资源；⑦项目式学习；⑧同伴教学；⑨分组学习；⑩探究训练；⑪自我评估。为整体教学的实施提供了清晰的路径。

2.格式塔心理学的整体教学课程观。

格式塔心理学理论是现代认知主义学习理论的源头。该心理学理论一方面强调知觉是学习的基础，知觉本身带有整体性；另一方面强调经验和行为的整体性。其中的整体性包括以下两方面含义：其一，感觉并不是通常人们所认为的各种感觉要素的复合，知觉也不是先感知到事物的各个部分然后再注意到整体，而是先感知到事物整体，而后才注意到组成整体的各个部分。从知觉的角度来说，学生对事物整体的感知是先于对各个部分的感知的，已有的感知和经验会直接影响学生的学习效果。其二，部分属于整体，但整体大于部分之和。整体不仅包含每个部分，还包含各个组成部分所没有的性质和功能，因此整体决定着事物的主要性质。与此同时，格式塔心理学学者提出了"顿悟"的学习观点，指出学习要通过顿悟实现。要使学生顿悟，重视各部分之间的综合，把各个部分之间的联系呈现在学生面前是十分有必要的。由此我们可以推断出，在语文学习中，了解学生已有的学习经验，将旧知识和新知识联系起来，完整地呈现给学生有助于学生顿悟，从而提升学习效果。

三、三重语文课堂成果主要内容

高中语文整体教学以"素养涵育"为核心,通过开展"三重课堂",即高效课堂、建构课堂和发展课堂,将学生语文素养、学习能力、思维发展三条线融为一体贯穿于整个高中语文的学习阶段,在丰富而多样的语文实践活动中融读写、慧学习、拓思维,建立语文课堂与社会生活的链接,为学生终身学习和全面发展奠基。基于三重课堂的高中语文整体教学模型图如图 5-1 所示。

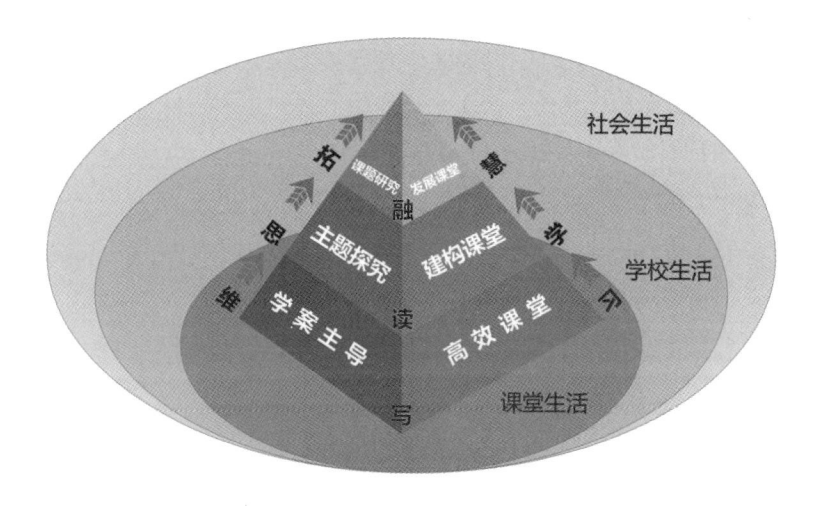

图 5-1

(一)整体教学:以涵育素养为导向,建立课堂与生活的链接

高中语文整体教学主要是通过高效课堂、建构课堂和发展课堂三重课堂来实施的,在教学过程中通过教学内容重构,链接教室、学校和社会多重学习生活场景,开展多样态语文教学。

1.高效课堂:以学案为载体,驱动学生自学互学。

高效课堂指的是以学案的开发和使用为基本特点的"自主·互助·互教"课堂教学模式,主要在高中语文必修模块运用,是语文整体教学的初级样态。高效课堂有两个基本特点"自学在先""互助互教",目的是让学生做语文学习的真主人。教学前,语文教师在通过备教材、备学生完成导学案设计,教学过程中,以学生互教互学为主,教师导学为辅。语文教师扮演的角色是学习活动的组织者、引领者、调节者和疑难障碍排除者等多重角色。

高效课堂，学案设计是关键。学案设计充分体现"自主·互助·互教"教学理念，以单元为整体，阅读和写作一体化设计，课前自主学习，课中互助·互教，课后梳理总结。单元学案组元有三种类型：①松散式组元。单篇阅读加写作的组合方式，从每篇阅读课文文体特点出发设计阅读学案，再依据作文文体特点设计整篇文章写作学案。②大概念组元。提取并围绕单元大概念，即一个语文核心概括性知识（如议论的针对性），围绕大概念开展单篇阅读、群文阅读和写作教学。③写作型组元。围绕写作主题创设单元写作任务情境，开展群文阅读，指导片段写作，组合成篇完成写作任务。高效课堂学案设计单元组合图如图5-2所示。

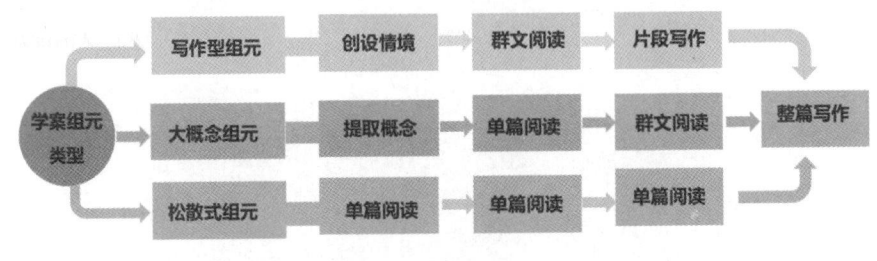

图 5-2

2.建构课堂：围绕特定主题重组教材单元开展专题学习。

建构课堂是语文整体教学较为高级的教学样态。对高中语文教学内容进行重构，一是对必修课程单元教学内容进行微观建构，通过提炼大概念对单元学习重新整合；二是打破必修课程、选修课程和高考的壁垒，以校本课程的形式引领学生跨区构建语文学科的知识网络。如《中国古代诗歌散文欣赏》的学习，以"印象杜甫"为项目主题，将必修课程、选修课程和历年高考试题中的杜甫诗歌进行联结、整合，再通过群文阅读，达成与杜甫的深度对话。这个过程中应避免碎片化的阅读，在明确思维导向的前提下通过一定量的群文阅读，提升学生的阅读品质。在阅读的同时进行写作项目的指导，实现阅读写作的整体教学，从而提升学生的读写素养。

三重课堂实施空间逐层扩展，建立了课堂、学校、社会的联系，体现了"学校即社会""社会即学校""教学做合一"的先进教育理念。

3.发展课堂：以微课题研究为载体开展跨学科学习。

发展课堂是基于综合实践活动而开发的语文教学新模型。此教学模型突破语文学科限制，以做微课题研究为中介，开展链接真实生活的跨学科学习，最终的目的是培育学生的人文素养，提升听、读、说、写融为一体的综合能力。发展课堂的微课题可以用"在滨江、读中国、看世界"三个关键词来概括。"在滨江"是微课题研究的初级阶段，主要以"寻访附中人""寻访家族人"为课题，运用调查、访谈等方法，形成微报告。"读中国"是微课题研究的中级阶段，学生选择国内最近发生的热点问题和新闻事件，通过查阅文献，提出自己的观点，并撰写"时评文"。"看世界"是微课题研究的高级阶段，学生运用跨文化视角，对感兴趣的东西方文化现象展开系列研究，形成微研究论文，如"先秦诸子的十批判"研究。以上三类微课题研究的成果又以"公民课堂"为平台，通过演讲、辩论等活动展示交流，既培育了学生的母校情怀和家族情怀，又培养了学生的责任担当意识和家国情怀。

（二）融读写：以言语建构为中心，建立主题阅读与真实写作的链接

以整体教育理论、格式塔心理学理论等为基础的高中语文整体教学，牢牢抓住语文课程的基本功能——语言文字运用的教育功能，充分吸收传统语文教育多读多写、读写结合的优秀经验，又吸收"在语文实践中学习语言文字运用"的现代语文教育新理念，借助三重课堂通过以读促写、以写促读和读写合一三种读写学习实践，发挥语文教学的基本功能。

高效课堂以"学案"导学，其中设计了大量以"写作"形式完成的自学、互学活动，体现了"以写促读"的特点；建构课堂通过专题学习，以作者、主题、话题为"主题"整合单元内容，通过大量文本的主题阅读，为研究小论文做铺垫，体现"以读促写"的特点；发展课堂以微课题研究为平台，让学生在自主探究活动中去阅读、思考、写作、表达，体现了读写合一的特点。三类教学模型中以读促写、以写促读和读写合一呈现出循环递进的特点。三重课堂"融读写"循环递进图如图5-3所示。

图 5-3

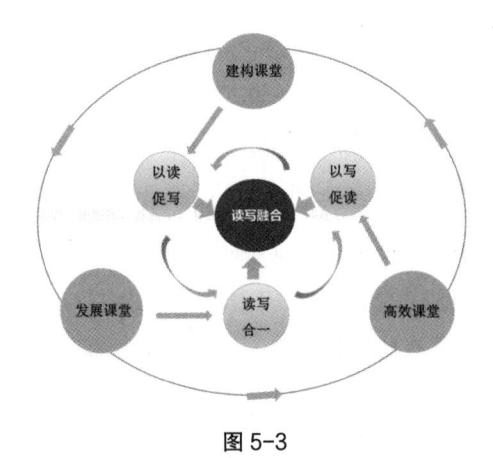

（三）慧学习：以学会学习为中心，建立教而会之与学而行之的链接

整体教学统领下的三重课堂，借助学案、专题学习和微课题研究，把学习的自主权还给学生，充分实现了教学方式的变革。三重课堂教学都以"学"为中心组织学习活动，让学生在做中学，但在具体操作上又各有不同。

高效课堂以学案凭借，围绕课前、课中和课后同阶段的学习任务。学案导学分为五步：第一步，课前预学。学习任务是通读课文，积累基础知识，自提问题；学习方式为自主学习，小组互助。第二步，自主展示，如"为你读诗"项目，激活学生已有经验。学生提前准备、自主展示、自我评价。第三步，讨论主问题，生成答案。主要学习方式是小组互教互学、展示交流、质疑点评。第四步，修改完善答案。主要以自学互学为主。第五步，布置课后学习任务，自主学习探究。

建构课堂指导学生在"专题阅读中学习"，一般也分为五个步骤展开。第一步，确定主题，重构教材；第二步，自主研读，自由提问，互助解答；第三步，小组合作，确定选题；第四步，查阅资料，完成研究小论文写作；第五步，展示交流，评价修改小论文。

三重课堂教学时刻让学生站在课堂的中央，但语文教师并不是完全退隐到幕后下功夫，也需要适时走到学生身边，发挥学术引领的作用，促进学生语文认知水平的高阶发展。为了达成这一目的，在实践中，成果团队主要通过三种方法与学生开展深度对话。

1. 设置有挑战性的学习任务。

安德森修订后的布鲁姆认知目标分为记忆、理解、综合、分析、评价和创造六个层级，成果团队根据这一目标分类，构建了高认知水平任务体系。高效课堂的学案设计在"互教互学"部分最少设计一道评价层面的问题，组织学生小组讨论，并提供阅读材料作为支架帮助学生完成学习任务。建构课堂在"专题学习"中设计不低于"评价"层级的学习任务，指导学生查阅可靠的文献来完成学习任务，如前面提到的"先秦诸子专题学习"设置的任务就是对"诸子思想进行批判"。发展课堂则一般指导学生选择体现创造层面的学习任务，让学生自主探究，完成学习任务。

2. 教师示范引领推进对话深入。

三重课堂以学生的学为主，但关键时候，语文教师还需要站在学生前面大胆地教。高效课堂中，语文教师是"互学互教"活动疑难问题的提出者和排除者；建构课堂中，语文教师是优质读写材料的提供者和学生作品的质疑者；发展课堂中，语文教师是优质产品的分享者。这些不同的角色，在很大程度上都提升了师生对话的水平。

3. 联动多元主体营造对话冲突。

三重课堂中的"建构课堂""发展课堂"通过链接生活情境，创设情境化任务，给高中生的语文学习生成了更为复杂的对话关系。在解决问题的过程中，学生需要跟不同主体（同学、老师、家族人、校友、文学大师、评论家）等展开跨时空、跨媒介、跨学科的对话，在知识、情感、观念、文化的多元冲突中完成学习任务。通过这样对话环境的创设，学生融入真实的文化语境、生活语境中，调动已有的知识、技能和情意，在解决问题的过程中学习、实践、反思，获得的精神成长是刻骨铭心的。

（四）拓思维：以思维发展为中心，建立低阶思维与高阶思维的链接

高中语文整体教学注重思维能力的培养，思维是内隐的，但是三重课堂分别通过"互教互学""专题学习""微课题研究"，把学生的思维外化，然后在各种语文实践活动中表现出来，在对话反思中优化反省思维。建构课堂，学生通过

互教互学，在与组内、班内同学的碰撞交流中，锻炼思辨性思维。如《先秦诸子散文十批判》专题学习成果充分张扬了学生的思辨思维。发展课堂中的公民课堂，学生通过聚焦社会热点事件做研究，形成研究成果后以个体演讲或团队主题分享等形式发表研究成果，让学生通过"在滨江·读中国·看世界"等系列微课题研究，发展创造性思维，提出解决现实问题的观点、方法和对策。三重课堂"拓思维"扩展递进图如图 5-4 所示。

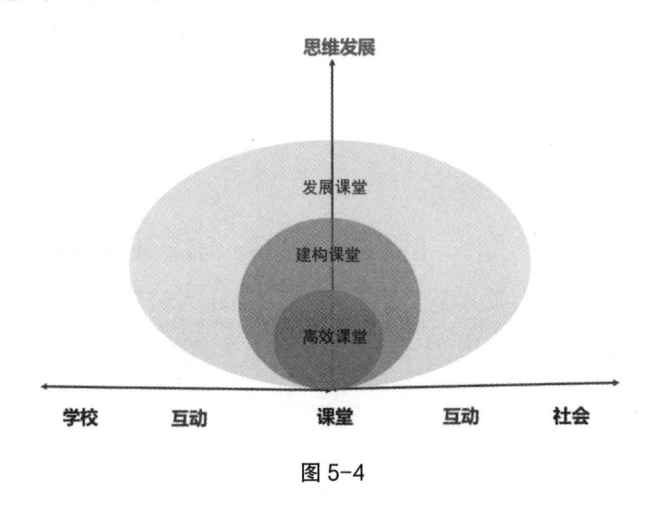

图 5-4

附录 1：发展课堂成果展示——"寻访家族人"活动成果

榜样在身边
——寻访家族人有感

江西师大附中　2015 级（17）班　徐婧月

寻访家族人，是寻访榜样，亦是寻找一个家族中的精神力量。能让大家如此寻访的人，必然要有所贡献或突出成绩。当初乍一看，我想，要不然是功成名就的商业人士，要不然是学富五车的知识分子，否则如何能给人们以榜样般的激励呢？可是最后，给我最大震撼的却是一个普通又不平凡的人——我的三爷爷，徐伟华。

三爷爷徐伟华于 1929 年出生在一个贫困的家庭。他的童年并不快乐，五个兄弟姊妹，还有老人要抚养，再加上帝国主义和官僚资本主义的迫害，又受连年自然灾害的影响，全家负债累累。在沉重的经济负担下，无钱治病的太奶奶在1947年去世，1948年太爷爷去世。他在大哥的资助下进入九江师范学校。悲惨的童年经历并没有让他失去生活的信心，相反，在生活的磨砺下，他更活出了自己的精彩。

从家谱的记载和其余亲人的叙述来看，三爷爷以严谨认真的态度对待着工作，用积极向上的姿态过着日子。他勤奋，在严苛的环境下12岁就学会了耕田技术，维持全家生计，考取师范学校后以优异成绩被分配至丰城市粮食局，很快成为技术骨干；他好学，在没有条件的情况下自学工程技术，成为工程师，其创新优化设计的超大型粮食储存仓获得全省金牌，业余还自学书法、二胡，多才多艺；他孝顺，对抚养他长大的大哥视同父亲，每年都坚持回去看望长辈；他重教，不仅自己率先垂范，而且鼓励子孙学习，对于愿意学习的后辈倾囊相授。后辈若有经济困难，他便慷慨相助；他感恩，在三年困难时期家乡村民无粮时，时任丰城市董家粮管所所长的他全力协调，连续三年借粮，使全村得以度过饥荒；他有远见、敢担当，20世纪90年代家乡想致富修路时，毅然筹资两万余元，并以工程师的身份帮助村里修通了水泥路。1996年他与村中老一辈讨论重修族谱，不顾病重的身子毅然当了族谱的主编，千辛万苦主持修完了族谱。带着满足的笑容，他在1997年离开了人世。

犹记村中德高望重的老爷爷，也是重修族谱的主要发起人之一。讲完三爷爷的故事后，眼中泪光点点："要不是他啊，我们全村都要饿死了！还有祠堂、家谱，要不是他提议，谁会想得到？"他的二儿子说："父亲平时严肃得很，他不说，但他会默默地做。要不是看到他的书法，我还不知道他的字有这么好。"我的父亲动情地回忆道："若不是你三爷爷，我当初就读不了书了，是他坚持资助我，才有现在的我。"

三爷爷的举动，一点点地打动了村民的心，一点点震撼着我的心。他用一颗质朴的心、一双勤劳的手，以平凡的身份活出了不平凡的人生。他是大千世界芸芸众生中毫不起眼的一个人，但无私的举动和高尚的情操将他深深烙印在村民的心中，他也成了为数不多的能在族谱中留下一生经历的人。他的故事还将继续流传，他的精神还将继续鼓舞着如我一般的后辈，他这一榜样亦将在我的人生之路上不断激励我，促我成长。

通过此次寻访活动，我不仅认识到了身边的榜样，家族的精神风貌，还了解到了家族之于我的意义：一个个松散的个体通过家族，以血缘、长幼、亲情等紧紧相连，找到安家立命的寄托。家族的良好环境与秩序对于个体更有着积极的影响，因此个体对于家乡发展便有着义不容辞的责任。寻访家族人，让我意识到前所未有的家族荣誉与责任感。

附录 2：研究性学习活动成果（参见图 5-5）

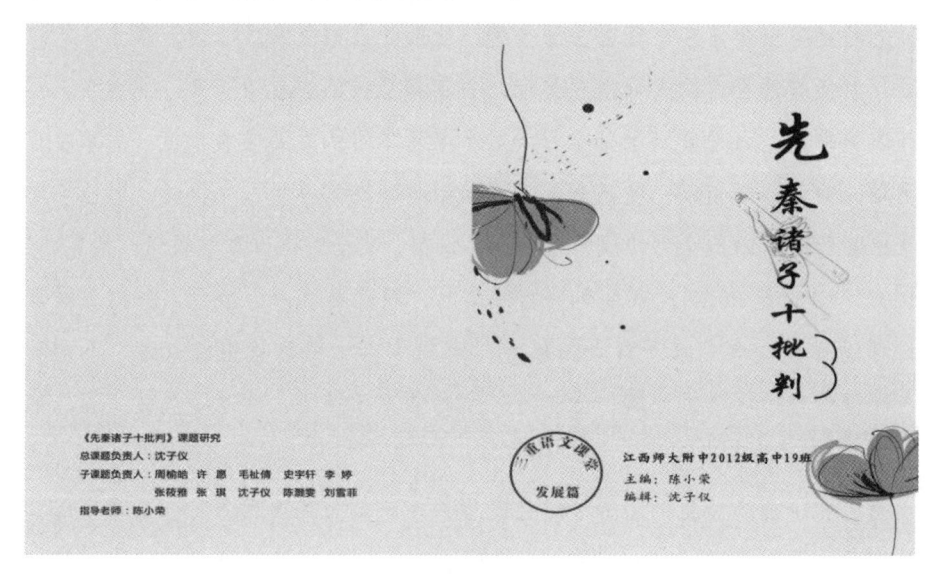

图 5-5

先秦诸子批判
——对荀子否定人性的思想的批判

江西师大附中 2012 级 高二（19）班　周榆皓小组

小组成员：万昌　　李玉蓉　　余艳苑　　李兰　　王佳珺

摘　要：在中国历史上，荀子鲜明地提出了性恶论，这可谓独树一帜。而荀子在其中对于人性的否定态度更是对中国历史产生了深远的影响。本文通过对孔子、孟子和荀子三者之间的比较引出荀子在性恶论中关于人性的论述，接着分析性恶论在历史上造成的不良后果，最后得出尊重人的价值的结论。

关键词：荀子；性恶论；人性；君主；理学

1 引言

苏轼曾为荀子写过一篇文章，名叫《荀卿论》，摘录部分如下："荀卿者，喜为异说而不让，敢为高论而不顾者也。其言愚人之所惊，小人之所喜也。子思、孟轲，世之所谓贤人君子也。荀卿独曰：'乱天下者，子思、孟轲也。'天下之人，如此其众也；仁人义士，如此其多也。荀卿独曰：'人性恶。桀、纣，性也。尧、舜，伪也。'由是观之，意其为人必也刚愎不逊，而自许太过。彼李斯者，又特甚者耳。"

苏轼在文中说，荀子称子思和孟子为"乱天下者"的行为是"愚人之所惊，小人之所喜"，并且认为荀子是一个"刚愎自用"之人，而他的弟子李斯尤甚。看来，苏轼对于荀子的言行是持反对意见的。为什么荀子会如此评价同是儒家代表人物的子思和孟子呢？这一切都源于他的性恶论中关于人性的论述。

2 荀子主要思想简介

荀子学问渊博，在继承前期儒家学说的基础上，又吸收了各家的长处并加以综合、改造，建立起自己的思想体系，发展了古代唯物主义传统。现存的《荀子》三十二篇，大部分是荀子自己的著作，涉及哲学、逻辑、政治、道德等许多方面的内容。在自然观方面，他反对信仰天命鬼神，肯定自然规律是不以人的意志为转移的，他曾说"天行有常，不为尧存，不为桀亡"（《荀子·天论》）。这是在说，不应该由自然主宰人，而应该由人来主宰自然，同时也应顺应自然规律。在人性问题上，他提出"性恶论"，主张人性有"性"和"伪"两部分，性（本性）是恶的动物本能，伪（人为）是善的礼乐教化，否认天赋的道德观念，强调后天环境和教育对人的影响。在政治思想上，他坚持儒家的礼治原则，同时重视人的物质需求，主张发展经济和礼治法治相结合。在认识论上，他承认人的思维能反映现实，但有轻视感官作用的倾向。在有名的《劝学篇》中，他集中论述了他关于学习的见解。文中强调"学"的重要性，认为博学并时常检查、反省自己则能"知明而行无过"，同时指出学习必须联系实际，学以致用，学习态度应当精诚专一，坚持不懈。他非常重视教师在教学中的地位和作用，认为国家要兴旺，就必须看重教师。同时他对教师提出严格要求，认为教师如果不给学生做出榜样，学生是不能躬行实践的。他也提出了"水则载舟，水则覆舟"。后来的蒙恬、李斯、韩非等皆为荀子弟子。

3 荀子与孔子、孟子的比较

3.1 儒家学说在春秋战国时期的发展

（1）孔子

孔子是一个没落贵族，他具有一种高贵的品性和近乎淳朴的性格。他不得不在市井中生活，也因此对社会有了更多了解。他发展了"仁爱"的思想，这是儒家的思想核心。不幸的是，孔子生活在一个礼崩乐坏的变革时代，作为曾经的贵族，他对此感到惋惜，并且朝思暮想着回到以前的生活中去。于是，他又产生了"克己复礼"的主张。在经历了无数次的打击和失败后，孔子所能做的只有教书育人和整理典籍。

（2）孟子

到了战国中期，那种类似于孔子的皈依情怀和丧家犬式的失魂落魄早已消散，于是天马行空般的孟子出现了，与他同时代的还有庄子。他自称"天民"，并且是"天民之先觉者"，追求的是"天爵"，他与旧贵族已然划清界限。他不屑成为官僚，他不愿成为被人治的人。他自诩为"王者师"，他是来教导君主走正道的，如果那些君王不配他的教导，他就会满怀失望和轻蔑地转身离开。他就是这样一个特立独行的大丈夫，全身上下充满着阳刚之气。

（3）荀子

最后便是荀子了。鲍鹏山有这样一段精彩描述："从恓恓惶惶的贵族没落少年到特立独行的大丈夫，到荀子，竟突然蜕变为一个端庄明慧的淑女，循规蹈矩的君子。端庄明慧的淑女是做妻妾的好人选，循规蹈矩的君子是做臣子的好材料。"总之，鲍鹏山对他是极为不满的。

3.2 荀子、孔子和孟子的思想比较

对于君主，孔子和孟子一向是颇为尊敬而又不失高傲的，大丈夫孟子尤为如此。孟子再见梁惠王时，梁惠王猝然而问："叟，不远千里而来，亦将有利于吾国乎？"孟子当即顶了回去："王何必曰利，亦有仁义而已矣！"相比之下，荀子就略显猥琐了，他在面对秦昭王时完全没有孔子和孟子那样的骨气，他只是啰啰嗦嗦，自卖自夸。他主张顺从君主，严守臣道，即便遭到遗弃，也要做个良民。对待君民关系，孔子主张仁政，孟子认为民贵君轻，而到了荀子却恰恰相反。在人性的问题上，尽管荀子和孔子都强调教化的作用，但是他们的出发点完全不同。孔子是平民教育第一人，他希望人们通过教育塑造更完整的人格，并且改变这个礼崩乐坏的社会；荀子强调教育则是出于人性以及人的一切欲望都是罪恶的，他希望通过教育约束人的欲望，使人向善的方向发展，而这个善就是君主。与荀子相对，孟子在人性的问题上提出了人性善的观点，而他的这一观点是与"修身，齐家，治国，平天下"融为一体的。

4 性恶论

荀子是中国历史上第一个提出性恶论的人，性恶论也是他的核心思想之一。荀子思想中关于人性的观点也多集中于此。

4.1 性恶论的证明

从某种程度上来说，性恶论的证明是草率、不尽如人意的。

（1）以数量取胜

孟子证明"人性善"，有所谓的"十大论辩"。而荀子在论证性恶论时，也如法炮制，以数量取胜，可是效果并不明显。

（2）结论性句子偏多

在《荀子·性恶》中，"然则人之性恶，明矣"一句出现了九次之多，而与之类似的结论性的句子在《荀子》中更是多如牛毛。不过，我们也应该注意到，在先秦诸子的著作中，有此问题的作品还有很多，比如孔子和老子的作品。因此，与西方哲学完整的逻辑体系相比，也有人称中国哲学为"经验哲学"。

（3）"无之中者，必求于外"

荀子为了证明人性恶，他先定下了一个前提：假如本身不具有，必向外寻求。反过来意思就是，本身具有的，就不会再去寻求。于是，荀子就从人求善的冲动中得出了人缺少善的结论，从而证明了人性是恶的。乍一看，这似乎有点道理，但是细细品味起来味道就变了。如果人们是因为人性中缺少善、充满恶才去追求善，那不是在肯定恶的价值吗？但是，荀子实际上对恶是持否定态度的，于是这里就产生了一个矛盾。

（4）"化性起伪"

荀子在性恶论中提出了一个影响很大的说法——"化性起伪"，原文如下：故圣人化性而起伪，伪起而生礼义，礼义生而制法度；然则礼义法度者，是圣人之所生也。故圣人之所以同于众，其不异于众者，性也；所以异而过众者，伪也。（《荀子·性恶》）在这里，"伪"就是人为，这也是圣人与普通民众相区别的地方，而礼义法度也是圣人人为的结果。但是，荀子声称圣人与普通大众的人性是相同的，即性恶，既然同为性恶，圣人是如何做到"起伪"的？他们为何能够改恶从善？难道是因为不断地学习吗？为什么普通人就做不到呢？可惜，荀子并没有说明。实际上，荀子的这段论述是毫无根据的。

4.2 性恶论与宋明理学

荀子的性恶论和理学家们的"存天理，灭人欲"在本质上是相似的，它们都反对人的自由发展，即人正常的欲望。荀子说："今人之性，生而有好利焉，顺是，故争夺生而辞让亡焉；生而有疾恶焉，顺是，故残贼生而忠信亡焉；生而有耳目之欲，有好声色焉，顺是，故淫乱生而礼义文理亡焉。然则从人之性，顺人之情，必出于争夺，合于犯分乱理而归于暴！"（《荀子·性恶》）在这段话中，荀子认为听从人的本性，顺遂人的性情，就一定会产生争夺，最终会归于暴乱。这与朱熹"存天理，灭人欲"的主张是何等相似，而朱熹又是宋明理学的集大成者。当然，我们知道理学家们是以性善论为基础阐释自己主张的，也就是说理学家们是反对性恶论，支持性善论的，但这只是表面现象而已。理学家们需要性善论是为了使道德政治有一个"性善"的基础，因此从他们的论断中我们可以发现，他们是把人性看得十分丑恶的，以至于需要"灭人欲"。所以，理学家们为了弥补理论上的这一缺陷，又产生了"性与情"的论述，简言之就是"性善而情恶"。

宋明理学在一定程度上捍卫了儒家的地位，巩固了封建统治，但是其后患是无穷的，宋明理学中对人性的厌恶和反对严重地束缚了中国的发展，对日后中国遭受的耻辱又不可推卸的责任。而与之相隔千年的荀子，也是要承担一定责任的。

4.3 性恶论与民主法制

纵观中西方的性恶论，它主要有两种发展方向，一是引出分权学说，如亚里士多德；二是与专制结合，引出专制学说，如荀子。荀子从"人性恶"的前提中，引出了君主专制理论，并且由他的弟子韩非和李斯变成了血淋淋的现实。为什么性恶论在亚里士多德那里就变成了分权学说，而在荀子这里就变成了暴政呢？

从历史角度来看，中华文明属于大河文明，以农业为基础，强调家族团结；而亚里士多德所处的古希腊，其文明属于海洋文明，工商业发达，强调个人价值。在这种经济基础和文化背景的影响下，荀子自然会走向专制，亚里士多德自然发展分权学说。从荀子自身的学说来看，主要有两点原因：一是缺乏对人性的肯定；二是缺乏对权力的约束。关于第一点，在上一节已经说明，因此不再赘述。荀子反对"性恶"，因此他为了防止普遍的恶，就想出用绝对的权力来防止世俗的恶。《荀子·性恶》中指出："立君上，明礼义，为性恶也。"这是在说树立一个拥有绝对权力的君主的必要性。《荀子·富国》说："人之生，不能无群。群而无分则争，争则乱，乱则穷矣。故无分者，人之大害也；有分者，天下之本利也；而人君者，所以管分之枢要也，故美之者，是美天下之本也；安之者，是安天下之本也；贵之者，是贵天下之本也！"荀子在这里强调"君贵""君本"，孟子的"民贵君轻"早就被他抛之脑后，而与他的"水能载舟亦能覆舟"更是格格不入。

缺乏对人性的肯定也就是蔑视人的个性和情感，不相信人的自律，不相信人民的管理水平和能力，也就不可能发展出民主与法制。而为了确保对人性的铲除，就需要绝对的权力，这就是鲁迅所说的"人吃人"的封建社会的真实写照。同时，对人的正当欲望的否定，在很大程度上就是对社会进步的否定。恩格斯认为"正是人的恶劣的情欲——贪欲和权势欲成了历史发展的杠杆"，"恶是历史发展的动力借以表现出来的形式"。

4.4 韩非对性恶论的深化

韩非主张人性恶比荀子更加鲜明彻底。《韩非子·奸劫弑臣》说："夫安利者就之，危害者去之，此人之情也。"《韩非子·外储说左上》说："人为婴儿也，父母养之简，子长而怨。子盛壮成人，其供养薄，父母怒而诮之。子、父，至亲也，而或谯或怨者，皆挟相为而不周于为己也。"《韩非子·备内》说："医善吮人之伤，含人之血，非骨肉之亲也，利所加也。故舆人成舆，则欲人之富贵；匠人成棺，则欲人之夭死也。非舆人仁而匠人贼也，人不贵，则舆不售；人不死，则棺不买。

情非憎人也，利在人之死也。"既然人性本恶，那么就只有接受其恶的本性，唯其如此，才合乎天意。所以韩非认为，人性是自然而成的，所以现行政治政策就必须以人的本性为依据，要因循它，而不是对它加以否定。"因"或者说"循名责实"是法家学说中一个重要原则，早于韩非的慎到曾说："因也者，因人之情也。人莫不自为也，化而使之为我，则莫可得而用矣。用人之自为，不用人之为我，则莫不可得而用矣。此之谓因。"韩非也说："凡治天下必因人情。人情者有好恶，故赏罚可用。赏罚可用则禁令可立而治道具矣。""故明主之治国也，适其时事以致财物，论其税赋以均贫富，厚其爵禄以尽贤能，重其刑罚以禁奸邪。使民以力得富，以过受罪，以功致赏，而不念慈惠之赐。此帝王之政也。"法家明确表示不要亲情，不要恩惠，因为亲情和恩惠会连带出许多复杂的因素，把社会秩序搞乱。人是自为的，亦即利己的，因此不可能使人利他。但是恰恰是因为有人的利己，才可以使人由自为转为为公和利他。因为人为了利己，就必须依循国家政策的引导。于是，利己转而成了利他。法家是最强调国家秩序的，而法家的人性论理论基础则是毫不隐讳地承认利己，承认性恶的。

5 总结

儒家思想从春秋晚期发展到战国晚期发生了一些大的变动，我们可以从荀子的思想和西汉董仲舒的主张里看出端倪。不可否认，荀子在性恶论中关于人性的论述与孔孟尤其是孟子相比，多少是带有卑鄙和猥琐的影子的。但是我们也要注意到当时的时代背景，在以农业为基础的中国，荀子产生这种思想是必然的。事实上，当时类似于荀子的思想并不少见，其中最著名的莫过于法家学说，而法家最著名的两位人物——韩非和李斯，都是荀子的弟子。从某种意义上来说，荀子的思想是为后世准备的，这一点在秦国统一六国和汉武帝时期表现尤为明显。所以，从当时的眼光来看，荀子的思想对于历史进步是有一定的促进作用的。只不过从明清一直到近代，这种束缚人的自由和正当欲望的封建思想严重阻碍了中国的进步，因此从当下的眼光来看，荀子的思想中关于人性的论述是腐朽的落后的，我们应该坚决抵制。

莎士比亚称人是"宇宙的精华，万物的灵长"，这是对人的价值的肯定。从文艺复兴到启蒙运动，西方经历了一个漫长的发现人的价值的过程，在这个过程中，他们成功地重新找回了人的价值，并将其充分发挥，从而创造了巨大的物质和精神财富，也构建了西方的价值体系。与此类似，中国自明末清初以来一直有先进的中国人试图突破理学和封建思想的限制，但是这一过程也是曲折而漫长的。因此，在当下这个改革的关键期，我们更需要充分发挥人的价值，尊重人的创造，保障人的权利，从而推动中国经济社会继续向前发展。

感想：

规矩产生美

江西师大附中　2012级高二（19）班 周榆皓

说起批判荀子的探究过程，有一点我体会很深，即严谨文本格式的必要性。说实话，这是我第一次接触到论文的撰写，因此在这之前，我所知道的关于论文格式的知识几乎为零。所以，为了让我们组的论文更像一回事，我在探究荀子之前就对论文的格式进行了研究。当我开始阅读百度百科的相应条目时，我着实被其中的复杂和烦琐吓了一跳。但是我还是硬着头皮看了下去并进行了实践。事实证明，"规矩产生美"这句话是名副其实的。当我按照要求，将字体、字号、条目、布局等一一落实下去时，我发现我们组的论文瞬间增色不少，这就是规矩之美、严谨之美的真实体现。其实不仅如此，从天体运行到数学公式，从古代中国的封建礼制到现代社会的民主法治，从世间万物的繁衍生息到人类社会的发展，处处都充满了规矩之美。有了规矩，就有了秩序；有了秩序，美就会随之而来。所以，无论是撰写一篇论文，还是颁布一部法律，都需要遵循相应的规矩，这绝不只是一种形式。

附录3：公民课堂活动

发展课堂的探索与实践
——以公民课堂为例

陈小荣

高中语文发展课堂是指为学生终身学习和全面而有个性的发展奠定基础的课

堂形态。这是由语文课程的性质决定的，《普通高中语文课程标准（2017 年版 2020 年修订）》指出，语文课程是一门学习祖国语言文字运用的综合性、实践性的课程，要坚持加强语文课程内容与学生成长的联系，引导学生积极参与实践活动，在促进学生全面而有个性的发展方面发挥应有的功能。发展课堂主要是通过语文综合实践活动来达成适应学生终身发展的能力培养目标，是从学生的真实生活和发展需要出发，从生活情境中发现问题，转化为活动主题，通过探究、服务、制作、体验等方式，培养学生综合素质的跨学科实践性课程。下面以笔者从 2009 年开始持续十二年的公民课堂探索实践来谈高中语文发展课堂的意义与构建方式。

一、公民课堂的意义

1. 公民的概念

"公民"一词最早是作为城市管理者的身份在古希腊中出现，亚里士多德在《政治学》一书提出，"凡是有资格参与城邦议事和审判事务的人都可以被称为公民"。在这一论述下，并不是所有在古希腊生存的人都是公民，公民特指由成年男子组成的拥有特殊权利的阶层，妇女以及奴隶等人并不包含在内。

随着现代社会的来临，"公民"一词的含义也得到了发展，此时国籍成了定义公民的标识，也就是说个体一旦拥有了某个国家的国籍，那么在法律意义上他就是这个国家法定的公民。

20 世纪初我国文人对西方的一些著作进行了简单的介绍，把"公"与"民"进行结合组合成新的词，康有为编写的《公民自治篇》中就包含了"公民"一词。对"公民"一词法律效应的承认并非一帆风顺，它历经了"臣民""国民""人民""公民"四个阶段。新中国的建立也预示着中国走上社会主义道路，在 1953 年的人代会上，"公民"一词首次出现在《中华人民共和国全国人民代表大会及地方各级代表大会选举法》中，该法律规定公民的选举权及被选举权的判断不仅仅是根据其所在的民族、出身、信仰抑或是性别、从事的职业、接受教育的水平、居住状况或者是财产情况，只要拥有中国的国籍并且已经达到 18 周岁的个人均拥有上述两个权利。

2. 公民意识教育的必要性

公民意识教育就是通过各种教育途径和方式，把民主法治、自由平等、公平正义的理念内化为公民个体发展的内在要求，培养与现代民主政治和法治社会相适应的公民意识的教育过程。

自步入现代以来，自由主义公民观影响下的个体化进程使个人生活与公共生活发生某种失衡，公民对于政治生活和公共生活的注意力和参与度下降，公民身份面临逐渐腐蚀和瓦解，个人与个人、个人与社会之间的疏离程度越来越大，在此背景下公民意识的教育显得尤为重要。其次，全球化正在改变传统意义上经济、政治、文化在同一民族国家内部共同发展和进步的历史脉络。在这个多元文化共生、充满不确定性、风险和危机的时代，个体更需要以公民的身份积极主动地参与到社会行动中来。

联合国教科文组织在《教育2030行动框架》中就主张通过教育来提高全球公民意识及公民参与度，最终实现人类社会的可持续发展。这间接指出了公民教育在应对全球变革方面的重要意义。党的十七大报告也首次把公民意识教育提高到社会主义民主政治建设的高度，这是我党对公民教育理论的创新和发展。因此，学校应从多种渠道和途径为学生提供参与公共生活的平台和机会，让学生在课堂和实践中达成公民身份知识内化、参与能力提升、培育公民品性。

3. 公民课堂的定义及价值

公民课堂是一种立足于学生终身发展，通过聚焦社会热点事件，以个体演讲或团队主题分享等形式达成公民身份知识内化、参与能力提升、培育公民品性的课堂形态。

语文课程是一门学习祖国语言文字运用的综合性、实践性课程。工具性与人文性的统一，是语文课程的基本特点。语文课程应引导学生在真实的语言运用情境中，通过自主的语言实践活动，积累言语经验，把握祖国语言文字的特点和运用规律，加深对祖国语言文字的理解与热爱，培养运用祖国语言文字的能力；同时，发展思辨能力，提升思维品质，培育社会主义核心价值观，培养高尚的审美情趣，积累丰厚的文化底蕴，理解文化的多样性。通过多样的语文实践活动，融合听说读写，打通语文学科和学生的生活世界。发展课堂主要通过语文综合实践活动来培养学生终身学习的能力。公民课堂通过演讲、辩论、采访等实践活动能很好地提升学生的思维品质，拓展学生的视野，激发学生的国家认同感和国际理解，培养有责任担当的时代新人，这是公民课堂的外显价值。在开展公民课堂的过程中学生围绕社会热点事件收集信息，展开阅读、写作，在分享过程中培养听、说能力，实现了语文课程的本质是实现听说读写的综合发展，这是公民课堂的内显价值。总之，公民课堂是基于语文课程本质的，以实践活动为主要形态的，立足学生终身发展的课堂样态。

二、公民课堂的探索与实践

1. 2009级"读评天下"

南昌市十九中　　高二（1）班　　梁艳小组

（1）新闻事件

本期导读：

① 韩美黄海军演举行　朝鲜表示决不回避。

② 日美3日起举行联合军演　规模达美韩演习6倍。

③ 枪击连胜文嫌犯被送检复讯　否认因政治动机枪击。

④ 这一跪，跪掉了师道尊严？

⑤ "背学"兄弟。

⑥ 民国老教材70年后走红　拷问现行教育体系。

（2）内容展示

文本略，小组展示图如图5-6所示。

①　　　　　　　　②

③   ④

⑤   ⑥

图 5-6

2009 级高二（3）班公民课堂现场（参见图 5-7）。

①

②

③

图 5-7

南昌市第十九中学2009级高二（3）班的"读评天下"是公民课堂的肇始，以小组为单位，梳理近期的社会事件。有两种形态：一是选取若干社会事件进行展示，侧重阅读的宽度，如梁艳小组推荐了9个不同层面的热点事件；二是选择某一个话题，进行深度阅读，如吴兰小组的"你干净吗？"。课堂上学生呈现的热度坚定了我开设公民课堂的信念——为学生的发展搭建一个思想交流的平台。

2.2012级（19）班公民课堂。

（1）致辞。

我们比任何时候都更接近梦想

——2013年12月高二（19）班公民课堂致辞

陈小荣

梦想是我们对自己的期许，梦想是我们对应然之事的承诺。

这是我们第十次的相见，也是2013年的最后一次。过去、现在以及将来，我们将守护这个公民讲坛。让我们彼此祝福，愿你我都能够在新的一年离梦想更近一步。

梦想是我们对自己的期许，而这期许常新。我们唱响《诗经》，走进对联，走进幸福园，走进演讲，走进公民课堂，走进我们的诗歌，被一个像"风一样的男人"带着走进一个个陌生的语文世界，一个放慢节奏却回归本真的世界！我们期望语文的生命肇始于此。

我们对自己的期许从来不能脱离时代的进程；"苟日新，日日新"，唯有发展性的语文，期许才不会退化为桎梏。

梦想是我们对应然之事的承诺，而我们必须对自己一诺千金。农民从种子里收获一个好年景是应然之事，你们从这样的语文课堂里去收获未来人生的璀璨也是应然之事。2015，我们在座的梦有归属也将是应然之事，因为我们看到了未来的高考在我们今天课堂里的痕迹。

在2012年年末，梦想的火焰又一次被点燃。实现中华民族伟大复兴，是中华民族近代以来最伟大的梦想。这个梦想，凝聚着近代以来无数仁人志士的探索奋斗，蕴藏着中华民族固有的"家国天下"情怀，更包含着中国走向未来的道路自信、理论自信和制度自信，体现了中华民族和中国人民的整体利益，是每一个中华儿女的共同期盼。而这一年你们实现了人生的一个转折——我们在师大附中的高中岁月的开始！

站在这个岁月的拐点，我们比任何时候都更接近梦想，因为我们现在的成绩已然是一个奇迹！

我们比任何时候都更接近这个梦想，是因为我们每走过的一步都充满了智慧与汗水，我们不是应试的机器，但我们却让机器感到了恐慌。我们在高枝上浅唱低吟，点亮滨江的天空。在前行的路上我们有爱，有义！有学习上的奔跑，更有心灵上的闲庭散步！

我们比任何时候都更接近这个梦想，是因为每个人的前途命运都与当下一朝一夕的拼搏相连。"附中好，19班好，大家才会好"。

我们比任何时候都更接近这个梦想，是因为今天的我们已处于能够实现梦想的中间站。我们梦想成绩——没有最好只有更好；我们梦想19班的强大成为我们的保障，让每一个人都从19班的强大中收获自己应得的成果。

实现梦想，让你的家人从这个冬天就开始微笑；实现梦想，让我们自己感受春天触手可及。令人欣慰的是，你们已站在江西师大附中文科班一个让人需要仰视的高度，从这个高度出发把梦想一步步变为现实。

万物速朽，但梦想永在。我们倾听你的梦想，我们期待你敢于做梦：不是杰出者才做梦，而是善做梦者才杰出。我们别无所倚，唯有对期许的追求；我们别无所长，唯有对承诺的执着。最后，感谢为公民课堂付出努力的同学们！

2012年9月，我来到了江西师大附中任教，学生的起点很高，如何让学生发展得更好，公民课堂无疑是一个好的选择。这一届学生的公民课堂以小组为单位，以主题形式呈现。我们把每一期的内容拍摄下来，再转发给家长观看，反响很好。

（2）2012级（19）班公民课堂写作成果。

父亲，到底去哪儿了

江西师大附中 2012级（19）班 陈灏雯

在被湖南电视台《爸爸去哪儿》节目中的温馨快乐打动的同时，你是否想过为什么这类亲子节目能打动你？为什么过去没有孩子会问"爸爸，去哪儿？"血脉相承的父子情到底走向何方？

小时候，在我们的作文中，母亲总被比作涓涓细流，滋润我们稚嫩的心灵，父亲的形象总是我们身旁巍峨的高山，为我们挡风遮雨。小时候因为不够高，自己总能骑在父亲脖子上。长大以后，看到一对父子也像小时候父亲把自己架在脖子上，这时我们才能领悟天下的父亲都是一样的伟大无私，父亲一直都在为孩子做基石。所以，父亲给我们的是高度和宽度。

然而，如今父亲对孩子来说成了最熟悉的陌生人。中央电视台曾有一个公益广告：夜已深，寂寞的高楼中点着一盏孤灯，灯下是一个小女孩坐在书桌前，桌上轻轻地"躺着"一张精致的三好学生奖状——女孩在等父亲回家与父亲分享这份喜悦。忽然楼下传来一阵喇叭声，小女孩立刻跳起来，三两步迈到窗前，拉开窗帘，然而她的眼睛瞬时黯淡了——来的人不是爸爸。静静地，时针已指向了10点，爸爸还是没回来。房门外传来妈妈的声音："别等了，快睡吧。"小女孩哭了。

在学校里获得荣誉后，小女孩渴望第一时间与爸爸分享，但早出晚归的爸爸却不能满足女儿小小的心愿，其实，这样的家庭不止这一个。当许多家庭的孩子渐渐习惯这种两个人在家的三人家庭时，这意味着父亲这一角色离他们越来越远。一方面，很多家庭中，父亲由于工作繁忙，总是早出晚归，甚至一个星期只能见到孩子一面；另一方面，孩子的学业负担太重，没有时间与父亲充分沟通感情，好不容易到了寒暑假，还要上各式各样的辅导班，回到家就已经很累，更别提沟通感情了。

我希望，天下的父亲能多抽出时间陪陪自己的孩子，毕竟，亲情是无价的。

父爱不该缺席

江西师大附中 2012 级（19）班　梁洁珊

父亲对于一个家庭的意义是不言而喻的，可能对于不同的人来说，父亲的影响存在区别。但是即便如此，父亲的存在对于一个人的人格塑造、性情养成，不可否认，具有十分重要的意义。

人人都需要爱，这些爱或来自朋友，或来自亲人，甚至是陌生人，这些爱中，父母之爱是尤为重要的。据专家介绍，缺乏父爱的孩子容易产生情感障碍，他们大多焦虑、自尊心低下、自制力弱，成人以后，甚至会有许多不良习惯。这种症状被称为"缺乏父爱综合征"。由此可见，孩子们对父亲的需要是应该被满足的，在平日闲暇时间，父亲应当注重与孩子的交流，传达出"爱"以帮助孩子健康快乐地成长。

父爱对塑造孩子性格也有着十分重大的影响，研究表明，那些与父亲相处时间较长的孩子，容易从父亲那里获得更多的知识、经验、创造意象，从而刺激孩子的求知欲，激发孩子的好奇心与自信心。父亲的文化素质会对子女的自制力、思维灵活性产生影响，同时，父亲与孩子的接触也会影响孩子的体格成长，所以我们应当重视"父亲"这个角色。现在，人们的生活越来越忙碌，总抱怨时间太少，所以忽略了与孩子的交流，殊不知这样会影响孩子的成长。是不是当有一天孩子做出什么不可饶恕的事情，变成了父亲所不认识的模样时，父亲才会醒悟呢？所以，为了孩子能够变得阳光朝气、活泼聪明，父亲不该忽略与孩子的相处，每天即便多一小会儿，也能够有一定作用。

父亲在与孩子交流时也需注重交流质量，如果与孩子的交流中存在不理解、不尊重，那即便天天与孩子在一块儿也会使父子、父女之间产生隔阂。父亲应该学会以一种开明的态度理解孩子，不能一味地专制；同时，父亲需要在交流中对孩子表示尊重，这样能使交流更为有效，在对孩子充分信任的前提下，孩子自然而然能够更好地感受父爱。

每一个孩子都需要父爱，社会上、家庭中，父爱不该缺席。

三、公民课堂的反响

从南昌市第十九中学2009级（3）班开始的"读评天下"，到江西师大附中2012级至2018级的公民课堂持续性实践，这几届学生所在的班级既有普通中学的普通班，也有重点中学的培优班；有文科班也有理科班，实现了公民课堂学生主体的多元化。另外，在公民课堂的形态上各届学生都做出了积极的尝试，既有以小组为单位的专题式公民课堂，也有以个体学生为主体的聚焦某一社会热点事件的演讲——微公民课堂。这些都为公民课堂的持续研究与实践留下了丰富的样本（见表5-1）。

表5-1 三重课堂模式的结构及操作要点说明表

价值引领	素养维度	课堂形态	关键要素	能力指向
以立德树人为核心价值导向	语文学科核心素养	高效课堂（必修课程）	学案主导	侧重语文的读写整体能力；
			读写整合	突出语文学科语言建构与运用和审美鉴赏与创造核心素养；
			主体多元	突出中学生发展学会学习核心素养
	学生发展核心素养	建构课堂（选修课程）	内容重构	侧重语文的读写整体能力；
			项目学习	突出语文学科思维发展与提升和文化传承与理解核心素养；
			深度对话	突出中学生发展人文底蕴核心素养
		发展课堂（活动课程）	公民意识	侧重语文听说读写整体能力；
			人文情怀	突出语文学科思维发展与提升核心素养；
			探究精神	突出中学生发展责任担当核心素养

2018年9月，我在江西师大附中的全校班主任开学大会上做了经验介绍，现在在江西师大附中教育集团不同的校区不同的年级都在积极地开展与公民课堂类似的主题演讲活动，聚焦学生终身发展能力，引领学生践行"做有责任的中国人"校训。应该说，多年的公民课堂实践不仅为学生的高考赋能，还为学生的未来发展赋能，获得了学校、家长以及社会的好评。

四、成果效应与反思

（一）成效

1.整体教学视域下高中语文三重课堂模式帮助实现了学生学业与素养的同步提升。

从2012级学生开始，实验班及所推广的班级学生的听说读写整体素养以及学生的发展性素养有鲜明的特征，特别是这些学生到大学深造后综合能力表现较为突出。这一模式实现了既立足当下的语文素养的培育，又立足学生终生发展的能力培养的目标。譬如，作为三年完整周期的三重课堂实验班级2018届高三（17）班，在高考中取得了突出的成绩，有8名学生被北大、清华录取。其中程琦航裸分691分，同时在北大的自主招生中获得综合素质评价30分的直接加分；叶瑞麟在北大的自主招生中获得综合素质评价20分的直接加分；张哲昕在清华的自主招生中获综合素质评价10分的直接加分；古俊龙在清华的自主招生中获综合素质评价10分的直接加分的同时，获复旦大学自主招生综合素质评价30分的直接加分。2018届高三（17）班是同届班级中被北大、清华录取人数最多，获北大、清华自主招生加分最多的班级。

2.整体教学视域下高中语文三重课堂模式实现了学科教学特色化和学校办学特色化的共同发展。

以"在滨江·读中国·看世界"为口号的"公民课堂"已成为江西师大附中滨江校区的一张宣传名片，南昌电视台"教育讲坛"对此进行了专题报道。三重语文课堂所开设的系列活动课程获得了社会的好评，丰富了学校的办学内涵。三重语文发展课堂被融入了江西师大附中教育集团"传承赣鄱文化，建设美丽江西"的特色办学中。笔者是朱斌副校长主持的"新高考体制下高中学生人生规划教育机制的研究"课题主要负责人，三重语文发展课堂是该课题的重要内容之一，并荣获2020年第七届江西省教育科学优秀成果三等奖，被江西师大附中列为新课程新教材国家级示范校学科建设的标杆。

3.整体教学视域下高中语文三重课堂模式成果与实践经验得到认可与推广。

高中语文三重课堂模式，通过论文评比、专题报告、推广运用等途径，有了一定的社会影响，得到了领导和专家的好评，获得了学生及家长的高度评价。

（二）反思

整体教学视域下高中语文三重课堂模式的构建是一项事关语文学科建设的系统工程，它需要直面高中语文学科"为什么教、教什么、怎么教"的现状。如何实现有生命力的语文课堂与高考的评估相一致，需要一线语文教师有敢于担当的勇气，更需要教育相关部门的保驾护航。为此，特别呼吁在以下方面加强建设：

呼吁教育理论界在新高考改革的大背景下，形成更丰富、接地气的诸如学科素养在真实的课堂教学中的实施策略等理论成果。

呼吁教科所等部门牵好大学专家与中学教师之间的红线，让更多的专家学者能够直接和一线语文教师进行对话引领，进行深度合作。既要捅破学生从中学到大学的"天花板"，更要打破中学语文教师与大学理论研究之间的壁垒，形成基于大学视野立足中学实践的良性教研生态。